中外历史一百讲

周靖　罗明——主编

东方出版中心有限公司

图书在版编目（CIP）数据

中外历史一百讲 / 周靖，罗明主编. — 上海：
东方出版中心，2022.10　（2023.4重印）
ISBN 978-7-5473-1947-5

Ⅰ.①中… Ⅱ.①周… ②罗… Ⅲ.①中学历史课–
高中–教学参考资料 Ⅳ.①G634.513

中国版本图书馆CIP数据核字（2022）第009670号

中外历史一百讲

主　　编　周　靖　罗　明
责任编辑　万　骏　时方圆
封面设计　钟　颖

出版发行　东方出版中心有限公司
地　　址　上海市仙霞路345号
邮政编码　200336
电　　话　021-62417400
印　刷　者　上海颛辉印刷厂有限公司

开　　本　890mm×1240mm　1/32
印　　张　16
字　　数　250千字
版　　次　2023年1月第1版
印　　次　2023年4月第3次印刷
定　　价　59.00元

上海市历史教育教学研究基地项目

基于《中外历史纲要》的思考与拓展

序　言

　　周靖、罗明两位老师主编的《中外历史一百讲》即将出版，嘱我作序。在我的记忆里，自《普通高中历史课程标准（2017年版）》颁布以来，在周靖、罗明两位老师的主持下，已有与新课标密切相关的《核心素养：中学历史学科育人机制研究》和《高中历史怎样教》出版。现在由两位老师再次联合主编并出版的这部著作，与上述两部著作构成了一个有机的、一脉相承的系列。我要为两位主编老师以及由他们领导的教研团队的睿智、勤奋和不断进取点赞。

　　通读全书，有两点清晰的感触和感动。

　　一是编写者准确的问题意识。

　　统编普通高中教科书·历史·必修《中外历史纲要》（上下册），以马克思主义唯物史观的基本观点为指导，通过对中外重大历史事件、历史人物和历史现象的叙述，展现人类发展进程中丰富的历史文化遗产，以及人类社会从古至今、从分散到整体，社会形态从低级到高级的发展历程，从而不断培育学生的历史学科核心素养。基于高中学生在初中已经比较系统地学习了中国古代史、中国近现代史和世界史的基本学情，高中必修历史教科书按通史加专题的体例编纂，注意在初中历史的基础上从简择要，更加注意分析性，使历史教育做到循序渐进。但是在实际教学中，确实遇到一些学生基础知识掌握不牢固，而教科书中又对一些基本史事叙述过于简洁的问题。针对这一问题，本书编写者聚焦重大史事，围绕核心概念与核心知识，精心选择了100个与《中外历史纲要》的教学内容有逻辑联系且有意义的历史片断，多角度、多层次地撰写了100个历史断想，作为新教材的延展和补充，不仅能够为历史课程教书育人目标的落实提供更为充实的教学资源，也为学生能够前后观照、上下左右、立体地看待历史提供了很好的样本。

二是编写者讲述历史的本领。

"历史是什么?"对于这一历史哲学命题，梁启超说："史者何? 记述人类社会赓续活动之体相，校其总成绩，求得其因果关系，以为现代一般人活动之资鉴者也。"(《饮冰室合集》)英国史学家 E. H. 卡尔认为，"历史是历史学家跟他的事实之间相互作用的连续不断的过程，是现在跟过去之间的永无止境的问答交谈"(《历史是什么》)。在这里，他们都从不同方面对"历史是什么?"给出了自己的一些基本答案，即历史是人类社会经历过的不以人的主观意志为转移的客观存在的过程;无论是何人以何种形式撰写的历史，都是对客观历史的记录或描述，在这个过程中，不可避免地会将记录者、描述者的思想观念渗透其中，会表现出某种主观性；客观存在的人类历史是史家撰写历史的基础和认识的源泉，同时它也依靠史家的撰写而将其呈现在人们面前。以这样的标准来看这本著作，编写者对每一个史事所撰写的断想，都能将自己的议论贯穿其中，或拓展材料，或拓展思想，或拓展观念，或拓展史实，将自己的学习、教学与研究心得落于笔尖，呈现纸上，让我们在生动流畅的叙述中，看到了启迪学生的思维、开拓学生的视野等以学生为中心的教学理念，以及发展学生历史核心素养的一条主线。

"欲知大道，必先为史。"历史是一个民族安身立命的基础，中华民族向来重视历史，并善于从历史中总结经验、汲取智慧。秉持这样的基本理念，基础教育历史课程的教学，就是要通过教师的"教"和学生的"学"，使学生明理、增信、崇德、力行，初步树立正确的历史观、民族观、国家观、文化观，以及正确的世界观、人生观和价值观，为学生未来的学习、工作和生活打下基础。相信这部著作会成为教师和学生都喜爱的、开卷有益的读本。

是为序。

徐 蓝

2021 年 5 月 30 日

目 录

第一篇

从中华文明起源到秦汉统一多民族封建国家的建立与巩固

1

从良渚看中国

　　这些年读史教史，对三个问题的兴趣愈来愈浓．什么是中国？中国从哪儿来？中国将向何处去？三问中，最想弄明白的是中国从哪儿来，因为这是关乎中华文明起源的元问题。

　　中国从哪儿来？小时候读历史，逐渐形成了基本印象：黄河流域是中华文明的摇篮，自炎黄尧舜始，中国一路走来，上下五千年，印迹清晰。上大学接受学术启蒙，方知中华文明的多元来路，长江流域也是中华文明的重要发源地。不过当老师后，但凡论及中国，脑子里总不免浮现何尊上的那句铭文："惟武王既克大邑商，则廷告于上天，曰：'余其宅兹中国，自之乂民。'"于是回眸凝视的依然是黄河流经的那片中原大地。这种惯性始终影响着我对教科书的处理：以"满天星斗"烘托"中原中心"，将重点置于二里头和殷墟。至于长江流域的史前文化，则以一幅图、几句话笼而统之，忽略其对于中华文明起源研究的重要性。

　　2019 年 7 月，良渚古城"申遗"成功！这一中华文明史上的大事让我将视野转向长江流域，转向距今约五千多年的良渚文化。我找来一些论文埋头细读，渴望弥缝认知的缺漏。鉴于良渚是史前考古学文化，我选择论著的标准有三：由考古工作者撰写，隶属基础研究层次，阐述良渚文化呈现的文明元素。读后最大的收获是，对中国文明"多元一体"特征有了全新感悟，突破了以往"立足一体看多元"的思维模式，通过关注长江流域的区域文明来横向俯瞰、纵向贯通中华文明的起源及其由多元走向一体的发展进程。

从良渚看中国，一则是看中华文明五千年之实证。国际学术界普遍将中华文明起始时间定在以殷墟为代表的晚商，认为四大古老文明里中华文明最晚萌生。中国学者则认为此结论由三大认识误区造成：将中华文明视作一个单一体……将中原文明作为中国早期文明的唯一代表……以青铜器、文字作为判断文明的绝对标准。[1] 而距今约五千多年前就已进入成熟文明和早期国家阶段的良渚，可以澄清这一认识误区。

首先，良渚社会等级差异显著。良渚古城分为宫殿区、内城、外城，三重区域的功能比较清晰，比如，中心为面积约 30 万平方米的莫角山宫殿区，位于整个古城的正中心和最高处，可使居于其中的王者或权贵拥有广阔的视野，如此布局充分显示了王权的尊贵，体现了王者居中居高的特点。

其次，科学技术水平很高。良渚古城是在一片浅水沼泽之上拔地而起的，为防御洪灾，在城外兴修了水利系统以拦蓄百年一遇的洪涝。建造这项庞大的工程，须依赖水文、气象等知识以及

---

[1] 整理自刘斌等. 中华文明始于殷商？五千年前的良渚文明破除了这个国际偏见 [N]. 文汇报, 2019 - 02 - 11.

高超的测绘、建筑技术。

再次，社会动员能力强大。目前已发掘的新石器时代古城，面积多为 10 万—20 万平方米，而良渚的内城面积达 300 万平方米，外城的发现更使古城的面积倍增至 800 万平方米，堪称"中华第一城"。有学者计算出良渚古城和外围的水利系统土方量总计约 1 100 万立方米，若每天出工 1 000 人，每年出工 30 万人，整个工程需要连续建造 110 年。由此我们可以推测，良渚存在着一个高度权威的社会动员和管理机制且具有相当程度的强制性色彩。[1]

最后，武力与暴力的使用。国家的重要特征之一是武力与暴力的使用。在良渚墓葬中，体现孔武之力的"斧钺"往往是最重要的随葬器物。反山 12 号墓中那件著名的雕刻有神徽的玉钺，更被学者普遍诠释为军事权力与神权结合的象征。在一些墓葬中，考古工作者还发现存在人殉的现象，这是因为发掘出明显带有利刃切割痕迹的人头骨和腿骨。

规模宏大的良渚古城建筑所展示的良渚社会，指向了一个明确的结论——良渚古城内存在一种强制性的公共权力。学界据此认为，良渚具有研究中华文明起源和国家形成、实证五千年文明史的价值。

从良渚看中国，二则是看中华文明从多元到一体的历程。中国先民的生活环境差异巨大，经济活动、生活方式、风俗信仰、

---

[1] 整理自赵辉. 良渚的国家形态 [N]. 中国文化遗产，2017（3）：24.

思想观念等各具特色，经世代相袭，遂形成面貌多样的区域文明。作为长江流域的早期文明良渚具有土筑文明、水利文明、稻作文明等特征，尤为引人注目的是，其高度发达的玉器系统在同一时期的中国乃至世界皆可谓独树一帜。良渚人创造了一套以琮、璧、钺等为代表的玉质礼器系统，并在诸多玉器上雕刻神徽图案，良渚国王和权贵以这套礼仪系统显示对神权的控制，从而实现对王权、军权和财权的垄断。作为早期中华文明的重要部分，良渚文明的影响辐射大半个中国，乃至在中原的二里头、殷墟以及四川的三星堆等许多夏商周时期的遗址中，都发现了源自良渚文化的玉琮、玉璧等玉器，这既让我们得以窥见青铜时代中国文明对良渚文化的吸纳与继承，也为理解中华文明从多元走向一体的融合过程提供了生动样本。[1]

　　当然，良渚古城"申遗"成功是否意味着国际学术界接受了中国拥有五千年文明史的观点，尚不得而知。同时，学界目前对于良渚文化的了解也还只是框架性的，良渚是地域国家（领土国家）还是城邦国家？良渚文化是怎样传播的？组织严密的良渚社会为何迅速崩塌？……这些谜团还有待解开。

上海市进才中学　杨国纬

---

〔1〕整理自刘斌等. 良渚：神王之国 ［N］. 中国文化遗产，2017（3）：19.

2
上古历史是怎么知道的？

历史由人书写，书写者是如何知道上古历史、中国原始社会以及夏商周三代的呢？

考古，是认识原始社会最为重要的途径。考古活动能发掘出各种实物史料，如人工制品（遗址遗物）、工具制造过程中的废弃品、古代动植物的遗骸等，通过这些史料人们能了解史前人类的物质与精神生活。山顶洞人拥有大量的饰品，如钻孔石珠、兽牙和海蚶壳，其中有一段鹿角表面经过精心打磨，还刻有花纹，颇有艺术气息，可见山顶洞人已具有美的意识。利用考古史料还能推测史前人类的社会制度。姜寨遗址由五组房屋群构成，每组房屋以一个大屋为中心，大屋多半供大家族公用。遗址内有四个牲畜栏，应该是公有的。储存粮食的窖穴有的在大屋旁，有的在小屋旁，由此推测粮食是按大家庭和小家庭两级进行分配的。这些信息综合说明，姜寨遗址反映的是一个共同劳动、平均分配的社会。

传说，是认识原始社会的另一个途径。燧人氏、神农氏、炎黄二帝、尧舜禹等故事，在口口相传中不断为后人所增益，弥漫着神话色彩。看似荒诞的传说，拨开迷雾，也能见到一些真实的影子。史上未必就有燧人氏、神农氏其人，但他们的故事却体现了人类社会文化发展的几个阶段：从人工取火到驯养牲畜，再到栽培谷物。炎黄事迹的细节或许不可信，但是"用兵无已，诛战不休"应该是事实。新石器时代晚期的墓葬中，刀、钺、箭镞等武器日益增多，还发现了大量人体遗骸，折射出当时战争的残酷性。

在部落间的激烈战争中，原始社会走到了尽头，夏朝登上了中国历史舞台。人们对夏朝的认识主要来自传说、后世文献和考古资料。

夏的传说中，最有名的当属大禹治水。中国是季风性气候，降水多集中在夏季，易发生洪水，疏通河道、舒缓洪水在当时应是长期的、普遍的行为，只是传说把这些事迹集中到一时一人而已。从后世文献看，夏朝已具备国家的基本特征。"大人世及以为礼"，即完成了从禅让到世袭的转变。夏已有军队，启继位后，"有扈氏不服，启伐之，大战于甘"。大战之前，启"乃召六卿"，表明夏朝可能已设官分职。夏大概已制定刑法，《左传》说"夏有乱政而作《禹刑》"。这些记载都是后人的追述，实际依然是传说性质。

考古方面，大部分学者认为距今约 3 900—3 500 年的二里头遗址应为夏文化遗存。二里头遗址面积达 300 多万平方米，居住人口应在 2 万以上。城内道路纵横交错，宫城、作坊区、祭祀区等分布有序。一号宫殿是二里头最宏伟的建筑，面积约 1 万平方米，坐北朝南、中轴对称，由殿堂、廊庑、庭院、大门组成，布局和结构与文献记载中的宗庙相似。遗址的墓葬中也发现了青铜和玉质的礼器，表明二里头文化已进入青铜时代。这些证据反映二里头可能曾是一个王国的都邑。然而，二里头遗址至今没有发现可解读的文字，难以自证身份。

商史研究可资运用的资料更为丰富，最大的变化是出土了当时的文字。甲骨文的发现和释读，使商成为中国历史上第一个有直接文字记载的王朝，商史研究也走出了夏史研究的窘境。

《诗经》《尚书》《史记》等文献中都有关于商的记录。近代以后疑古思潮兴起，古代文献的可靠性受到质疑，商代历史也被打上了问号。直到甲骨文的发现、安阳殷墟的发掘，商史才摆脱了史家怀疑的目光，步入信史行列。甲骨文刻于龟甲或兽骨上，内容为占卜辞。商王极为依赖占卜，大到祭祀、征伐，小到梦境、疾病，都要通过占卜询问神灵或祖先。所以卜辞的内容十分广泛，透过它后人能窥得商代社会的全貌。甲骨上刻有的单字近 5 000 个，成功释读的有 1 700 多。近人王国维从甲骨卜辞中考证出的商王世系，与《史记·殷本纪》的记载基本一致，实现了当世文献与传世文献的二重印证。

商周易代的标志性事件是牧野之战，此战发生的时间一直众说纷纭，最早为公元前 1130 年，最晚为公元前 1018 年，前后相差百余年。20 世纪末，"夏商周断代工程"综合运用多种材料和方法，成功破解了这桩千古疑案。[1]

---

〔1〕夏商周断代工程. 夏商周年表 [M]. 北京：世界图书出版公司，2000：11.

科学家和考古学家主要做了三件事。其一，关键性考古遗址的^{14}C测年。他们选择了先周（灭商之前的周）遗址和商末遗址，分别进行测年，得出武王克商发生于公元前1050年至前1020年之间，将时间范围缩小到了30年。其二，甲骨文月食记录研究商亡之年。运用甲骨文中关于月食的记录，组织多学科联合攻关，先确定数个商亡的时间，再结合传世文献，推测商大约在公元前1050年至前1020年之间灭亡，印证了^{14}C测年的结论。其三，根据文献记载的天象，运用现代天文方法回推克商之年。周初青铜器利簋留下了当事人对武王克商的记录，其铭文写道："武王征商，唯甲子朝，岁鼎。"其大意为，武王征伐商国，当在甲子日的早上，岁星正当其位。依据利簋铭文以及《尚书·武成》《国语·周语》等文献记载的天象，运用现代天文知识推算，确定了公元前1046年、公元前1044年和公元前1027年三个候选年份。其中公元前1046年与"夏商周断代工程"确定的金文历谱大致相符，与重要文献记载也比较吻合，故被定为牧野之战的首选之年。此成果意义重大，不仅西周有了确切的起始年份，也为商周的断代奠定了基础。

上海市闵行中学　范　江

3

法家思想不可等闲视之

春秋战国，是中国古代社会秩序变动最为激烈的时代。伴随着礼崩乐坏而来的是思想上的百家争鸣，如主张"为政以德"的儒家、"兼爱非攻"的墨家、"无为而治"的道家、"明刑尚法"的法家，还有名家、兵家、阴阳家、纵横家等。为乱世求治而生的各家学派，共同描绘了轴心时代中国思想的璀璨画卷，也奠定了其后数千年中国文化的发展基石。

"诸侯纷争与变法运动"一课，论及儒、道、墨、法、名、兵、阴阳七家，着墨的重点在儒、道两家，以"孔子和老子"为专门一目，集中介绍两位思想家的生平、著述、学说等，并在下一子目"社会变革与百家争鸣"中，列出战国时期儒家和道家的代表人物孟子、荀子及庄子，概言儒、道两家由春秋至战国的思想流变，从而形成极为清晰的知识体系。清晰而非完整，也许是这篇课文的一个特点。限于篇幅和某些思维定式，课文对儒、道之外的各家叙述不多，只是寥寥数语，如阴阳家提出了"相生相胜理论"、墨家"代表下层平民利益"等，对法家的表述亦基本如此。而我以为，虽然对先秦诸子学说的处理可以并且应该有所侧重，但法家思想不可等闲视之。

关于法家，课文在"百家争鸣"子目中仅这样提道："法家代表韩非主张以法为工具管理国家，控制臣民，体现了中央集权的政治思想。"这里且不说将法家思想的丰富内涵压缩为"强化君权"一项，就是它的重要代表人物及其主张都未曾提及。如此内容择取与编写方式，还出现在"经济发展与变法运动"子目中，即以一整段的篇幅专书商鞅变法，涉及时间、举措、结果、成效、影响和历史评价等，却未言明商鞅是战国早期法家的代表人物，商鞅仅以改革者或政治家的面目示人，不见其思想学说之背景。

其实，法家思想无论对战国变法运动抑或秦帝国的统治均产生过重大影响。在西汉武帝"独尊儒术"之后，法家思想实际上也未见式微，而是以"儒表法里"的方式继续发挥着治国功用。到了近代，为应对亡国灭种的危机，实现救亡图存的目标，一些学者还对先秦法家思想进行创造性转化。而在推进依法治国的当下，学界也相当重视研究法家思想对当代中国法制建设的意义。

在诸子百家学说中，法家出现较晚，是在战国变法运动的基础上发展起来的一个学派。早期代表人物有李悝、吴起、申不害、商鞅等，集大成者则是战国末期的韩非。法家的突出特点在于，他们不是纯粹的理论家，而是积极入世的行动派，在列国竞争、强者为王的时代，李悝、吴起、申不害等人主导变法运动，推行奖励耕战、富国强兵的政策，分别成就了魏、楚、韩等国的富强，而最成功的当属商鞅，他在秦国的变法为百余年后始皇帝实现天下一统奠定了基础。

　　法家的作为，源于其思想主张的独树一帜。哲学家冯友兰曾说："中国人尊重过去经验，这个传统也许是出自占压倒多数的农业人口的思想方式。……这种心理状态，对中国哲学影响很大。所以从孔子的时代起，多数哲学家都是诉诸古代权威，作为自己学说的根据。"[1] 确实，儒家"祖述尧舜，宪章文武"，墨家"行禹道""用夏政"，道家以伏羲和神农氏为理论源泉，至稷下学派则以"黄帝为祖，老子为宗"，这些都是明证。而反观法家，却认为"祖宗不足法"，秉持"法与时移、变法革新"的变法观。商鞅曾诘问：

　　　　前世不同教，何古之法？帝王不相复，何礼之循？

　　　　治世不一道，便国不必法古。汤、武之王也，不循古而兴；殷、夏之灭也，不易礼而亡。然则反古者未必可非，循礼者未足多是也。[2]

　　正是坚信"法与时移"，商鞅才能直面各国尤其是秦国的社会现实，锐意改革，废井田、废世卿世禄，而这些无一不是对周制的颠覆。

　　法家的法治思想，基石是"性恶论"。商鞅指出，"民之性：饥而求食，劳而求佚，苦而索乐，辱则求荣，此民之情也"；"民

---

〔1〕冯友兰著，涂又光译. 中国哲学简史（第二版）[M]. 北京：北京大学出版社，1996：137.

〔2〕石磊译注. 商君书 [M]. 北京：中华书局，2011：6.

之生：度而取长，称而取重，权而索利"；"人生而有好恶，故民可治也"[1]；"人情者，有好恶，故赏罚可用"[2]。一方面，因人性本恶，故需要制定完善的制度来预防和惩戒恶行，达到治理社会的目的。另一方面，人的所有行为都受制于好利的本性，在现实社会中表现为追求爵位、田宅等，统治者可以利用其实行统治。故商鞅变法的措施，无论是奖励耕织军功，抑或实行什伍连坐、互相纠察告发，都是基于人性之恶主张所采取的做法。

法家思想的核心是"法"，提出法的观念是法家最大的贡献。在法家的代表人物中，商鞅最重视法治。为了取信于民，他在变法之初以城门立木昭示"信赏必罚"的法治精神；为了推动变法，他主张"刑无等级，自卿相、将军以至大夫、庶人，有不从王令、犯国禁、乱上制者，罪死不赦"[3]，打破"刑不上大夫"的传统，对太子太傅等人施以肉刑，执法严苛。正因为商鞅"不别亲疏，不殊贵贱，一断于法"，才在秦国树立起法律的权威。可以说，法家以君主、国家为中心进行思考，以法治为治国之核心，集法、术、势为一体，强化君权，推动国家体制由邦国向大一统国家转型，形成了久远的历史回响。

上海市进才中学　杨国纬

---

[1] 石磊译注. 商君书 [M]. 北京：中华书局，2011：59、64、83.

[2] 高华平等译注. 韩非子 [M]. 北京：中华书局，2010：681.

[3] 石磊译注. 商君书 [M]. 北京：中华书局，2011：124.

4

历史文化因素造就了秦国

　　战国时期，为了在兼并战争中获取最后胜利，七雄不约而同地进行了一系列求生存、图发展的变法运动。魏有李悝变法，赵有赵武灵王胡服骑射，韩有申不害改革，齐有邹忌改革，楚有吴起变法，燕有燕昭王千金市骨发愤图强，秦则有商鞅变法。各国变法的重点无不集中于举贤任能、消除旧有世卿世禄制下的贵族势力，以及强化君权。同样是变法，七国所取得的成效却大不相同，最终则由地处西陲、为各国所看轻的秦国完成了六合归一、天下一统的伟业，而这背后有着深刻的历史文化因素。

　　楚国和燕国一南一北，改革最终都落得"人亡政息"的结局。楚悼王任用吴起压制贵族、强化君权、整肃吏治和奖励军功，一时间"诸侯患楚之强"；燕昭王在位时选贤举能、广揽人才，名臣乐毅主持国政，一度占据齐国七十余城，让"大国"齐国陷于仅剩两城的窘境。但当支持变法的君王骤然离世，便引来变法中既得利益受损害的贵族势力的疯狂反扑：楚悼王去世，贵族立即发动兵变诛灭吴起；燕昭王作古，燕惠王撤换乐毅，伐齐之战功败垂成。随着两国变法的夭折，它们在各国的竞争中也渐渐掉队。

中原地区的三晋——魏、赵、韩，尽管不像楚国和燕国那样半途而废，延续以往变法举措，但也存在着较大局限性，"七国虎争天下，莫不招致四方游士。然六国所用相，皆其宗族及国人，如齐之田忌、田婴、田文，韩之公仲、公叔，赵之奉阳、平原君，魏王以至太子为相"[1]。尽管六国宗室贵族中不乏田忌、田单、赵奢、屈原这样的英才，但朝堂中更得势的还是目光短浅、贪图私利的守旧贵族，这就使六国在破旧立新的转型中显得尤为艰难。魏国一度重用李悝、吴起等人变法，但由于"三家分晋"前，魏国是凭借自身家族的巨大实力实现化家为国的，因此其变法是在承认贵族特权的基础上进行的，加之君主标榜自身以卜子夏、田子方、段干木等儒宗门徒为师为友，对传统的礼乐宗法、等级秩序有所留恋，使一些变法人士很难在魏国长久立足。韩国申不害片面强调君王以权谋之术治国，过分依赖君主个人才智统御百官，变法的先天理论基础缺失，效果自然也有限，战国末年韩非子对君王任用贤才的进谏以及对任人唯亲现实的批判即是明证。赵国胡服骑射改革之后，仍然保有贵族手握军政大权的传统，廉颇、李牧等战功卓著的名将甚至难逃被罢黜或诛杀的命运。

一度与秦并称"东西二帝"的齐国，广开稷下学宫，人才不

----

[1]（宋）洪迈. 容斋随笔 [M]. 北京：中华书局，2005：23.

可谓不兴，思想争鸣不可谓不精彩，但每每受到君王青睐的却是维护传统宗法等级秩序的儒家道德伦理和强调清静无为的黄老学派，贵族传统势力并未剪除，以致齐国地方行政制度偏向分权，成为七国中唯一未曾实行郡县制的国家。一个明显的事例是，齐威王即位之初曾有一段时间不理国政，但这丝毫不影响各地官员处理自身一隅之地的日常政务。这样的贵族分权治理模式，也使齐国自上而下的国家动员能力明显不足、缺乏后劲。

反观秦国，首先在时间上，由于是在周平王东迁洛邑时才成为诸侯国，并非是西周初年典型的宗法分封制下建立的国家，因此和山东六国相比，对于西周时代以宗法、分封、礼乐等一系列制度维系的贵族血缘政治传统的历史认同感相对较弱。其次在空间上，秦立国时获关中渭河一带西周故土作为最初封地，可以说是空头支票一张，而因面临刚攻破镐京逼迫平王东迁的犬戎等游牧民族的军事威胁，在险峻急迫的军事环境下，必然会出现打造高度军事化、政治权力集中的国家形态的诉求。最后在"人和"上，恶劣的生存环境也势必会要求统治者对外来文化、外来人才格外重视与包容，所以我们会看到秦文化中糅入了殷周文化、西北少数民族文化中先进、实用的生产方式、军事技术等因素；会看到李斯《谏逐客书》列举的秦国发展史上屡见不鲜的他国人才，如百里奚、商鞅、张仪、范雎等受到重用，推动秦国由弱变强的事例。

可以说，秦国在商鞅变法前就已经孕育了权力集中、包容开放、功利至上等文化氛围，造就了适应变法的土壤，最终结出"商鞅相孝公，为秦开帝业"的硕果。秦国的商鞅变法，打击贵族势力最为果敢，推行郡县制度最为广泛，实现军功授爵、塑造新型人才的举措最为彻底。尽管商鞅个人惨遭车裂的悲剧命运，但"商鞅虽死，其法未败"，被变法重创的宗室贵族虽然可以在秦孝公死后报复打击商鞅以泄私愤，但数百年来形成的秦国历史文化的巨大惯性之势，则使其再也无法退回与山东六国相仿的贵族势力坐大、掣肘变法进程的局面。

七雄变法运动的成败得失，折射出基于不同的历史文化因素，各国对于旧有社会结构、等级秩序的改造能力也不尽相同。六国的变法不彻底，未能从根本上剪除贵族宗室等既有传统势力；而至于秦国，正是因为在特殊的天时、地利、人和的综合因素下，自身的变法运动受到的传统阻力最小，具备了建立大一统中央集权国家的基础和条件，最终后来居上，赢得了大争之世的胜果。

华东师范大学第二附属中学　周庆彰

5

地域、习俗、文化与大一统秩序

统一后的秦帝国幅员辽阔，"东至海暨朝鲜，西至临洮、羌中。南至北向户，北据河为塞，并阴山至辽东"，黄河流域、长江流域的大部分区域和今珠江流域的华南地区皆囊括其中。帝国版图内的黄河流域大致包括今西北地区的甘肃南部和陕西、黄河中游的今河南与河北、黄河下游冲积平原的今山东，以及安徽北部和江苏北部。黄河流域古来即是华夏文明的中心，在经济和文化上居于领先地位。帝国所辖的长江流域分为三个自然地理区域：高山与盆地相连的巴蜀地区、长江中游地区以及长江下游地区。除流域内的平原地区、三角洲地带适宜农耕外，两汉以前的长江以南多地被视为沼泽遍野、瘟疫多发、瘴气充斥的蛮荒之处，一些地区还是黥面文身的部落民的领地。这一时期，长江流域仍属于华夏文明的边缘地区。虽然秦帝国在今华南地区派有驻军，但该区域在文化上处于华夏文化圈之外，被视为"化外之区"，被贬之官多流放至此。"四塞之国，被山带渭"的秦征服东方六国完成统一，标志着关中地区对关东平原（函谷关以东）和长江流域的胜利。

受历史、地理等综合因素的影响，秦帝国境内的各区域具有不同的习尚及文化特征。战国时期，函谷关以西、渭河流域的关中一带本就是秦国的核心区域，后来秦又占据了位于长江流域上游的巴蜀地区。黄河流域的另一端，即下游的冲积平原是齐国的疆土。秦、齐两大强国之间的区域即关东地区，从北到南曾分据着"三家分晋"之后的赵、魏、韩三国。齐的北面和赵的东面是燕。南方长江中游一代则是楚国的核心区域，至吴、越被楚国兼并后，长江下游亦纳入楚地。受长期割据的影响，春秋战国时期以区域为单位，逐渐形成了清晰易辨的国家和人群特征，最终转化为特质相异的区域性习尚及文化。战国时期的典籍《尚书·禹贡》、军事论文集《吴子》、儒家著作《荀子》、司马迁的《史记》等都有相关问题的论述，比如：

> 荀子曰：工匠之子莫不继事，而都国之民安习其服。居楚而楚，居越而越，居夏而夏，是非天性也，积靡使然也。[1]
>
> 邹、鲁滨洙、泗，犹有周公遗风，俗好儒，备于礼，故其民龊龊。……地小人众，俭啬，畏罪远邪。及其衰，好贾趋利，甚于周人。[2]

荀子和司马迁两人虽相距一百六七十年，但其所撰之文却呈现了相似的社会现象及其历史延续性，即从战国经秦汉（汉武帝时

---

〔1〕（清）王先谦. 荀子集解［M］. 北京：中华书局，1988：144.

〔2〕（汉）司马迁. 史记（点校本二十四史修订本）［M］. 北京：中华书局，2013：3935.

代)，风俗习惯和民众性格存在显著的地域性特征。秦汉时期流行的民间谚语"关中出将，关东出相"，既反映了秦人的尚武传统，亦折射出关东中原地区对秦的另面定义——秦是站在文明和人性对立面的蛮族。而"关东地区以其管理艺术和文学艺术的教育而著名。所有主要的哲学传统都发源于东方，这个区域始终是典籍的传播中心，也是帝国的人口聚集中心"，"在十多个最大的城市中，除了古老的都城和成都之外，其他全都在东部。这个地区是帝国最为肥沃的农耕区，也是手工艺品的中心产区"[1]。长江流域的楚文化在战国时期虽然已成为华夏文明的一部分，但其文学艺术和宗教传统仍具有鲜明的独特性。秦律还提及南方尤其是长江流域楚地的火热气候，以为生活在这种自然气候环境中的居民容易形成急促的性格。[2]

在此背景下，秦帝国如何克服地域、习俗和文化的差异，建立和巩固大一统的秩序？

一是要给原六国臣民树立新王朝统治者是超越地域空间的威权的观念。由此，确定了最高统治者的新称谓——皇帝。"王"的称号"无以称成功，传后世"，而上古传说中的"皇"与"帝"具有"天地"之意，天地是万物之主，因此两者的合称"皇帝"足以突显帝国之大，包举宇内，囊括四海，借此宣示统治者的恩惠"泽及牛马，莫不受德"。与之相呼应，始皇帝举行"泰山封禅"祭祀之礼，传达

---

〔1〕［美］陆威仪著，王兴亮译. 哈佛中国史：早期中华帝国·秦与汉［M］. 北京：中信出版社，2016：17—18.

〔2〕整理自［美］陆威仪著，王兴亮译. 哈佛中国史：早期中华帝国·秦与汉［M］. 北京：中信出版社，2016：14、18.

其受命于天为天下之帝的用意。二是建立一整套中央集权制度，统一帝国臣民生活之方方面面，诸如文字、度量衡、币制、法律的统一，乃至极端化的焚书坑儒。这种全新的统治策略旨在通过标准化模式有效管理广袤且存在巨大差异的疆土，也传递出这样一个信息：普天之下必须服从皇帝和他的政府。三是建设以都城咸阳为中心的道路网。秦帝国的道路网四通八达，主要服务于调遣军队、传递文书等政治与军事目的，也便于皇帝巡视新开拓的辽阔疆域。在统治的 10 年内，始皇帝共出巡东方郡县 5 次，充分彰显其君临天下的权力。而平民则须持证件甚至缴税方可往来于途，可见帝国于民的防范之心。由此，直道、驰道在沟通各区域的同时，也提升了帝国中央对地方的管控力度。四是建立户籍制度，帝国借此将臣民纳入大一统的国家网络……试图阻隔六国精英对原各国臣民的影响。

为了将帝国伟业传于后世，始皇帝曾在泰山刻石，"颂秦德""宣省习俗"。的确，秦开创了帝制时代，基本完成了国家的"升级"，奠定了大一统国家的模式。但秦速亡的历史也表明，秦帝国并未真正实现"黔首改画，远迩同度"。以至有史家认为，这段时间的历史仍然体现为地方势力间转换的均衡，以及帝国政府和其统治区域之间关系的变动。[1]

上海市育民中学　杨霞蓉

---

〔1〕整理自 [美] 陆威仪著，王兴亮译. 哈佛中国史：早期中华帝国·秦与汉 [M]. 北京：中信出版社，2016：17.

6

也说"制度陷阱"

　　钱穆的《中国历代政治得失》一书，聚焦中国历代政治制度，高屋建瓴地对历代王朝的政府架构、官员职权、考试监察、财政赋税、兵役义务等作提要钩玄的概观与比照，在叙述制度因革演变的同时，更是一针见血地指陈了利害得失。有人评价这部书"不失为一部简明的中国政治制度史"。在总论部分谈及中国历代政治"不好的趋势"时，钱穆提出这样一个观点："中国的政治制度，相沿日久，一天天地繁密化。一个制度出了毛病，再订一个制度来防制它，于是有些却变成了病上加病。"[1]

　　后来，人们将这一观点概括为"钱穆制度陷阱"。

　　自秦朝立国始，始皇帝便设立了一整套从中央到地方、从官制到监察系统的完备制度，于是在后来的中国历史进程中便出现了一条脉络清晰的主线，即历朝历代不断在此基础上进行制度的创新、完善、再创新、再完善的往复历程，这即为上文所言钱穆之观点。问题是：制度创设、完善的初衷是什么？这样的顶层设计

---

　　[1] 钱穆. 中国历代政治得失 [M]. 北京：生活·读书·新知三联书店，2001：174.

会给政权带来怎样的影响？或许从秦汉以来地方行政制度的演变中可以看出一些端倪。

秦朝的政权组织模式与西周截然不同，其国家执政的基础更多的是依靠个人的才干和能力，而非血缘与宗亲，此种模式尚在秦国时期就表现出强大的生命力和创造。秦的统一，主要是天时、地利、人和合力作用的结果，而在这些因素中，当属地利最为重要（地处西陲、关中平原，拥有天府之国等）。嬴政是幸运的，历经几代秦王的努力，在天时、地利、人和等因素的合力作用下，终于实现了统一大业，并创设了一整套的中央集权体制，希望以此稳固嬴氏天下，用他自己的话说，就是"朕为始皇帝，后世以计数，二世三世至于万世，传之无穷"。于是，始皇帝便开始了大刀阔斧的改革，动作最大的一项便是废分封、设郡县。

然而，朝廷上下对于这项改革分歧非常大。太史公将这段"宫廷争辩"栩栩如生地记载了下来：

> 博士齐人淳于越进曰："臣闻殷周之王千余岁，封子弟功臣，自为枝辅。今陛下有海内，而子弟为匹夫，卒有田常、六卿之臣，无辅拂，何以相救哉？事不师古而能长久者，非所闻也。"
>
> 丞相李斯曰："……古者天下散乱，莫之能一，是以诸侯并作，语皆道古以害今，饰虚言以乱实。"[1]

---

〔1〕（汉）司马迁. 史记（点校本二十四史修订本）[M]. 北京：中华书局，2013：321.

始皇帝："天下共苦战斗不休，以有侯王。赖宗庙，天下初定，又复立国，是树兵也，而求其宁息，岂不难哉！"[1]

以今人视角来看君臣三人的这番对话，不得不感慨始皇帝的眼光和格局。

淳于越的看法自有他的合理性，只是时代变了，制度岂有不变之理——我们看到的是一个固执保守、略显迂腐的儒生形象。李斯则认为封建并不保险，分封的诸侯，最后到底是国家的维稳者还是掘墓人不得而知——显然，他是一个适应时代的功利主义者。始皇帝的看法更为深刻，他认为分封制本身就是个不安定因素。分析君臣三人的这番对话，关于何种制度能在新王朝一展身手的问题，其答案便不言而喻。而历史也证明，实行郡县制国家方能长治久安。

但，秦朝却是二世而亡了。

显然，这一问题既非制度本身的问题，也非"暴政"一词就能解释的。唐代的柳宗元在比较周秦之制时就讲过，"周之失在于制不在于政；周事然也。……秦之失在于政，不在于制，秦事然也"[2]。

此论断虽有其个人主观色彩，却也多少道出了历史真相。但是在与始皇帝同时代的刘邦看来，秦的二世而亡却是郡县制之失。

〔1〕（汉）司马迁. 史记（点校本二十四史修订本）[M]. 北京：中华书局，2013：303.
〔2〕（唐）柳宗元. 柳河东集[M]. 北京：中华书局，1979：73.

为此，刘邦建汉后立即实行分封，但又导致汉初的地方反叛。历史的惯性何其强大！好在汉朝的中央权力逐渐强大，地方反叛终得平息。但诸侯分封还是成了西汉统治者的心腹大患，直至汉武帝即位。

汉武帝以其雄才大略，开创了大汉的盛世气象，文治武功不胜枚举，其中就有解决封建遗留问题的措施——推恩令。献上这一计策的是大臣主父偃，司马迁在《史记·平津侯主父列传》中有过记载："今诸侯子弟或十数，而嫡嗣代立，余虽骨肉，无尺寸地封……愿陛下令诸侯得推恩分子弟，以地侯之，彼人人喜得所愿。"[1] 后来，班固在《汉书·诸侯王表》中又写道："作左官之律，设附益之法，诸侯唯得衣食租税，不与政事。"[2]

这真是"一着妙棋，全盘皆活"，汉武帝用四两拨千斤的方法把中央与地方矛盾的焦点转移至地方，解决了困扰汉室已久的王国问题。再往后，汉武帝又在地方设立了"州"一级的行政单位，以后历朝历代都基本沿用。至元代，统治者又设立了"省"，于是省成为地方最高行政单位并沿用至今。从以上脉络中，我们不难看出一个基本特征：中央对地方的控制不断强化。这种强化是在历史进程下、时间积淀中形成的，也是制度本身推陈出新的结果。但是制度容易突破，制度突破可以巩固王朝统治，进而出现治世

---

[1]（汉）司马迁. 史记（点校本二十四史修订本）[M]. 北京：中华书局，2013：3561.

[2]（汉）班固. 汉书 [M]. 北京：中华书局，1964：395.

乃至盛世，但从长远来看，中国古代政治依然摆脱不了王朝更替、周而复始的历史周期律，这又是为什么？

也许，这是中国古代社会的一种深层结构和基本特征。

上海市曹杨第二中学　徐寒雄

7

郡国并行制的合理性

对于汉高祖刘邦在汉初实行郡县与诸侯国分封并行制，即郡国并行制，后人往往采用司马迁《史记》"海内初定，子弟少，激秦之无尺土封，故大封同姓，以填万民之心"[1] 以及班固《汉书》"内亡骨肉本根之辅，外亡尺土藩翼之卫"[2] 的说法，认为是刘邦"惩亡秦孤立之败"而采取的矫正举措，希望形成诸侯王国以藩屏汉的格局。及至景帝时期爆发吴楚七国之乱，不少史家遂将先前刘邦的这一举措认定为是昧于时势、见识浅薄。

事实上，郡国并行制正是刘邦基于形势而作出的合理决策。

首先，关于异姓诸侯王问题。早在楚汉相争之际就存在的若干异姓诸侯王，除卢绾以外，都是刘邦击败项羽时的支持者或同盟军，可以说他们对于楚汉相争起着举足轻重的作用。也就是说，若是不采用鼓励战功进而裂土封王的现实利益来吸引这些反对项羽的盟友力量，刘邦是不可能最终兵围垓下而逼得

---

〔1〕（汉）司马迁. 史记（点校本二十四史修订本）［M］. 北京：中华书局，2013：2427.

〔2〕（汉）班固. 汉书［M］. 北京：中华书局，1962：393.

项羽自刎乌江的。所以说，通过"因功封王"的异姓诸侯王国分封制度，刘邦成功地从项羽所封的十八路诸侯割据局面中脱颖而出，成为新帝国的缔造者。

其次，关于内、外诸侯问题。在西汉初年，南方边疆地带还存在三个政权，它们分别是：南越王赵佗（统领秦代岭南的南海、桂林、象郡等地区）；闽越王亡诸（大致位于秦代闽中郡地区）；南海王织（控制位于闽越、南越、淮南三国之间的地区）。这三个政权共同接受汉朝册封，因其领地在汉初疆域版图之外，并不受中央政府的实际控制（被称为"外诸侯"），对汉初内政上的治乱兴衰影响不大。而韩信、彭越、英布、张耳等分封于中原地区以及长江流域的诸侯王（被称为"内诸侯"），因与西汉刘氏皇权有着直接的矛盾，于是便鸟尽弓藏、兔死狗烹，除了长沙国地处偏远，威胁较小，且位于西汉与南越国之间的缓冲地带得以保存数代之外，其余内诸侯王国都在刘邦的策划下一一覆灭。

最后，关于同姓诸侯王问题。在汉王朝内部因功封王的内诸侯大多覆亡后，刘邦便将刘氏子弟分封于东部原异姓诸侯王国所在地区，形成了"因亲封王"屏藩皇室的同姓诸侯王国局面。这一局面的形成，除了前面提及的刘邦作为秦楚汉之交当事人对所经历的"秦孤立而亡"的历史教训进行总结外，还有一些外界不易察觉的考量。

其一是刘邦受固有的周代分封同姓"以藩屏周"的宗法分封观念的影响。"秦灭六国，父兄有天下，而子弟为匹夫，在当时之人视之，实为变局而非常理。"[1] 而刘邦的因亲分封既体现了周代王族庶子分土封侯的宗法、分封制匹配的原则，实行后又确实起到了拱卫汉室政权的作用。如惠帝亡故后，吕太后一度重用吕氏外戚，膨胀的吕氏政治势力威胁到汉初功臣集团和刘姓宗室诸王，于是在吕太后死后，上述二者共谋诛灭吕氏，重新迎立代王刘恒为帝。

其二是刘邦在手握权杖后受油然而生的权力控制欲和孤独感的驱使。试想，他对在楚汉交锋之际治理关中、竭力稳定后方的功臣萧何都会产生猜忌之心，逼迫这位开国功臣不得不做出"低价强行购买民间土地房屋"的行为自污以求自保，遑论其他在战场上立下赫赫战功的各路功臣了。所以，在内诸侯覆灭后留下的真空地带，刘邦不可能再用因功封王的办法，而只能选择刘氏血亲之人来维系统治格局。

其三是刘邦面对当时客观存在的"区域差异"产生的一种不同寻常的反应。秦王朝在军事征服和政治统一六国后，随即在全国范围内实施文化习俗的整合与统一，但是它用强制手段将秦地的法家文化推广至六国区域，如此"移风易俗"必然引发民众对秦的强烈反感，于是"天下苦秦久矣"，纷纷起义。之后项羽的策略是以春秋战国诸侯惯用的霸主身份实行十八路诸侯分封。而刘邦似乎更高明些，一方面据秦之地、用秦之人、承秦之制，在关

---

[1] 吕思勉. 论学集林 [M]. 上海：上海教育出版社，1987：709.

中、巴蜀等秦国故土继续推行当地人能够接受的秦国风俗法律；另一方面对于东方六国故地，则针对原楚、齐、赵等地对于秦制更为反感的现状，通过在东方地区对异姓乃至同姓诸侯王国的设立册封及允许东方王国从俗而治，因势利导地化解了紧张态势。如此政策让步首先保证了政权的基本稳固，然后再图解决社会、文化问题，不失为一种可行的缓和之计。

所以说，汉初的诸侯土国中，内诸侯异姓王国是刘邦对楚汉相争形成的事实割据局面的承认，借以稳定汉王朝政权；外诸侯异姓王国则是汉代对周代以来在力不能及的边疆民族地区实施朝贡制度的延续；而随着王朝政局日趋稳定，内诸侯异姓王国首当其冲，成为汉帝国加强中央集权的第一块踏脚石。之后选择建立同姓诸侯王国，也是刘邦综合当时战略形势、传统分封制观念、对功臣的猜忌以及客观存在的地区差异等诸多因素而作出的决策。看来，还是不能简单用"事后诸葛亮"的方式看待历史，不然就会"书生轻议冢中人，冢中笑尔书生气"了。

华东师范大学第二附属中学　周庆彰

8

兴也外戚，亡也外戚

　　外戚，指东亚古代社会中君主（如中国皇帝）的母族和妻族。"外戚干政"是古代皇帝的外戚利用皇帝年幼抑或无能，从而把持朝政的现象，在古代中国尤以汉代为烈。汉武帝晚年立小儿子刘弗陵做太子，命其母钩弋夫人自尽，就是为防外戚专政。而哀帝、平帝之世，外戚王氏相继把持朝政，终酿成王莽代汉之局。然纵观汉代历史，外戚作为一种政治力量，对刘汉王朝的发展与兴盛也曾起过一定的积极作用。因此，两汉"兴也外戚，亡也外戚"的说法是有其史实依据的。

　　首先来了解西汉外戚"吕、窦、霍、王"等家族的情况。

　　汉初，异姓王成为刘汉政权的威胁，高祖刘邦在吕后及其家族，即吕氏外戚的协助下将其一一铲除。后来同姓王又成了中央集权制国家的离心力量。吴楚七国之乱发生后，汉景帝命外戚大将军窦婴领兵大破七国，平定叛乱，极大地削弱了地方诸侯国的势力，为朝廷日后彻底解决王国问题奠定了基础。汉文帝皇后窦氏出身寒微，常劝文帝节俭，轻徭薄赋。窦氏一门曾有三人封侯，但窦氏坚决阻止外戚干政，对当时社会的稳定和发展起到了积极作用。

武帝即位后，为架空相权，与心腹近臣组成中朝，成为事实上的决策机构，"丞相以下至六百石为外朝"[1]，不参与决策。而外戚常因军功被册封为大司马大将军、前后左右将军，隶属中朝官。外戚卫青"凡七出击匈奴"，杀敌五万，"收复南地，置朔方郡"；外戚霍去病"凡六出击匈奴"，杀敌十一万，"开河西酒泉之地西方益少胡寇"。他们出生入死将匈奴赶往漠北，保护了中原农耕文明，扩大了汉代疆域领土，也辅助汉武帝成就了霸业。

昭宣时期，外戚的典型代表人物霍光，受汉武帝临终遗命，以大司马大将军身份坚持执行轮台诏政策，与民休息，击匈奴救乌孙，缓和与周边民族的关系。《汉书》称赞霍光："受襁褓之托，任汉室之寄，当庙堂，拥幼君……因权制敌，以成其忠。处废置之际，临大节而不可夺，遂匡国家，安社稷……虽周公、阿衡，何以加此！"[2]霍光以其之忠之能成就了昭宣之治。可以说，昭宣之前的西汉王朝，外戚在稳定政局、匡扶社稷、扩展疆域等方面起到了一定的作用。

再来了解东汉外戚"马、窦、邓、梁"等家族的情况。

东汉明帝的马皇后，是大功臣马援的女儿；章帝的窦皇后，是大功臣窦融的曾孙女；和帝的邓皇后，是功臣邓禹的孙女；顺

---

[1] (明) 王鏊. 亲政篇，见钟基等译注. 古文观止 [M]. 北京：中华书局，2011：943.

[2] (汉) 班固. 汉书 [M]. 北京：中华书局，1964：2967.

帝的梁皇后，是功臣梁统的后代。这四大家族既是资深望重的士族大姓，又与皇家互结世代姻亲，可谓权倾朝野。由于东汉十二个皇帝，除光武、明、章三帝外，几乎都是幼年即位，共立十八个皇后，有六位皇太后临朝听政，以致"莫不定策帷帝，委事父兄"[1]。这些外戚中不乏贪婪残暴、穷奢极欲、专权跋扈之徒，但在外戚梁冀专权之前，为政基本清廉，也促进了东汉的强盛和社会的进步。

如在政治军事上，外戚邓骘与弟同心辅政，大司农朱宠高度评价邓氏外戚："兄弟忠孝，同心忧国，宗庙有主，王室是赖。功成身退，让国逊位，历世外戚，无以为比。"[2] 外戚梁商以大将军辅政，礼遇甚尊，严于律己。窦固任职卫尉，"仁厚谦恭，甚有名称"。东汉外戚大都精通武略，常以将军之职率兵抗御外寇，屡立战功。功绩显著者当数窦宪。永元三年（91 年），窦宪大破北匈奴于金微山（今西伯利亚境内），北单于逃跑，"自汉出师所未尝有也"；及至永元四年（92 年）北匈奴单于接受汉玺，归附汉王朝。外戚邓训任乌桓校尉、护羌校尉等职时，采取以"怀柔"为主的政策，团结联合小月支和大多数羌人，使西北边境出现了短暂的和平局面，促进了当地农业生产的恢复和发展。

在生活气节上，东汉外戚大都出身名门世家，比较重视自身修为，奉行"谦约自守"的处世之道。光武帝舅樊宏曾说道："吾

---

[1]（宋）范晔. 后汉书 [M]. 北京：中华书局，1965：401.
[2]（宋）范晔. 后汉书 [M]. 北京：中华书局，1965：617.

非不喜荣势也，天道恶满而好谦，前世外戚皆明戒也。保身全己，岂不乐哉!"[1] 章帝即位后对马太后一门极尽宠幸，但马氏外戚"受封爵而退位归第焉"，基本没有干预朝政。和帝死后，邓太后临朝听政，邓氏兄弟遵守法度，"功成身退，让国逊位，历世外戚，无与为比"[2]。桓帝岳父窦武为官多年，不贪荣禄，不好权势，"多辟名士，清身疾恶"。东汉的外戚中不乏经师鸿儒，如光武帝舅樊宏之子樊倏便是一位著名的经学大师，世人称"樊倏学"。明帝马皇后兄马严"专心攻典，通《吕氏春秋》"，受到京师官僚的赞誉，其子马续、马融也是东汉著名经学家。邓太后之兄邓弘在宫内给安帝讲授《尚书》，儒生纷纷归附其门下。桓帝窦皇后之父窦武通晓经书，满腹经纶，"常教授于大泽中"，不少学子相随，在当时以儒学名显。

可见，外戚中亦有一心为国、率先垂范之人。但综而观之，两汉外戚的强弱、对朝政起到的作用，与皇权对外戚的态度、皇帝的统治策略有着直接的关系。在政权体制不够完善、皇帝统治经验不足或年幼无力的情况下，外戚由辅政进而逐渐擅权，形成了一股足以影响朝局和政治走向的势力。正如史家吕思勉所言："汉朝政治败坏的根源，其端实开自霍光秉政之时的，那便是宰相之权，移于尚书。……自霍光秉政，自领尚书，宰相都用年老无气和自己的私人，政事悉由宫中而出，遂不能有正色立朝之臣。……

---

[1]（宋）范晔. 后汉书［M］. 北京：中华书局，1965：1121.
[2]（宋）范晔. 后汉书［M］. 北京：中华书局，1965：617.

朝无重臣，遂至嬖幸得干相位，外戚得移朝祚，西汉的灭亡，相权的丧失实在是一个重要的原因。而且其事不但关涉汉朝，历代的政治，实都受其影响。"[1]

上海市宜川中学　施海燕

〔1〕吕思勉. 中国通史 ［M］. 北京：中国华侨出版社，2016：320—321.

第二篇

三国两晋南北朝的民族交融与隋唐统一多民族封建国家的发展

9

"王谢风流满晋书"与"旧时王谢堂前燕"

　　"山阴路上桂花初，王谢风流满晋书。"这是唐人羊士谔所作诗歌《忆江南旧游二首》中的句子，诗歌感叹东晋王导、谢安两族勋业传世，风光无限。王导，出身魏晋名门琅琊（今山东临沂）王氏，"永嘉南渡"时与族兄王敦共同辅佐宗室司马睿（晋元帝）在建康（今江苏南京）建立东晋，为东晋中兴名臣之最。谢安，出身陈郡（今河南太康）谢氏，少时即得宰相王导器重，其功业在于尽心王室，淝水之战选将破秦，护卫晋室安稳。王谢两家贯穿东晋南朝历史，累世贵显，箕裘不坠，故而"风流满晋书"的说法甚为贴切。后来，建树累累的王谢成为高门世族的代名词，映照出东晋及南北朝时期独有的士族政治特征：世家大族与君主共治天下。

　　追溯历史，东汉中后期，拥有雄厚田庄经济实力、广泛地方政治人脉与强大家兵部曲军力的豪强地主，因其保持累世公卿的显赫政治地位而被称为世家大族，又基于通经入仕的文化政策以及累世经学的文化控制，逐渐转化为门阀士族。曹魏代汉与司马氏建立西晋的两次改朝换代，皇权都试图与世家大族出身的官僚相妥协，以政治特权换取门阀士族的拥戴。这其中，曹魏颁行九品中正制度起到了推波助澜的关键作用，加速了世家大族特权的合法化、制度化。时人称之为"上品无寒门，下品无势族"。两晋之际，适逢北方地区各游牧民族相继内迁、黄河流域政局动荡，以王导为代表的琅琊王氏与以谢安为代表的陈郡谢氏，先后举族南下，侨居江东，与威望、实力、战功皆无的宗室司马睿合作，重建晋王朝正朔，南方半壁江山出现了皇帝垂拱、大族当权、流民出力互相维持的政治格局。据史家田余庆《东晋门阀政治》一书研究：东晋一朝只有皇权与士族共治天下，平衡和秩序才得以维持[1]。晋元帝司马睿登基时，拉住大臣王导同升御床接受百官朝贺，并表示愿与王氏共有天下，王导坚决推辞，方才作罢，时称"王与马，共天下"。这一史事是东晋及南北朝时期政治特征的典型例证。其后，颍川庾氏、谯国桓氏、陈郡谢氏、太原王氏先后成为与司马氏合作的主要执政家族，可以说，东晋一代的政治史是世家大族政治势力起伏沉降、交替执政的历史。世家大族或是控制行政中枢，以家族利益决策行事；或是扭曲选官制度，凭借名门望族出身直接获得高位；或是据有地方都督等军政职务，与家族中身居建康朝堂的权臣形成内外联合之势。比如，琅琊王氏的王敦、谯国桓氏的桓温桓玄父子，就曾数次领兵犯阙，干预东晋朝政。直至南朝，军功起家的次等士族先后建立宋齐梁陈四朝，

〔1〕田余庆. 东晋门阀政治 ［M］. 北京：北京大学出版社，2012：329.

才基本终结皇权与士族共治天下的格局，回归秦汉皇权政治的常态。

南朝初年，以王谢为代表的高门士族的政权与兵权逐渐被南朝皇权所削弱，再也未曾出现如王导、谢安那样能运筹帷幄决胜千里的大才，但其仍旧拥有一定的社会基础和经济基础，其政治与社会地位的下降速度远小于权力的丧失速度。在此情势下，门阀士族更刻意维护自身门第血统，强调士族高门与庶族寒门的严格区别：宋孝武帝刘骏的生母路惠男出身卑微，因美貌被宋文帝刘义隆选为淑媛，其兄路庆之曾是琅琊王氏王僧达家的马车夫。刘骏继位后，尊生母为太后，路家由此成为皇亲国戚。但纵然跻身上层，路家也难免遭受世家大族之羞辱。某天路琼之（路庆之之子，也说为路庆之之孙）着盛装携随从拜访邻居王僧达，然而踏进王家大门半天，王僧达却始终将其晾在一边不予理睬，半响才轻蔑地问道："身昔门下驺人路庆之者，是君何亲？"[1] 路琼之听闻大为羞惭，愤然告辞。其前脚刚走，王僧达竟令奴仆"焚琼之所坐床"。羞愤交加的路琼之向太后告状，路太后得知路琼之受此大辱，悲愤交加，唤来其子孝武帝，哭诉着让其帮路家"出头"，严惩王僧达。孝武帝虽气愤至极，然顾及王家的名望、势力，反而责怪"琼之年少"，是自取其辱，王僧达乃"贵公子，岂可以此加罪"。

---

[1]（唐）李延寿. 南史［M］. 北京：中华书局，1975：574.

南朝皇权对世家大族采取既拉拢又防备的政策：一方面赐予虚职高官厚爵，不触及其既得利益和特权，对个别实权者严加防范；另一方面重用便于指挥的寒门庶族子弟参与中枢决策，不让世家子弟独占中枢、领兵出守重镇。相较于崛起的寒门庶族，世家大族轻视俗务，脱离实际，形成了不思进取、不务实事、安于现状的奢靡士风。《颜氏家训·勉学篇》中记载，梁朝全盛时，士族子弟多无学问，以致有俗谚云："上车不落则著作，体中何如则秘书。"[1] 这些士族子弟几乎人人熏衣剃面，涂脂抹粉，驾着长檐车，踏着高齿屐，坐着有棋盘图案的方块褥子，倚着用染色丝织成的软囊，左右摆满器用玩物，从容出入，看似神仙一般。待到明经考试时，他们便雇人答题；出席朝廷显贵的宴会时，就请人作文赋诗。长期养尊处优和奢靡的生活导致士族子弟的身体羸弱，出则乘车，入则扶持。梁朝时期琅琊王氏出身的建康令王复，性情儒雅，从未骑过马，一见马嘶鸣跳跃，便惊慌失措道："正是虎，何故名为马乎？""以马为虎"的故事折射出南朝日益颓废的社会风气，及至梁末"侯景之乱"，醉生梦死的士族门阀岂能经受四处奔波逃命之辛苦，只得在动乱中坐着等死或饿死。士族门阀遭遇了灭顶之灾。

待到南朝最后一朝陈朝时，不但王导当年在建康钟山经营的庄园早已转手出让，连建康郊外梅岭上安葬谢安的坟茔墓冢，也

---

[1] 檀作文译注. 颜氏家训 [M]. 北京：中华书局，2011：96.

被陈宣帝次子陈叔陵借口安葬生母彭氏而惨遭挖掘，棺柩与遗骸被随意抛掷。东晋末时，谢混（谢安孙）曾经抗议权臣桓玄试图借用谢安旧宅作为兵营而获得成功，此时却不见谢家子孙如谢混般为捍卫家族势力和名望挺身而出。南方世家大族终落得唐人刘禹锡《乌衣巷》诗所云"旧时王谢堂前燕，飞入寻常百姓家"的衰颓结局。

复旦大学附属中学　刘先维

10

不可忽略的前秦与北周

在漫长的历史演进中，中国自古是一个多民族共存、共同发展的国家。各民族迁徙汇聚、交往交流、冲突交融、互为影响，形成了中华民族多元一体的格局，共同推进着统一多民族国家的形成、巩固与发展。这其中，魏晋南北朝时期是中国古代民族交融的高峰期，而北魏统一北方与孝文帝改革可谓中国古代民族交融互鉴的典范。然而不可忽略的是，自北方地区各游牧民族相继内迁至十六国，北朝各政权建立与更替，北方曾先后出现过三次区域性统一。除却五世纪北魏政权外，还有四世纪前秦与六世纪北周统一过北方。

前秦是十六国时期第一个统一北方的少数民族政权，该政权由氐族苻氏建立。公元前 351 年，开国君主苻健自称天王，国号秦，定都长安，史称"前秦"。建秦之初，苻健采纳了汉族地主的建议，实行汉化政策，国力逐渐增强。打败东晋桓温后，前秦进一步巩固其在汉人为主体的关中地区的统治。直至苻健之侄苻坚登基，氐族在关中地区的统治已有较长时间，与当地汉人杂居相处，受汉文化的影响也较深。

　　苻坚是一位崇尚汉文化的少数民族统治者。在其统治期间，先后消灭前燕、仇池、前凉、代等政权，实现了北方的局部统一，建立了东起辽东，西至西域、西南包括原属东晋的梁、益等州（今甘肃南部、陕西、四川等地），南迄江淮的庞大帝国。这与苻坚在位前期采取的一系列治国安邦举措密切相关：其一，在人才选拔上，苻坚不拘一格，不分民族、不分门第选拔治国安邦之才，大批汉族寒门之士得到重用；其二，在经济上，为适应关中地区经济发展的需要，苻坚仿行汉制，奖励农桑；其三，在民族关系上，苻坚采取"怀柔"政策，废除胡汉分治制度，强调"黎元应抚，夷狄应和"，重用能执行"和戎"政策之人任长官，严惩袭扰匈奴的大将；其四，在文化上，苻坚提倡儒学，恢复太学及地方学校，要求公卿子弟入校学习汉文化，并给成绩优秀者授予官职。相较于之前统治北方黄河流域的其他少数民族政权所施行的胡汉分治，前秦呈现出崭新的面貌，民族关系交融的主流在回升，凋敝的经济在复苏，破碎的社会也在重整。

　　但历史发展往往也充满着波动和曲折。前秦仅仅依靠苻坚统治的二十多年时间，不能完全消解北方汉族的隔阂意识，数十年后刘裕北伐进入关中击败羌族后秦，当地汉族父老竭力挽留时还发出"残民不霑王化，于今百年，始睹衣冠，人人相贺"[1] 的呼吁，同时，淝水一役后，北方又迅速出现鲜卑族慕容氏建立的西

---

〔1〕（宋）司马光. 资治通鉴［M］. 北京：中华书局，1956：3714.

燕、后燕与乞伏氏建立的西秦、羌族姚氏建立的后秦、氐族吕氏建立的后凉等多个政权，前秦在北方的统一格局骤然土崩瓦解，北方不同民族之间仍存在着民族矛盾的张力，"苻坚之兴，兴于他缓和了民族矛盾；苻坚之败，败于他远未消弭民族矛盾。民族矛盾在相当程度上被他的民族政策的成就暂时掩盖起来"[1]。

前秦在统一的客观条件不充分、民族关系并非和睦时仓促起兵模仿西晋灭吴，其东施效颦的结局对之后统一北方的北魏政权而言是一大警醒。被誉为推行全面汉化政策的北魏孝文帝，以前秦历史为鉴，认为"苻坚瓦解，当缘政未至"[2]。因此，孝文帝并未急于求成，从而大举南征谋求迅速统一。更值得深思的是，即便孝文帝改革后，鲜卑拓跋部主体部分南迁进入中原，迅速完成封建化，但居于北方六镇地区的族人和其他各族，"则仍保留其本来之胡化，而不为洛都汉化之所浸染。故中央政权所在之洛阳其汉化愈深，则边塞六镇胡化民族对于汉化之反动亦愈甚，卒酿成六镇之叛乱"[3]，导致北魏在六世纪上半叶分裂形成六镇军人集团建立的东魏—北齐以及西魏—北周两大政权，与南方的萧梁—南陈政权呈现三国鼎立格局。

其中，控制西魏且建立北周的鲜卑宇文氏，面临立国之初军事实力不及东魏北齐高氏政权、文化号召影响力不及萧梁政权的

〔1〕田余庆. 东晋门阀政治［M］. 北京：北京大学出版社，2012：237.
〔2〕（北齐）魏收. 魏书［M］. 北京：中华书局，1974：1048.
〔3〕陈寅恪. 唐代政治史述论稿［M］. 上海：上海古籍出版社，1997：13—14.

困境，如何形成一个文武兼备、团结高效的统治集团，从而与前两者抗衡便成为首要任务，"宇文泰当日融冶关陇胡汉民族之有武力才智者，以创霸业……"[1] 这一套融冶整合西魏—北周核心区域——关陇地区各族各群体势力的方针，被史家陈寅恪归纳为"关中本位政策"。其一，宇文氏规定，进入关陇地区的将领官员一律改籍贯为关内人，倡导胡汉一家，汉人将领按照功劳改为鲜卑姓氏，如李虎（唐高祖李渊祖父）改为大野氏、杨忠（隋文帝杨坚之父）改为普六茹氏，由这些将领担当鲜卑族历史上早期的八个部落大人，仿照过去的部落兵制，将汉族将领和士兵转化为鲜卑部落民众。与北魏孝文帝化胡为汉政策相反，宇文泰通过化汉为胡实现"胡汉一家"。然而，宇文氏的胡化政策仅为表象，其胡化政策留于姓氏、服装及兵制、称谓改革等表层，而在经济上推行均田制，在更深层次的政治、文化等方面沿袭汉人的策略，以尽力吸引关陇地区的汉族士族豪强加入统治集团。可见，宇文氏的化汉为胡，看似迎合了自身政权中六镇军人怨恨孝文帝改革的逆流，实则继承了孝文帝的改革精神。其二，宇文氏以恢复西周政治文化传统相号召，无论是国号的选取，抑或官僚体制的建构，都体现出鲜明的西周特色，以此与东魏—北齐的鲜卑化相对抗，并超越南朝萧梁和北魏孝文帝所沿袭的魏晋文化传统，增强了关陇士族豪强的自信心和凝聚力。但宇文氏的复古并非拘泥古

---

[1] 陈寅恪. 唐代政治史述论稿 [M]. 上海：上海古籍出版社，1997：47.

书的王莽改制，仅仅作为一种手段（如保留秦汉时代的中央集权郡县制与选官不拘魏晋时期门第资格），为的是在心理上战胜与之鼎立的另外两方。

通过一系列军事、社会、经济、政治等各方面的改革，北魏孝文帝改革遗留的奴隶制残余、士族门阀、地域撕裂等诸多问题得到了有效解决，在宇文泰、宇文护与宇文邕三代执政者的推动之下，西魏—北周政权最后成功灭国北齐，统一北方，为之后隋朝重建大一统打下了坚实有力的基础。

综而观之，从前秦统一的骤起骤灭到北魏孝文帝改革的未竟全功，再到北周的"关中本位政策"，我们可以看到，在不同民族经济、文化水平参差不齐，交往条件落后的魏晋南北朝时期，民族关系的和睦交融、民族矛盾的消弭是一个漫长且反复的过程。而三个政权在北方民族关系发展的不同阶段推行的民族政策，使各民族的相互交融呈现出进步发展态势，从而为隋唐统一多民族国家的重建和发展打下了基础。

华东师范大学第二附属中学　周庆彰

11

成也兵制，败也兵制

　　唐代开明的民族政策以及和谐的民族关系不仅是初唐治世、盛世的一个面相，也是多元一体中华民族形成与发展进程中的重要篇章。综而观之，唐代统治者采用设置军政机构、和亲、战争、册封等方式处理与边疆民族的关系，并以不同方式与不同民族进行交流、交往与交融。这在很长一段历史时期都获得了极大的成功。

　　然而，随着唐代开疆拓土步伐的推进，版图逐渐拓展的同时边疆形势也日趋紧张，为此，唐玄宗在边境重地设置军镇以加强边防。军镇长官节度使手握重兵，集军、民、财三政于一身，由此催生出独霸一方的军镇，国家逐渐形成"外重内轻"的局面。那么，唐代统治者缘何采取豢养藩镇，最终搬起石头砸自己脚的下下策？唐初建功立业的士兵去哪儿了？

　　唐初实行府兵制（府兵制源起于北周），府兵实则为亦军亦民的百姓，农闲训练，农忙耕种，召之即来，来之能战，战罢归田。一旦上了战场，府兵都是平时朝夕相处的乡邻，甚至是兄弟亲朋，因而战斗力极强。贞观十年（636 年），太宗李世民设置折冲府作为军队的基层组织。折冲府分上、中、下三等，上府1 200人（有时增至1 500人），中府1 000人，下府800人，折冲府中的兵员全部为府兵。据载，当时全国共有折冲府约633个，总兵力超过60万人。其中有261个折冲府位于关内道（京畿地区），其余大多分布在河东与河南西部的洛阳附近，其他地方的折冲府甚少。史家吕思勉评价府兵制："（一）无养兵之费，而有多兵之用；（二）兵皆有业之民，无无家可归之弊；（三）将帅又不能拥兵自重。"[1]这种耕战结合的模式，造就了唐初强大的武装力量，府兵制为成就唐初治世和盛世提供了强有力的保障。此外，朝廷也有优抚府兵家属的政策，如唐玄宗颁发《量助长征家口营种诏》：

> 乘塞守边，义不可辍，远征久戍，人亦告劳。朕身处九重，心在四远，因时遇物，无日不思。亭障有行役之勤，室家无杼轴之用。不少优恤，何以为安？方春发生，须急农事。其诸军长征人家单贫乏无力者，宜令本管州县劝率其家，助其营种，使有秋望。[2]

那么，唐代的府兵制又是如何废弛的？唐初数代君主为实现"吞四夷之志"，不断开拓边疆。然而，"由于唐时征讨，多用蕃

---

〔1〕吕思勉. 中国通史［M］. 北京：中国华侨出版社，2016：129.
〔2〕唐玄宗. 量助长征家口营种诏，见（清）董诰等编. 全唐文（影印本）［M］. 北京：中华书局，1983：331.

兵，然府兵恐亦未足大用。其故，乃当时的风气使之，而亦可谓时势及国家之政策使之。……若时值承平，上下都不以军事为意，则精神不能不懈驰；精神一懈驰，训练自然随之而废了。所以唐代府兵制的废坏，和唐初时局的承平，及唐代外攘，不甚调发大兵，都有关系"[1]。时移世易，随着均田制的崩溃，府兵制赖以存在的经济基础遭到破坏，兵源逐渐得不到保障，军队腐败现象日趋严重。自高宗后期至武后时期，由于边境战事频繁，府兵得不到轮换，甚至出现了"去时里正与裹头，归来头白还戍边"的现象，府兵的境遇也大不如前。伴随着疆域的拓展，边境地区的骚动此起彼伏，这一现状考验着统治者的治边能力。受制于形势，唐代统治者不得不停止征发府兵，改行募兵制。朝廷召集丁男、吸纳流民当兵，永久驻扎边镇。募兵制下的士兵成为职业兵，不再务农，待遇有所提高，政府不仅给予衣食、免除其全家徭役，建功时还会赏赐宅基、勋爵等。起初，募兵制的推行减轻了农民的兵役负担，节省了府兵往来于途的消耗，有利于生产的发展；募兵制下，朝廷兵力总体数量虽然有所减少，但军队趋于稳定，战斗力得以在短时间内大幅提高。只是，募兵制发展到后来，不仅边镇戍兵，而且京师宿卫和地方武力基本皆由募兵充任。就其职业兵的形式而言，募兵制使将领长期统帅军队，将兵之间形成隶属关系，致使军队逐渐脱离中央控制，节度使势力坐大而发展

---

[1] 吕思勉. 中国通史 [M]. 北京：中国华侨出版社，2016：129.

为地方军阀。由此看来，通过设置军镇以控制、守御边疆，唐代
经营宇内及域外的实力已经捉襟见肘。史家吕思勉认为：

> 历代的武功，除西汉一朝，去封建时代近，其君主及人
> 民，都略有侵略的性质外，其余如唐朝及清朝，实都不过如
> 此。看似武功煊赫，拓土万里，实则都是被征服者的衰乱，
> 并不是中国的兵怎样的强。[1]

史家雷海宗也指出：

> （汉末至近代）中国总是一部或全部受外族统治……完全
> 自立又能抵抗外族甚至能克服外族乃是极少见的例外。这种
> 长期积弱局面的原因或者很复杂……东汉以下永未解决的兵
> 的问题是主要的原因。[2]

安史之乱发生后，唐王朝国势急转直下，朝廷已无力平定战
乱，只得向回纥等少数民族借兵，甚至突厥、高丽、阿拉伯人也
参与平叛。这种以夷制夷的策略使少数民族有了更大的施展空间，
在助力平叛的同时也滋长了其实力，进而对唐王朝构成了巨大的
威胁。安史之乱后，唐王朝虽未迅速瓦解，依然举步维艰地推行

---

[1] 吕思勉. 吕著中国近代史 [M]. 上海：华东师范大学出版社，1997：193—194.
[2] 雷海宗. 中国文化与中国的兵 [M]. 北京：商务印书馆，2001：49.

一定的修复和缓和策略，但再也无法恢复往日的荣耀。在接续的一百多年里，兵制改革的弊端发威，上演了一场又一场节度使篡位自立、小朝廷纷纷登台的闹剧，真可谓"成也兵制，败也兵制"。唐代兵制改革确曾激发了社会活力，边境一度太平；也确曾扩大唐王朝的疆域，大唐盛世走向极致。然而，历史总有其另一面，唐代兵制在改革中渐渐背离了初衷，这就是引人入胜的历史辩证法。

上海市新中高级中学　谭爱华

12

安西都护府：一部大唐经略西域史

西汉以来，西域地区是联通欧亚大陆的关键通道，也是古代东西方政治、经济、商贸和文化交往的重要桥梁。历代中原政权国力强盛之时，多以经略西域为要务。然而由于其地缘复杂、民族多元，历史上即便如唐朝这样的盛世王朝，欲长期维持对西域的有效控制与稳定治理，也非易事。

隋末唐初，强悍的西突厥控制了天山以南的西域各国，直接影响到中原王朝与西域各国的交往，以及丝绸之路的畅通。从太宗贞观至德宗贞元年间，唐代致力于经略西域长达一个多世纪，循序渐进地建立起一套坚实稳固的统治体系。其中，安西都护府的设立以及逐步形成的节度使统领军镇的军事戍防体系，对唐代控制与管理西域地区起到了关键作用。都护府，是唐代设置在周边内附少数民族地区的军事行政机构。安西都护府，是唐时西域地区的最高军政管辖机构。太宗贞观十四年（640 年），唐军平定高昌国后，在天山东部地区建立了伊州（治所在今新疆哈密市附近）、西州（治所在今新疆吐鲁番高昌故城遗址）、庭州（治所在今新疆吉木萨尔县北庭故城遗址）3 个正州，同时在西州设立安西都护府以统辖 3 州军政事务，这是西域都护府建制之始。作为整个西域地区的政治军事中心，安西都护府在都护各藩国、解决纷争、维护境内安定，保持丝绸之路交通线路畅通，确立中央政府的政治主权，防御突厥、吐蕃、大食等强敌进犯等方面起到非常重要的作用。[1]

贞观二十二年（648 年），唐军进驻龟兹国，将安西都护府移至龟兹国都城（今新疆库车），同时在龟兹、焉耆（今新疆焉耆西南）、于阗（今新疆和田西南）、疏勒（今新疆喀什）四城建置军镇，由安西都护兼统，故简称"安西四镇"。贞观以后，安西四镇时置时罢，治所亦曾回迁至西州。高宗显庆二年（657 年），唐平定西突厥阿史那贺鲁的叛乱，次年，治所重迁回龟兹城，四镇随之恢复。安西都护府全盛时代所统率的精锐部队又称"安西兵"，有镇兵 24 000 人，他们和北庭都护府瀚海军镇兵 12 000 人、天山军镇兵 5 000 人、伊吾军镇兵 3 000 人，共同构成了唐代在西域地区的军事戍防体系。至高宗龙朔元年（661 年），安西都护府的统辖范围空前扩展，东至金山（今阿尔泰山），北至夷播海（今巴尔喀什湖），西北至咸海，西南至波斯，都护府也升级为安西大都护府。然而，前期的唐帝国虽然强盛，但对西域的统治并不稳固，安西四镇时有丢失，都护府的治所也几度更换。高宗咸亨元年（670 年），崛起于青藏高原的吐蕃一度控制西域，安西四镇悉

─────────────

[1] 整理自赵疆囝. 试析唐朝安西都护府的军事实力 [J]. 丝绸之路，2015（24）：19.

数被废。此后，安西四镇曾复置，但数度在唐和吐蕃之间易手。高宗仪凤四年（679 年），吐蕃赞普芒松芒赞去世，其子器弩悉弄年幼继位，吐蕃对西域的控制有所减弱，唐将裴行俭乘机收复西域及安西四镇，重构四镇格局，并以天山以北的碎叶取代天山以南的焉耆。此后，安西四镇便是碎叶、龟兹、于阗、疏勒，这一调整反映了唐代西部边防重心的转移。四镇初设之时，西突厥甫降，吐蕃初兴，因此，边防重心在于强化天山南麓统治，北麓则以"怀柔"为主。但随着吐蕃崛起、大食侵扰和西突厥的叛附不定，天山北麓逐渐成为战略重点。

睿宗永昌元年（689 年），武则天令兵西征吐蕃，以期建立功业，解决吐蕃对于西域地区的战略威胁。但因筹备时间过长、大军粮草不济而贻误战机，结果大败。吐蕃趁机攻破焉耆，随即龟兹、疏勒、于阗也相继陷落。安西大都护府辖地由此回缩，治所退回西州，降级为都护府。武周长寿元年（692 年），武威道大总管王孝杰率军大破吐蕃，收复疏勒、于阗和龟兹，安西都护府又重新升级为安西大都护府，并由此定型。武周长安二年（702 年），为巩固西北边防，武则天将安西都护府的辖地一分为二，以天山为界，天山以北的西突厥、葛逻禄各部归入北庭都护府，治所设于庭州；天山以南、葱岭东西诸城，仍由安西都护府统辖，治所设于龟兹。玄宗开元初，唐又先后设立安西节度使与北庭节度使。其中，安西节度使统领天山以南安西四镇等镇守军，抚宁西域诸国。如此，通过构建节度使统领军镇的军事体系，唐代对西域的统治步入军镇化时代。

唐肃宗至德年间（756—758 年），为平定安史之乱，朝廷在河西、陇右征兵，安西兵遂组成"安西行营"奉诏平叛。骁勇善战的安西兵抵达长安，其苍鹰猛虎般的锐气就显露出来，"步卒二千以陌刀、长柯斧堵进，所向无前"。在平定洛阳时，"斩首六万级，填涧壑死几半"。这等英雄气概让诗人杜甫不由惊叹："四镇富精锐，摧锋皆绝伦!"[1] 安西兵最终帮助朝廷收复两京。

安史之乱后，安西都护府抽调大量精锐兵力进入中原作战，西北边防处于兵力不足状态。肃宗上元元年（760 年），吐蕃趁机攻陷陇右军镇。代宗广德元年（763 年），吐蕃趁唐衰弱之际，沿河西走廊进逼并攻占唐都长安，半月后才撤离。此后十余年，吐蕃夺取河西的凉州、甘州等地，并最终完全控制了河西走廊，安西都护府与中原的联系就此中断。尽管借道回鹘，唐朝仍与留守西域的军队保持数年一度的通讯往来，但回鹘的勒索、劫掠使这种联络时断时续。这一时期，安西都护府由于缺乏中央在财政和兵员等方面的支持，只能采取自铸铜钱、差科当地百姓等方式筹措军费。当时，唐将李元忠守北庭都护府，郭昕守安西都护府，二镇和沙陀、回鹘相维，致使吐蕃久攻不下。唐德宗建中元年（780 年），李元忠、郭昕派遣使者间道奏事，德宗对其二人进行嘉奖，封李元忠为北庭大都护，郭昕为安西大都护。德宗贞元六年（790 年），吐

---

[1]（宋）欧阳修等. 新唐书 [M]. 北京：中华书局，1975：4617.

蕃攻占北庭，唐与安西失去联络，至此，不知安西兵之存亡。

其后，既无人知晓安西兵怎样为国鏖杀，亦无史籍留下他们最后的英勇，有学者推论：安西都护府最后陷落的时间可能是宪宗元和三年（808 年）冬。[1] 精锐强悍的安西兵全军阵亡！也就是说，在与中原失去联系后，安西兵苦苦支撑了近半个世纪！难怪有人感慨，安西兵这个名字不仅代表了一个繁盛时代的荣耀，更代表了无数人的肝胆衷肠。

综上，鉴于西域地缘环境、族群杂处、政治局面、文化传统的复杂性与特殊性，唐代安西都护府对西域的管辖，行政制度上采取"正州"结合"羁縻府州"的统治模式，军事上经历了从都护府统领戍守到节度使统领镇守军的演变。[2] 为保障四镇安宁、安定西域各国和维护地区秩序提供了强有力的政治军事支撑。同时，安西驻军对于防止外部势力的侵犯、保障丝绸之路中段的畅通，起着威慑、制衡的作用；对于密切中原地区与西域各族的联系，维护大一统局面做出了重大贡献。故此，在领略安西都护府经略西域及驻军命运之余，应充分肯定其历史贡献。

上海市长征高级中学　张绍俊

---

〔1〕薛宗正. 安西与北庭——唐代西陲边政研究 [M]. 哈尔滨：黑龙江教育出版社，1998：569—571.

〔2〕刘子凡. 唐朝经营西域的文化影响至深至远 [J]. 历史评论，2021（05）：28.

13

九品中正制述略

汉末的割据势力大多是在士族支持下形成的。从表象上看，曹操为恢复中央集权对士族采取抑制政策，诸如下令禁止朋党交游，多次颁布重才能、轻德行的选才标准等。但两汉察举制的推行，使士族的社会基础日益根深蒂固，而非曹操所能扭转。察举制的选才方式是"乡举里选"，即由地方依据"乡望""士名"推举人才。至东汉，士族已控制乡举里选，察举制成为士族政治的附庸。而事实上，曹操为达成统一天下的目的，从士族中大量选取政治人才以获得士族的配合，荀彧、荀攸、荀悦、钟繇和陈群等都出身汉末高门，皆为颍川大姓，即使非颍川人氏，如司马懿、杜畿等也是大族出身。由此，曹操通过吸纳大姓名士，组成日后曹魏政权的中坚力量。

汉末，"举秀才不知书，举孝廉父别居"等流弊尽出，察举制失去选才功效，官僚体制腐败，汉灵帝时甚至出现开西园卖官鬻爵的现象。又由于战乱频仍，"衣冠士族多离本土，欲征源流，虑难委悉"[1]，即士人流徙以致原先宗族乡里的舆论评判体系遭到

---

〔1〕（唐）杜佑. 通典［M］，北京：中华书局，1988：327.

破坏。此外，由于曹氏父子的势力逐渐稳固，为日后代汉并建章立制，也需要取得世家大族的支持。于是，在曹丕废汉建魏前夕，创立了新的选举制度——九品中正制。此项制度为吏部尚书陈群所立，亦称九品官人法。一方面，中正是品第人才的官职名称，中央政府设置州郡大小中正官，由司徒举荐德名俱高的中央官兼任州大中正，有时司徒或吏部尚书直接兼任州大中正，以保证中央对选举的直接控制；另一方面，九品中正制也承袭了察举制重视乡里清议的特点，中正官大都由"本处人任诸府公卿及台省郎吏有德充才盛者为之"。可见，政府仍然认为本乡人对于本地的人才情况比较了解，要参考他们的意见来品第人才，于是采取将清议纳入政权轨道、名士与政权合作的方法。故此，中正评定的品第又称"乡品"。从某种意义上说，九品中正制一定程度上是对察举制的延续和发展。但需要区别的是，承袭只是一种表象，二者的实质大不同，两汉的乡里清议之权在民间，而中正品第之权已转由政府操纵。

九品中正制的中正官是该项制度的关键角色。其属员设访问、清定等职官，协助中正品评人物，访问的职责是调查人物的品状，清定则是中正评定人物的助手。从选举人才的标准看，中正评定人物所依据的资料主要有三种：一是"簿"，即谱牒家世，也就是家庭出身和背景，政府用人之前必须查索其父祖的资历仕宦、爵位高低等情况；二是"状"，即个人品行才能的总评，尤以才能为主，通常寥寥几字加以概括，如"天材英博，亮拔不群""德优能少"等；三是"品"，《文献通考·选举考》"举官条"说，"未仕者居乡有履行之善恶，所谓品也；既仕者居官有才能绩效之优劣，所谓状也"，可知品以德行为主。品将人才分为上上、上中、上下、中上、中中、中下、下上、下中、下下共九等。品、状时常并非一致，状受品的限制。即使状的评定很高，任官也不能超出本品应有的官位。九品中正制的运作程序是：郡中正评定人物后，上交至州大中正加以初步审核，再由州大中正上交中央政府的司徒，司徒终审其品第，最后转由吏部尚书来决定授予何种官品的官职。一般情况下，任官者的官品须与其乡品相适应，乡品高者做官的起点就高。中正评为一品者，可拜三或四或五品官；评为二品者，可拜五或六或七品官；评为三品者，可拜六或七或八品官。对品第的人才等级，中正将循例每三年调整一次，可予以人才升品或降品。

九品中正制的初衷是纠察举之偏，但实际效果并不理想，尤其是到了西晋，九品中正制成了巩固门阀统治的重要工具，甚至成为门阀制度的重要组成部分。其原因在于：首先，由于中正官评定的对象仅限士人，不及庶人，而如前所述，是否为士人，仍旧由大族把持的乡里清议来决定，从这一角度而言，九品中正制继承了汉末选举制度的弊端；其次，虽然九品中正制实施初期，其评定标准簿、状、品三项并重，但到了西晋，家世几乎成了唯一标准。出身寒门者行状评语再高也只能定于下品，而出身豪门者行状不佳亦能位列上品。这是因为评第人员皆由中央政府高级官员担任或兼任，整个选举机制把持于权贵之手。西晋司马氏政权就是在大族支持下成功代魏的，这就使权贵垄断选举的情形更为严重。加之评第人才高下的主要依据是德行，而德行高下与否又缺乏客观明确的判断标准，因此，西晋时的一品为皇家子弟垄断，二品几乎为权贵子弟独占，三品以下俱为卑品。时人评：

> 今台阁选举，涂塞耳目，九品访人，唯问中正。故据上品者，非公侯之子孙，即当涂之昆弟。[1]

由此可见，九品中正制虽在一定程度上加强了中央集权，但也壮大了盘踞朝廷的世家官僚——门阀士族的势力。魏晋之际，九品中正制逐渐完成门阀化的转变，成为门阀士族的选举工具，此时只需分别士庶高下，中正品第不过例行公事而已，"公门有公，卿门有卿"的门第社会最终得以确立。

华东师范大学第一附属中学　向胜翔

---

[1]（唐）房玄龄. 晋书［M］，北京：中华书局，1996：1347.

14

两税法：意义非凡的赋税改革

赋税制度是维护大一统国家机器运转的重要经济手段，是中国古代经济制度中极为重要的内容。中国古代赋税制度于唐代发生了重要变革，具体而言，唐中后期实行两税法，改变了以"人丁"为基础的赋役制度，开创了中国古代历史上以土地和财产为基本计税依据的税制先例。

这次变革因均田制遭破坏所致。天宝年间，均田令有关限制土地买卖和私人占田过限的规定逐渐失效，官僚、寺院等免课户大肆兼并土地，人口不断增长，这些因素导致政府逐渐无地可授，均田制无以为继。但是，有田者不纳税、失地课户仍要纳租庸调，农民不堪重负。安史之乱导致北方农民的大量死亡和逃离，战乱地区众多户籍和税收记录遭到破坏，国家对北方战乱地区的控制大为削弱。唐肃宗乾元三年（760 年），有户 190 万余，人口 1 690 万余，相较于天宝十四年（755 年），户数锐减 700 万，人口锐减 3 600 万。[1] 安史之乱后，国家支出甚大，而政府的征税对象则大

---

[1] 整理自梁方仲. 中国历代户口、田地、田赋统计 [M]. 上海：上海人民出版社，1980：6.

幅减少，财政收入锐降，加之藩镇林立，各藩镇大量截留税源，使中央财政愈发窘困，租庸调制已无法维持，赋税制度改革势在必行。一项新制度往往需要通过前期试行来检验其可行性。唐代宗时，政府曾在一些赋税项目中以土地为计税依据，并按春、秋两次分征。"夏，上田亩税六升，下田亩四升；秋，上田亩税五升，下田亩三升；荒田如故；青苗钱亩加一倍，而地头钱不在焉。"[1] 这也为两税法的制定和施行奠定了基础。

大历十四年（779年），唐德宗即位，杨炎出任宰相，着手改革赋税制度。建中元年（780年），新税制正式施行。因税制是夏秋两征，夏季是在冬小麦收割之后，秋季是在米粟收获之后，故名"两税法"。两税法的主要内容有：

> 凡百役之费，一钱之敛，先度其数而赋于人，量出制入。户无主客，以见居为簿；人无丁中，以贫富为差。不居处而行商者，在所州县税三十之一……居人之税，秋夏两入之……其租、庸、杂徭悉省，而丁额不废。其田亩之税，率以大历十四年垦田之数为准，而均取之。[2]

两税法的施行是一项具有非凡意义的赋税改革。

首先，两税法取代租庸调及各项杂税的征收，保留户税和地

---

〔1〕（宋）欧阳修等. 新唐书［M］. 北京：中华书局，1975：1348.
〔2〕（宋）欧阳修等. 新唐书［M］. 北京：中华书局，1975：4724.

税。在均田制下，政府对租调徭役的征敛，主要依据丁身，而两税法主要依据土地多少征税。两税中的地税是履亩征粟，户税虽依据资产，但因土地是资产中的重要内容，所以也是征税的主要依据。这种"舍人税地"的税制反映了官府对农民的人身控制有所松弛，有利于商品经济的发展。

其次，在"以丁身为本"的租庸调制下，尤其是唐玄宗统治的中后期，少地的农民与田连阡陌的地主须缴纳一样的税额，这显然极不公平。两税法施行后，"唯以资产为宗，不以丁身为本，资产少者则其税少，资产多者则其税多"[1]。户税是按户等高低（分上上至下下九等）征钱，户等高的出钱多，户等低的出钱少。户等划分依据财产的多寡，没有土地而租种地主土地的农民只纳户税，不交地税。两税法亦确立了累进征收的原则，财产愈多，承担税额的比例就愈大。两税法还简化了税目和手续，依据民户实际财产的多寡、按照纳税人负税能力的大小规定税额，这说明唐政府已意识到土地和财产的不平等，并在实施过程中力图改变贫富负税不均的现象。从实施效果来看，两税法一定程度上减轻了民户的税收负担，对于调动劳动者的生产积极性起到了重要作用。

再次，租庸调制是以均田制为基础的，流亡客户因不在当地受田，故既不编入户籍也不缴纳赋税。两税法"唯以资产为宗"，

---

〔1〕（唐）陆贽. 均节赋税恤百姓六条，见（清）董诰等编. 全唐文（影印本）［M］. 北京：中华书局，1983：4749.

强调不论主户客户，只要略有资产，就一律编入现居州县户籍，按照户等纳税。较之两税法之前，贵族官僚的纳税义务也更为明细。此外，唐政府首次开始定期向商人征税，明确了商人在提供国家岁入方面的责任。其他向商人征收的税还包括通关时的关税以及针对某些特定货物所课之税，比如茶等。由此，两税法亦通过开源扩大了纳税面，加强了中央控制财政的权力。

由于两税法的立法原则相对公平，精简统一。施行之时，搜罗隐漏不报和逃亡人口、遣送还乡或就地入籍的括户举措亦收获了成效。两税法实施前的大历年间，政府控制的户口仅120万户；780年施行两税法时，政府派黜陟使至诸道按比户口，结果得主户180余万、客户130余万，检括出隐户近200万。纳税人多了，国家收入自然增多。仅以地方上交中央的税钱为例，两税法之前每年为1200万贯（盐利占一半）；780年施行两税法后，居然增加了一倍以上。[1] 这无疑增强了唐政府的经济力量。

需要指出的是，施行两税法实际还是一次财政会计制度改革，它包含重编国家预算、划定地方预算收支的范围与规模、建立预算管理体制等财政分配内容。唐政府以大历十四年（779年）各项税收所得钱、谷数，作为户税、地税总额分摊于各州；各州则以大历年间收入钱谷最多的一年，作为两税的总额分摊于各地。因此，全国无统一的户税、地税定额。两税征收后，分成三个部分：

---

[1] 整理自李志贤. 杨炎及其两税法研究 [M]. 北京：中国社会科学出版社，2002：281—283.

留州、留使、上供，均以量出为入。中央采取以支定收的方法，严格核定州、县两级地方预算的收入项目及数量，以满足州与使的财政开支。中央财政完成了与地方财政划分收支的程序，"理顺了自'安史之乱'以来中央与地方之间混乱不堪的预算收支关系，建立起国家预算的新体系，还缓和了藩镇财权扩大和地方政治分权的趋势"[1]。故此，史家吕思勉认为两税法"以财政政策而论，是不能不称为良法的"[2]。当然，两税法的根本目的是为了保证政府的财政收入，对于民户而言，新税制后来又造成土地兼并现象日益严重。加之长期不调整户等，致使"贫者无容足之居"，民户的实际负担成倍增加，生活比之前更为困苦。但是，两税法以资产为主的征税标准适应了中国封建经济与土地制度的发展，是唐中后期社会经济变革的体现，对后世产生了深远的影响。

上海市嘉定区第二中学　　沈淑雅

---

[1] 整理自李志贤. 杨炎及其两税法研究 [M]. 北京：中国社会科学出版社，2002：298.

[2] 吕思勉. 中国通史 [M]. 北京：中国华侨出版社，2016：113.

15

汉传佛教那些事

佛教传入中国分陆路和海路两条路线，陆路经古丝绸之路传入中国，海路则从中国南方——广州登陆后北上。由于中华文化的社会环境和人文根性，汉传佛教主流为菩萨乘佛教，即大乘佛教，以至于"汉传佛教"几乎成了大乘佛教的代名词。佛教传入中国中原地区的确切年代尚无定论，最有代表性的说法是东汉永平十年（67 年），汉明帝派遣使者至西域广求佛像与经典，并迎请迦叶摩腾、竺法兰等僧到洛阳，在洛阳建立起第一座官办寺庙——白马寺，是为我国寺院的发祥地，并于此寺完成中国最早传译的佛典《四十二章经》。从三国至五代，中国文化最重要的现象大概就是本土文化与佛教的互动了。这种互动有排拒和打压，更有吸收与融合。

先来看排拒和打压的情况。

佛教受到排斥，有文化冲突层面的原因。佛教是外来文化，与中国固有文化大不同。佛教传入之时，儒家文化早已成为社会正统，根深蒂固。儒家提倡入世，强调个人的社会责任，对君主尽忠，对父母尽孝；佛教则主张出世，僧侣断绝家族关系，抛弃世俗生活，不拜君王和父母。在儒家看来，佛教"不知君臣之义父子之情",违背了纲常伦理。故历代儒士中反佛教者众多,最著名的是东晋南朝的范缜和唐朝的韩愈。二人分别著有《神灭论》和《论佛骨表》,对后世产生了深远的影响。不过韩愈是从儒家的价值观出发批判佛教,范缜则更多地运用道教的思想资源。佛教进入中国之初曾依附于道教门下,僧侣也以道士自称。至魏晋南北朝时期,佛教兴盛,佛道冲突渐起。中国最早的大规模灭佛事件发生于北魏太武帝"太平真君"年间,这个年号来自道教,灭佛背后是道教徒的鼓动。

佛教被打压主要原因在于经济。随着佛教的传播,信徒开始大兴寺庙。杜牧诗中说"南朝四百八十寺",实际上南朝寺庙的数量远超此数。据后人考证,南朝梁时有寺庙 2 846 座,南京有 700 余座。由于信徒的捐赠和君王的赏赐,寺庙获得了巨额财富。唐高宗下诏创立西明寺,曾赐田万亩,绢、布 2 000 匹。唐宪宗时,山西玄中寺的田庄遍及 150 多里。寺庙拥有免税特权,由此许多人为躲避赋税和徭役便依附其下,这就减少了政府控制的人力和物力资源,不利于政权稳固,因而导致政府对佛教的打压。北周武帝之灭佛,废寺 4 万,编户人口增加了 300 万。他后来评价此事:"自废(佛)以来,民役稍希,租调年增,兵师日盛,东平齐国,西之妖戎,国安民乐。"[1] 历史上"三武一宗"的灭佛,尤其是

---

〔1〕(唐) 释道宣. 广弘明集(卷十) 叙任道林辨周武帝除佛法诏〔M〕. 上海:商务印书馆,民国十八年影印。本书部分史料出自相关古籍数据库或报刊数据库的影印本古籍或报刊,故未标页码。

后两次（唐武宗和后周世宗）镇压对佛教打击甚大，中国佛教的巅峰时代一去不复返。

再来看吸收与融合的情况。

无疑，中国文化对于佛教的吸收与融合是主流。自东晋十六国起，哲学思辨色彩浓厚的大乘佛教广泛传播。它集中于对世界虚实、名相有无的讨论，正与此时盛行的老庄玄学相会通，高僧也常借与名士谈玄之机宣扬佛教。史载名僧支遁曾以佛理谈《庄子》，使王羲之折服而"师事之"。隋唐时期，佛教进入鼎盛阶段。经过几百年的碰撞与交融，佛教吸收了中国传统文化，形成许多中国化的宗派，如天台宗、华严宗、禅宗等，诸宗重视自我教育与人生修养，深得中国传统文化精髓。

王安石曾感叹"孔子去世百年，生孟子亚圣，后绝无人"。大臣张方平回复曰"亦有过孔孟者"，如"江西马大师、坦然禅师、汾阳无业禅师、雪峰、岩头、丹霞、云门"[1]。王安石不解，张方平乃释："儒门淡薄，收拾不住，皆归释氏焉。"近人梁启超也曾说："六朝至唐数百年中，志行高洁、学渊识拔之士，悉相率而入于佛教之范围。"[2]

佛教的传入，对中国文学产生了较大的影响。佛经中故事众多，有讲述释迦牟尼前世经历的，有蕴含佛理的。中国文人受其启发，创造出新的文学形式。魏晋南北朝时期出现了叙述神异鬼

---

〔1〕（宋）大慧宗杲. 宗门武库，见张培锋. 宋代士大夫佛学与文学［M］. 北京：宗教文化出版社，2007：38.
〔2〕梁启超. 中国佛教史［M］. 上海：华东师范大学出版社，2016：11.

怪之事的志怪故事，唐朝文人则开始有意识地创作故事，形成了传奇小说。佛教僧侣传道时常使用通俗易懂的语言演绎教义，逐渐形成"变文""俗讲"，成为中国白话小说的先声。佛教尤其是禅宗还提升了文学创作的意境，王维就是这方面的典型代表。他名"维"，号"摩诘"，二者都出自《维摩诘经》。他与禅宗关系颇深，受教于道光禅师，交友于神会和尚。他的诗风宁静淡泊，意境深邃幽远，在和谐空灵之中透出浓浓的佛理禅意。后人也因此奉其为"诗佛"，尊崇备至。

　　佛教与中国艺术的关系匪浅。进入中国后，佛教建庙立塔、营造石窟、绘制壁画，引入大量域外艺术。绘画方面，随佛教传入的晕染法，以色彩变化塑造立体感，给以线条为主的中国绘画注入了新鲜血液。画圣吴道子，才思敏捷，一生绘制了300余面壁画，因作品常具动感，后人赞为"吴带当风"。雕塑方面，中国雕塑源远流长、风格独特，殷墟玉雕、秦始皇陵兵马俑等都是世界艺术史上的精品。印度佛教造像技艺传入中国后，艺术家从简单模仿到融会创新，实现了佛教造像风格的民族化。敦煌莫高窟完整展示了这一演变过程：北魏塑像身形高大，头发鬈曲，鼻梁高耸，上身袒露，显示出浓厚的印度气息；隋代塑像面相饱满，线条柔和，鼻梁变低，已具有显著的中国特征；唐代塑像以真人为模特，面容温和、神情从容，全无模仿痕迹，为中国佛教雕塑的巅峰之作。

上海市闵行中学　范　江

16

中外文化交往拾遗 *

"王石斗富"与陆上丝绸之路

《世说新语》中有一则王石斗富的故事：西晋王恺、石崇斗富，王恺炫耀高二尺的珊瑚树，石崇见后以铁如意击碎，王恺十分惋惜，指责石崇嫉妒自己的宝贝，结果石崇拿出多棵珊瑚树，都有三四尺之高，王恺见后自惭形秽，觉得很没面子。这则典故背后其实隐含了一连串重要问题：珊瑚在当时意味着什么？为何它能成为财富的象征？中国并不出产珊瑚，那么它们又是从哪儿来的？

历史上，珊瑚早在汉赋中就已经成为宝贵事物的象征，通常用来喻指不死之地或皇帝居所。曹魏与晋朝的统治者都曾将珊瑚安置在皇冠上，寓意富贵与永生。可查资料显示，珊瑚主要出自罗马帝国；印度的文献证明，珊瑚来自地中海与红海，是主要的贸易物品；中国的文献也曾提到，在中亚购得此贵重之物。而珊瑚要从遥远的地中海、红海到达大唐，必经之路就是丝绸之路，

---

* 《中外历史纲要》"三国至隋唐的文化"一课限于篇幅，在中外文化交流方面叙述较简，对海、陆丝绸之路以及东亚文化圈着墨很少。笔者以为，可以考虑在教学上补以一定的文献典故和考古资料，以激发学生的思辨意识，培养民族文化自豪感。

借助商贩之手到达京城达官贵人手中。

"黑石号"与海上丝绸之路

相较于宋元时期海路的繁盛，唐代的海路贸易似乎并不出彩，关于这方面有价值的唐代文献和考古资料亦无法与宋元时期相匹敌。但随着近年来海底考古的进展，越来越多的沉船遗址展现于世人面前，如唐的"黑石号"、南宋的"南海一号"等。这些沉睡海底千年的宝藏一浮出水面，就让世人再次惊叹中国古代文化的绚丽与多姿。尤其是"南海一号"早已成为研究宋元海上丝路的经典素材，甚至成为宋元文明的象征符号。相较"南海一号"在学界的热度，唐代的"黑石号"似乎遭遇冷落的境地。

"黑石号"是 1998 年在苏门答腊岛南部海域打捞出水的一艘沉船，沉船年代初步确认为 9 世纪上半叶。根据船身结构推测，"黑石号"可能是当时印度或阿拉伯造的单桅缝合帆船。依据航运线路分析，学者普遍认为"黑石号"应该是从扬州出港，目的地是波斯湾，沉船年代确认为 9 世纪上半叶。船上满载中国货物，仅瓷器就达 67 000 件，产地包括湖南长沙窑、浙江越窑、河北邢窑和广东地方窑等。其中，3 件完好无损的唐代青花瓷盘尤为引人注目，被称为迄今为止所发现的中国最早、最完整的青花瓷。出水的诸多瓷器，其图案与纹饰都带有明显的阿拉伯风格，如飞鸟、摩羯鱼等，这表明早在唐代，中国便为了适应西亚市场的需求而调整烧制工艺，除了本土产品，还开始烧造大量外销瓷。这比

"南海一号"印证的外销瓷时间早了几百年，是唐代中外经济文化交流繁盛的直接体现。可以说，"黑石号"承载的宝藏为探究古代海上丝绸之路提供了珍贵的实物和直接的证据，印证了唐代中国和印度洋西北岸的西亚、北非诸国已存在规模巨大的海运贸易。此外，在一枚铜镜的边框上，还发现了一圈铭文："唐乾元元年戊戌十一月廿九日于扬州扬子江心百炼造成。"可推知此镜758年铸于扬州，正是唐代文献中提及的"江心镜"。

大唐的向心力与辐射力

"黑石号"折射出唐代中国的强盛国力与灿烂文明，以及唐代中国对周边乃至更远国家的向心力。可以佐证此观点的最直接的事例就是，众多域外人士来到了中土大唐。据载，唐代与域外70多个国家有交往，唐都长安聚集了来自各国的使者、留学生、学问僧、商人等，长安的鸿胪寺专用于接待各国外交使节。比如，当时的日本派出15批遣唐使，而阿拉伯帝国则派出了37批遣唐使，数量远高于日本。唐代诗人王维所作诗歌"九天阊阖开宫殿，万国衣冠拜冕旒"恰如其分地描绘了当时中外交往的盛景。还如，长安国子监接纳了大量外国留学生，其中，朝鲜半岛的新罗派遣留学生的人数和日本一样多，在大唐科举登第的新罗学生有58人，崔致远在唐朝求学科考的经历最具代表性。崔致远12岁入唐，临行前其父对他说："十年不第进士，则勿谓吾儿，吾亦不谓有儿！"经过对中华文化的潜心学习，崔致远于18岁进士及第，历任淮南节度使幕职等。居唐16年后回国，在新罗王朝继续担任要职。崔致远被后世尊为"汉诗学宗师"[1]。

东亚文化圈是大唐文化辐射力最有力的体现。所谓"文化圈"是一个空间范围，在这个空间内分布着一些彼此相关的文化丛或文化群，这个空间并非一定在地理上连成一片，在某个文化丛或文化群相关的不同地带，只要有部分文化元素相符合，就同属一个文化圈。东亚文化圈即属此种类型，它由大唐文化强大的向心力与辐射力，内外相维、多管齐下而形成。表现在政治上，唐与周边诸国建立起册封与朝贡体制；在文化上，中国与朝鲜半岛、日本、越南等有着共同的文化要素，如汉字、儒学、律令制度、汉传佛教等。这些共同的文化要素，通过教育制度，即以儒家教育为主体、祭祀孔子的"庙学制"，在古代东亚各国生根发芽，塑造着共同的意识和行为规范。唐代正是东亚文化圈形成的最重要时期，同时也是中国与印度文化圈、伊斯兰文化圈发生密切联系的重要时期。

上海市松江二中　管夕茂

---

[1] [新罗] 崔致远撰，党银平校注. 桂苑笔耕集 [M]. 北京：中华书局，2007：13—14.

第三篇

辽宋夏金多民族政权的并立与元朝的统一

17
闲话宋代科举*

宋代是一个人才辈出的时代。欧阳修、苏轼、司马光、朱熹、文天祥等，每一位都在一个或数个领域熠熠生辉，而在他们身上都能找到宋代科举取士的印记，都能发掘宋代科举的特点。先来说说《岳阳楼记》的作者范仲淹。2 岁时，范仲淹父因病去世，范母谢氏不得已携子改醮。因家境贫寒，没有一处像样的住所，范仲淹自幼随母亲和继父四处漂泊，有时只能寄居寺庙。即便境遇多舛，范仲淹依然每日划粥割齑，埋头苦学。真宗大中祥符四年（1011 年），范仲淹拜别母亲，只身前往应天府书院求学。多年的苦读生涯磨炼了他的意志，丰富了他的学识。1015 年，26 岁的范仲淹顺利考中进士，在殿试环节面圣，从此在仕途上崭露头角，至仁宗庆历三年（1043 年）官至参知政事。

由于前朝遗风，官官相护、徇私舞弊、约定门生等现象在北

---

* 《中外历史纲要》"两宋的政治和军事"一课虽有两处提及科举，但仅一笔带过。之后的"辽宋夏金元的经济与社会"一课着墨较多，言及科举考试采取南北分卷制度，科举制度带来了社会的变化，如"取士不问家世，婚姻不问阀阅"等，相较于之前的教科书，新表述可谓令人眼前一亮。但有关宋代科举的表述仍有疏漏。须知，若想真正了解与认识宋代社会，"科举"是个绕不过去的话题。

宋初期时有发生，考试的公正性大打折扣。于是宋代统治者不遗余力完善取士制度，以期能真正选拔人才、择优录取。范仲淹的求学科考之路，充分体现了宋代科举的特点。宋代科举的成功主要取决于个人才华和努力，而非家世和门第。相较于前代，平民百姓有了更多跻身仕途的可能。于是，他们对"向往的生活"有了明确的方向和目标。赵宋开朝就定下了防范武将的"祖宗之法"，统治者认识到，庞大帝国需要大量尽忠职守的人才，为此大力发展基于科举制度的文官体制，使之成为各级官僚机构输送人才且行之有效的方法。依靠这一人才选拔标准，宋代建立起全国性的文官选拔制度，科举出身的官员成为文职官僚队伍中的骨干力量。

前述范仲淹踏入仕途后，为国家、百姓鞠躬尽瘁 30 多年，完美诠释了文官体制下宋代官员的典型形象。范仲淹文能治国，武能安邦，有兴学传道救世济民的教育方略，有慷慨豪迈兼济天下的高风亮节，有不畏权贵为民请命的浩然之气。他从泰州治堰到执教兴学，每每为官一方都有德政惠民；他发起庆历新政，推动社会变革；他组织建立军事防御系统，迫使西夏停止对宋的侵扰并议和。为政数十载，范仲淹多次因谏言而被贬谪，仕途沉浮，然其始终坚持秉公直言，正如他在《灵乌赋》中宣言的"宁鸣而死，不默而生"。范仲淹之所以有着"先天下之忧而忧，后天下之乐而乐"的信念、毅力、责任与担当，正是其寒窗数载、浸润儒学、博通经义的结果。

或许人们可以给科举制贴上"维护封建专制统治""禁锢知识分子思想"等标签，但也应该承认这样一个事实：科举制打破了自汉代以来察举制、九品中正制等选官制度的身份限制，是中国古代最为客观公正的人才选拔制度，它扩展了国家引入人才的社会圈层，使人才选拔范围下移至社会基层，成为连接国家和社会各阶层，借以施加中央控制力和影响力的重要通道。据记载，两宋320年，共开科118榜，取士人数超11万，是唐及五代登科总人数的10倍有余。同时，宋代采取诸多措施，严格规范考试程序，锁院、糊名、誊录并行；增加录取名额，提高录取者待遇，使寒门士子能够凭借真才实学获任职官。宋太祖后期确立殿试制度，规定举人经礼部考试后，必须再通过皇帝亲自主持的殿试才算合格。为彰显公平，高门贵胄子弟入朝为官受到一定限制。太宗雍熙二年（985年），宰相李昉之子进入殿试，太宗为避嫌，取消其考试资格。理宗宝祐四年（1256年）录取的601名进士中，有417人出身布衣。[1] 科举制在宋代不断趋于完善，它为平民带来了"光荣与梦想"，也为两宋时期思想文化的繁荣与辉煌奠定了基础。不仅如此，作为一种古代世界较为先进的人才选拔制度，科举制的影响还辐射东南亚，在越南、日本和朝鲜等国"落地生根"，彰显出中国古代制度文明的先进性与影响力。

科举制度对于宋代打破门第观念，促进社会阶层流动可谓功

---

[1] 解扬. 评价科举制度应坚持两分法［J］. 历史评论，2021（04）：31.

不可没。这里又联想到宋代的婚配"奇观"——"榜下捉婿"。在宋代，科举考试发榜之日的清晨，达官显贵之家便出动"择婿车"到"金明池上路"，争相选择新科进士，即"绿衣郎"做女婿，一日之间"中东床者十八九"。苏轼的"囊空不办寻春马，眼乱行看择婿车"和王安石的"却忆金明池上路，红裙争看绿衣郎"等诗句，营造了极强的"捉婿"画面感。那些年，榜下被择之婿，有欧阳修、王拱辰、胡寅、洪皓、郭知运等，而榜下择婿者亦如寇准、蔡京、薛奎、王黼等，皆是重臣名相。即便择婿者如此有权有势，拒婚者依然不在少数，于是倚仗权势强行择婿的现象时有发生。《宋史·冯京传》记载，冯京"举进士，自乡举、礼部以至庭试，皆第一"。国舅张尧佐"欲妻以女"，派人将其拖至家中，当即"拥至其家，束之以金带"，声称："此上意也。"冯京无动于衷，"京笑不视，力辞"。[1] 冯京拒绝了张尧佐的逼婚后，娶兵部郎中王丝之女为妻。王氏早卒，后娶宰相富弼长女续弦。又早卒，娶富弼次女续弦。因此，留下了"两娶宰相女，三魁天下元"的佳话，实为天下读书人所推崇羡慕。

　　"兴文教，抑武事"的宋代如何发展完善科举制度等文治事业，我们可从以范仲淹为代表的历史人物的生平抑或宋代流行的婚配观中看出些缘由。而科举制，正如《中华文明史》评价的：

---

[1]（元）脱脱等. 宋史·卷三百一十七［M］. 北京：中华书局，1977：10338—10339.

这一制度曾经长期影响着帝制时期文官队伍的建设，影响着中国社会的政治文化面貌，也影响着知识分子对于生活道路的选择，影响着他们的精神风习和情感形态。[1]

还是那句话，要认识宋代的国家治理与文教概况，离不开对科举制度的研究。

上海市新中高级中学　谭爱华

---

〔1〕袁行霈等. 中华文明史（第三卷）〔M〕. 北京：北京大学出版社，2006：128.

18

"华夏文化造极于赵宋"

自钱穆的《国史大纲》提出宋代"积贫积弱"说以来，人们便将其看作是宋代社会的基本特征。宋代果真积贫积弱吗？积贫积弱是宋代社会的全部吗？[1]

积贫，是指国家财政用度方面入不敷出，通常与"三冗"现象密切相关。其一，为控制社会秩序、消弭动乱因素，宋代将各地"不收为兵，则恐为盗"的"失职犷悍之徒"收编入军队，成为与"民"分离的职业雇佣军。这种"募兵制"导致中央禁军与地方厢军数量急剧上升，庆历年间，北宋禁军82万余，厢军43万余，合计达126万，"冗兵"现象严重。"费莫大于养兵"，据估算，北宋中期养兵之资已占财政收入的4/5。其二，有鉴于五代之乱的历史教训，宋初统治集团以"防弊之政"为立国之本，通过科举制度选拔了大量文人担任官职。但一系列涉及集中财权、兵权、人事权等的制度架构，导致官僚体制叠床架屋，名实分离，

---

[1] 长久以来，主流观点始终认为，臃肿的官僚军事机构、庞大的财政开支、周边少数民族政权的军事压力以及两次政治改革收效甚微，致使北宋最终走向衰亡，形成南宋偏安之局。似乎还是那句老话：积贫积弱。

官员人数剧增，"冗官"现象根深蒂固。巨额官俸同样加重了政府财政的负担。其三，北宋对辽和西夏输纳"岁币"和西夏的"岁赐"，也给政府造成不小的经济负担。"冗兵""冗官"叠加，财政"冗费"无以复加。上述"三冗"现象导致了宋代对内的积贫之局。

积弱，是指与少数民族政权的斗争，尤其是军事斗争屡遭败绩。对于此现象，多数人无法理解，连史家黄仁宇也觉得奇怪："一个以军人为首脑而组成的国家，自始注重国防，偏在军事上的作为，不及其他任何主要的朝代。"[1]究其原因，一般认为是北宋始终面临着外部的军事挑战。观察宋代形势图可知，北宋是中国古代主要王朝中疆域最为狭小的，至南宋更是偏安一隅，以淮水、大散关一线为边界。如此严峻的外部环境，对宋政权产生了深刻影响。统治者认为，安内方可御外，而为防范内部变乱，首要举措就是严格收揽军权，强调权力制衡，尽力消解地方军政势力，以确保政权的稳固。这种"事为之防，曲为之制"的"祖宗家法"以及衍生出的"崇文抑武"体制，最终导致了宋代对外的积弱之局。

积贫积弱，问题不少。但读史使我们看到了宋代社会的另一个面相。

宋代的经济发展水平，在唐代基础上又迈向一个新台阶。在

---

〔1〕黄仁宇. 赫逊河畔谈中国历史［M］. 北京：生活·读书·新知三联书店，1992：145.

传统农业社会，人口数量是衡量经济总量的主要指标。据载，大观三年（1109年），北宋实际人口超出1亿，已然超过盛唐时期中国的人口总数。手工业方面，美国历史学家郝若贝根据宋代农具制造、铁钱铸造和兵器制作等情况推算，元丰元年（1078年），北宋铁产量大致在7.5万—15万吨水平，足以与18世纪初整个欧洲的铁产量14.5万—18万吨相媲美。

商业上，宋代也不容小觑，宋人提出士农工商皆本业的理念，北宋立国当年（960年），中国历史上首部商业法规《商税则例》诞生。11世纪前期，北宋非农业税所占比重首次超过农业税。宋代在上层精英和下层民众之间，出现了一个非常活跃的商人阶层，他们不仅促进了城市商业的繁荣，还将商品经济的触角延伸至农村。此外唐天宝年间，一年铸钱大约32万贯，而宋神宗时期达到500万贯。中国最早的纸币交子及其发行管理机构——交子务也应时而生，这可谓世界经济史上划时代的大事。

在科技与军事上，宋代也并非那么不堪。被马克思称为"预告资产阶级社会到来的三大发明"的火药、指南针和印刷术，其改进、普及与向外传播都始于宋代。与周边少数民族作战不利的局面，激发宋人改进和完善火药配方，并开始将其运用于军事中，由此开启了热兵器时代。纵观有宋一代，火药武器的制造尽显管理之规范、规模之宏大、分工之细致。北宋先后出现"霹雳炮""震天雷"等威力惊人的火药武器。南宋初年发明的突火枪，是世界上最早的管形武器。之后，竹管枪炮又逐渐发展为金属管枪炮。

这些武器提高了宋军的战斗力，使其多次赢得战事的胜利。例如，1161年，南宋名臣虞允文在著名的采石之战中，利用霹雳炮打败御驾亲征的金废帝完颜亮，创造了以少胜多的战例。南宋初年，以"岳家军"为主的几支军队，其军事素养也逐渐提升，战斗力已能与金军抗衡。南宋后期，蒙古铁骑横扫欧亚大陆，所向披靡，但在宋蒙对抗中却遭遇宋军的顽强抵抗，著名的襄阳之战历时近6年；宋蒙交锋近半个世纪，直至宋亡，这在宋元之际的战争史上是绝无仅有的。

法国汉学家谢和耐曾这样评价：（南宋时）在社会生活、艺术、娱乐、制度、工艺技术诸领域，中国无疑是当时最先进的国家。它具有一切理由把世界上的其他地方看作蛮夷之邦。美国汉学家费正清则认为，两宋是中国历史上最为辉煌的时期。宋史名家邓小南指出：

> 两宋三百年中，我国经济、文化的发展，居于世界前列，是当时最为先进、最为文明的国家之一。宋代在物质文明、精神文明方面的突出成就，在制度方面的独到建树，对于人类文明发展的贡献与牵动，使其无愧为历史上文明昌盛的辉煌阶段。[1]

---

〔1〕邓小南等. 宋：风雅美学的十个侧面 [M]. 北京：生活·读书·新知三联书店，2021：11.

历史学家陈寅恪更言：

华夏民族之文化,历数千载之演进，造极于赵宋之世。[1]

其实，积贫积弱也好，登峰造极也罢，都是一种风景，所谓"横看成岭侧成峰"，审视历史的角度不同，看到的面相自然就不同。偏于政治军事，看到了贫弱；偏于经济文化，看到了"造极"。

上海市长征中学　张绍俊

---

[1] 陈寅恪. 金明馆丛稿二编［M］. 北京：生活·读书·新知三联书店，2001：277.

19

四等人制与民族融合[*]

四等人制的提出

其一，所谓四等人制并非元朝统治者自己提出。有学者认为，元朝最初只有两种人，一种蒙古人，一种非蒙古人。元末明初的《草木子》记载，元朝用人有北人和南人之分。这两种看法无论是哪一种，均未体现元朝对人的"成体系"分类。其实终其一朝，统治者对蒙古、色目、汉人、南人的划分都是非常模糊的，并不如后人想象的那么分明。有些地方的县志甚至将蒙古人归到色目人的名录之下，有些地方也不区分汉人和南人。只是到了明朝，为了证明前朝统治的无道，才有了"用人行政，皆分内外三等"的说法，三等依次是蒙古、色目、汉人。至于四等人制提法的出现，则要到清末民初了。清末进士屠寄的《蒙兀儿史记》，第一次提出了元明两朝未

---

* 《中外历史纲要》"辽夏金元的统治"一课，在"元朝的民族关系"一目有如下表述："为保障蒙古贵族的统治利益，元朝在很多方面对不同民族采取差别对待政策，被后人概括为'四等人制'，依次为蒙古人、色目人、汉人、南人。"教材又在"学习聚焦"栏目指出："元朝存在民族矛盾，但不同民族的交往和交融也得到进一步加强。"读到此处，学生或许会产生困惑：蒙古统治者推行的四等人制带有浓厚的民族歧视和民族压迫色彩，只会激化矛盾，元朝的不同民族的交往和交融怎么还会加强呢？这是个问题吗？本文就此略加解说。

曾提及的"四等人制",可视为"创设"。稍晚,史家蒙思明的《元代社会阶级制度》沿用了此说,并成为后世学者最爱引用的文献之一。

其二,四等人制并非一种制度而只是一种现象。凡制度者,皆为一定历史条件下形成的法令、礼俗等规范。比如印度的种姓制度,就是在《梨俱吠陀》中明确提出并做了具体描述的。而所谓的四等人制,学界至今未发现元朝为实行该制度而颁布的法令,一般来说只是统治者默认的一种意识或现象。有史家曾一针见血地指出:四等人制的提法很成问题,应改为"四类人现象"。原因在于:元朝确实没有明确的制度将人等分,所谓蒙古、色目、汉人、南人只是四类人,"四等人"的提法理由不充分。顺便说个趣事,武侠小说家金庸曾去北京大学访问,见到历史学系主任张帆教授曾问:元朝的四等人制到底是哪年颁布的,怎么查不到?

四等人制与元朝时期的民族关系

其一,四等人制的提法虽有歧义,但元朝确实存在歧视汉人的现象。史家白寿彝甚至认为,早在忽必烈统治时期,这种民族分化政策就已基本形成,其后则构成了元王朝统治秩序的一个很大特点。[1] 比如元法规定杀人偿命,并赔付死者家属 50 两银,但蒙古人杀死汉人只罚从军出征等。又如任用官吏方面,统治者既要利用汉族地主阶级,又要防止人数、文化水平和统治经验都胜过蒙

---

[1] 陈得芝. 中国通史(修订本)第八卷·中古时代·元时期(上册)[M]. 上海:上海人民出版社,2004:435.

古人的汉官占据重要职位，故从中央到地方各级官署的实权多掌握在蒙古人、色目人手中。中央最高行政机构中书省的丞相，乃"必用蒙古勋臣"，次于丞相的平章政事也多由蒙古人、色目人担任；各行省丞相、平章的任用也是如此。元朝统治者尤其不让汉人染指兵权、执掌兵权的枢密院长官一职，有元一朝除少数色目人外，均为蒙古大臣，无一汉人、南人；御史台长官也是"非国姓不以授"。

其二，元朝的民族融合确实得到了加强，但和四等人制并无瓜葛。民族分化政策并不能阻挡民族交往、交融的历史脚步，元朝以自己独有的方式一定程度上促进了民族融合。蒙古骑兵以雷霆万钧之势，实现了辽阔疆域的统一，北方的契丹、党项、女真等民族，在漫漫历史长河中逐渐融进了多元一体的"大中国"。就在一些民族消失、融合的同时，也诞生了新的民族，如我国的回族。回族是成吉思汗及其后裔西征后，葱岭以西居民迁居中国的侨民，包括波斯人、阿拉伯人以及其他信奉伊斯兰教的中亚地区的其他民族等。元朝是回族的初步形成时期。可见，元朝的大一统打破了五代以来多民族政权并立的局面，也打破了农耕民族和游牧民族的界限，为民族迁徙、杂居以及融合提供了契机。比如，元朝在全国军事重地施行戍守和屯田之策，大量的蒙古人、色目人和汉人被迁至全国各地，其规模和范围远超前代，因此，客观上也起到了推进民族交融的作用。

上海市松江二中　管夕茂

20

行省制度助推多民族国家统一

　　"行省"，从字面意思看是"行中书省"的简称。"省"，最初是皇帝宫禁的代名词，隋唐以后，"省"用来指称设于禁中的宰相官府。而"行"在唐宋官制中被认为是职务兼代。中书省源于汉制，隋唐以来是草拟诏书的决策机构。元朝以中书省为全国最高政务机构，内设左右丞相、平章政事、右丞、左丞、参知政事。行中书省即中书省派遣到地方的临时分支机构，建制上仿照中书省。行省制是元朝对汉制进行模仿、改变以强化地方统治的一种制度。同时，行省制度也非单纯对汉制的承袭，它具有浓厚的北族制度痕迹。

　　行省制度与蒙古传统的"断事官制度"有着直接的继承关系。断事官是全面负责户籍、赋敛、狱讼和监察的中央执政长官。漠北时期，大蒙古国执掌民政的最高官员是也可札鲁忽赤（yekejarghuchi，译言"大断事官"）。大蒙古国的行政中枢即由一名或数名大断事官及所属必阇赤（bichikchi，译言"文书官""书记官"）组成。[1]在大规模对外征服战争后，蒙古汗国产生许多从未有过的治理问

---

〔1〕姚大力. 从"大断事官"制到中书省——论元初中枢机构的体制演变，见蒙元制度与政治文化［M］. 北京：北京大学出版社，2011：196.

题：比如人数较少的蒙古征服者如何管理人口众多、面积广阔的新征服地区，长于游牧的蒙古族又如何治理文明程度更高、经济发达的农耕地区，等等。在此背景下，传统的断事官制度得以发挥作用。1234 年灭金之后，蒙古汗国先后于燕京、别失八里、阿姆河三处设置断事官，作为大断事官的分支，代表大汗对征服地区进行管理。燕京的断事官也叫"中州断事官"，首任职务由蒙古权贵、大断事官失吉忽秃忽担任，下设作为属员与重要助手的必阇赤，与断事官组成了共同管理民政、财政、司法的机构。随中州断事官的设立，行省制的雏形就此产生。

忽必烈继承汗位后，将统治重心由漠北草原南移至中原汉地，中书省逐步成为元朝新的中枢机构，在中州断事官的基础上，燕京行省与中书省合并，转为中书省的直辖机构。其余的新征服地区仍设置行省，作为中书省的分支机构。行省长官和其他属员虽以汉名，但其来历与运作习惯保留着浓厚的北族痕迹，比如以蒙古权贵担任行省机构最高长官、不同民族官员集体议事等。通过行省，以蒙古贵族为主的中央要员得以常驻地方，强化了征服者对地方的管辖。而不同民族的官员参与议政，尤其是熟知汉法的当地官员具体负责执行，解决了小部分蒙古权贵不通汉法带来的治理难题。

元朝将统治重心移到中原汉地后又出现了新问题：在以行省制度管理中原汉地的同时，如何保障边疆的稳固？自忽必烈继承汗位以来，长城以北地区的叛乱此起彼伏，先后有忽必烈弟弟阿里不哥、窝阔台后裔海都以及成吉思汗幼弟铁木哥斡赤斤后裔乃颜等的叛乱。漠北作为元朝的龙兴之地，是元朝皇帝权力合法性的本源。为强化对长城以北的管理，至元二十四年（1287 年），朝廷于大漠以东设置辽阳行省，元武宗大德十一年（1307 年），又以和林为中心设置漠北行省，又称岭北行省。这些行省已非中原汉地那种下辖路、府、州、县的行省。辽阳行省除设置路、县外，在少数民族聚居地区以万户、千户方式进行管辖；岭北行省更具有特殊性，其下仅设和宁路与称海宣慰司两处，不置州县，地方行政仍按照蒙古传统的千户、百户等组织形式进行管理。[1] 可见，在统一的行省制度下，实际管辖方式是因地制宜、多元并存的。游牧、农耕两个不同区域也在行省制度的作用下逐渐糅合于一体。

　　行省在制度上的突破并非无可溯之源，也并非元朝独创。从源头来看，元朝行省制是对辽、金等北方民族尝试建立统一多民族国家的相关举措的继承与发展。契丹获取幽云、女真入主中原，辽、金为应对北族在中原汉地的管辖，曾分别设置过"南北面官制"和"猛安谋克制"。南北面官制为契丹所设，官分南北，南面官负责以汉人为主的农耕民族事务，其名称也多为汉人熟知的中书省、御史台等；北面官负责契丹等游牧民族的草原事务，名称除采用汉名宰相、枢密外，还保留了不少有民族特色的名称，如南北院大王、夷离毕院、大牙林院等。辽朝以此"两制"维持其在

---

〔1〕整理自赵云田. 北疆通史 [M]. 郑州：中州古籍出版社，2003：340—346.

游牧区域与农耕区域的共同统治。猛安谋克制为女真所属，是将女真民户以军事编制管理，迁入中原之后在汉族村落间筑寨杂居，力图以少数的女真人控制中原。从行省制度的一系列创新与举措来看，其明显受到辽朝南北面官制和金人猛安谋克制的影响。

除上述继承性的特征外，行省制度还具有其他一些开创性特点。如行省内官员的民族交参、集体议事、定期向中央述职等，避免了个别地方官员擅权的可能。再如多个行省在区域划分上犬牙交错，打破了以山川地形、自然界限划分的惯例，避免了行省因面积过大而导致地方割据的出现。这些开创性特点同样也有助于维护统一多民族国家的稳定，统一多民族国家的意识由此渐入人心。元朝也因此成为中国历史的一个分水岭——诚如葛剑雄教授所言：元朝之前分裂时间多于统一时间，元朝以后则基本上是统一的。[1]

上海市实验学校　田金宗

---

〔1〕葛剑雄. 统一与分裂：中国历史的启示 ［M］. 北京：商务印书馆，2013：83.

21

诗词与宋代经济

　　宋代是中国古代诗词创作的巅峰期，婉约绮丽的温庭筠、温润秀洁的晏殊、豪放旷达的苏轼、雄浑豪健的陆游等，无论是婉约派，抑或是豪放派，其作品都为后人所称道和传诵。而诗词也见证了宋代从鼎盛到衰落的历史过程，留下了政治、经济、民族等诸多领域的宋代记忆，成为后人研究宋史的珍贵史料。历史学家陈寅恪曾倡导"以诗证史"的史学方法，宋史专家漆侠也曾在其书中多处引用宋代诗词，并就"宋诗词与宋代农业经济"问题做过专门研究[1]。可以说，宋代诗词与经济发展密切关联，经济的繁荣为诗词的创作提供了条件，诗词的兴盛也折射出经济的繁荣。二者相辅相成，互为依托。

　　宋代经济的繁荣促进了诗词的兴盛，其原因有三：

　　一是相对安定的环境，为诗词的兴盛提供了沃土。北宋建立后，相继灭掉南方的几个割据政权和北方的北汉，结束了五代十国的分裂局面，随即进入经济发展阶段。相较于五代十国，宋代可谓物阜

---

〔1〕漆侠. 宋代经济史〔M〕. 上海：上海人民出版社，1987：2.

民丰，农业和手工业有明显发展，生活水平的提高、娱乐生活的丰富，带动了城市和商业的繁荣，奠定了诗词兴盛的物质基础。

二是坊市制度的瓦解，为诗词的繁荣提供了空间。城市是经济文化的中心。宋以前，中国的城市实行严格的坊市制度。北宋时期，城市内部限制居民自由的坊墙彻底崩塌。居住区与商业区融为一体，近代城市的雏形产生。人们开始出入于瓦舍勾栏、茶坊酒肆，义娱形式日渐丰富，而宋词作为一种音乐文体，便于传唱、易于流传。

三是市民阶层的兴起，为诗词的发展提供了动力。正如日本历史学家加藤繁所言：“当时都市制度上的种种限制已经除掉，居民的生活已经颇为自由、放纵，过着享乐的日子。不用说，这种变化是由于都市人口的增加，它的交通商业的繁盛，它的财富的增大，居民的种种欲望强烈起来的缘故。”[1] 文学艺术也开始迎合新兴市民阶层的审美情趣与艺术追求。宋词成为再现市民生活、反映市民意识的艺术载体，在“乐游原上清秋节，咸阳古道音尘绝”（李白/忆秦娥·箫声咽）的离声别音之外，呈现出“东南形胜，三吴都会”（柳永/望海潮·东南形胜）的都市形态。从此，宋词由雅入俗，由士大夫的尊前开始走向市井，流入寻常的勾栏瓦肆、热闹的酒楼歌馆，一跃成为文人士大夫与市井细民都喜闻乐见的艺术形式。

---

〔1〕〔日〕加藤繁著，吴杰译. 中国经济史考证（第一卷）〔M〕. 北京：商务印书馆，1959：277.

宋代诗词的兴盛折射出经济的繁盛，其表现有二：

一是农业和手工业的发展。

宋代的农业发展成就突出，一年两熟的稻麦复种制在南方已相当普及，大大提高了粮食产量。棉花的种植亦始于宋代，南方植棉逐渐普遍，带动了棉纺织业的发展。"圩田岁岁镇逢秋，圩户家家不识愁"（杨万里/诚斋集），呈现了秋季粮食丰收的景象。"车转轻雷秋纺雪，弓弯半月夜弹云"（艾可叔/木棉），则印证了棉花种植的推广。

宋代的纺织业发展迅速，产品数量和质量有显著提高。"孤城秋枕水，千室夜鸣机"（欧阳修/送祝熙载之东阳主簿），描绘了江南丝织业的繁盛图景。"维扬软縠如云英，亳郡轻纱似蝉翼"（张咏/筵上赠小英），则渲染了当时精湛高超的纺织技术。

宋代制瓷技术有重要改进，出现了以五大名窑为代表的众多特色瓷器，色彩多变，质感浑厚。"定州花瓷琢红玉"（苏东坡/试院煎茶），"浮梁巧烧瓷，颜色比琼玖"（彭汝砺/送许屯田），都是诗人对宋瓷的赞美。

二是商业和城市的繁荣。

宋代商品流通规模的扩大，导致货币需求量剧增，纸币开始出现。"货出军储推赈济，转行交子颂轻便"（薛田/成都书事百韵），反映了交子在经济生活中的重要作用。

宋代城市的兴盛引人注目。在北宋东京和南宋临安，市场活跃，交易频繁，娱乐活动丰富多彩。"笙歌富庶千门乐，市井喧哗百货通"（朱淑真/游旷写亭有作），再现了两宋时期市场繁华、货物齐全、人流涌动的富庶景象。自唐代中叶以来，南方的经济实力渐渐超过北方，两宋时期经济重心南移的格局正式形成。"市列珠玑，户盈罗绮，竞豪奢"，在广为传颂的名篇《望海潮·东南形胜》中，柳永以生动的笔触描绘了临安城的富丽非凡。

宋代的海外贸易异常繁荣，外贸税收成为国库的重要财源。"东夷从古慕中华，万里梯航今一家"（苏辙/送林子中安厚卿二学士奉使高丽二首其一），让后人领略到宋代海上贸易的繁忙景象。"外国衣装盛，中原气象非"（陶弼/广州），更是勾勒出广州港市舶辐辏、万商云集的开放气象。

宋与辽、夏、金各政权之间的经济往来也十分密切，不仅官方设置榷场进行互市交易，民间贸易也相当活跃。"年年蕃马输汉地"（毕仲游/送范德孺使辽）中繁盛的马匹交易，"蜀茶互市入西番，番马来嘶渭水寒"（黄彦平/欢喜口号）中热闹的茶马互市，都反映了当时各民族之间频繁的边贸往来。

宋代诗词流派众多，名家辈出。其创作深植于时代，其发展扎根于坊间，不仅寄托了作者真挚的个人情感，更折射出强烈的时代特色与浓厚的市井气息。将宋代诗词与宋代经济互为依托、比照分析，既能从微观之处呈现两宋时期文学艺术与经济发展的生动细节，也能从宏观之处串联宋代历史发展的整体脉络。

上海市复兴高级中学　徐　宁

22

宋代的阶层流动 *

相较于唐代的门阀世家之森严，宋代的阶层流动和社会变化已经成为一个不容忽视的重要问题。旅美学者刘子健甚至认为：

> 内藤虎次郎和其他许多学者主张说，从宋代开始，中国已经步入近代时期了。证据不少：例如商业的发达，阶级区分远不像唐代以前那样严格，那样硬性，阶级之间的流动性比较大，世族没落，平民式的家族抬头……等等方面，都和近代社会相像或接近。这些说法是比较正确的。[1]

宋代的阶层流动源于经济的繁荣。中国传统的农耕经济到了宋代已经累聚到一定的高度，农产品的商品化、资源配置的市场化、人口离土离乡的城市化、经济结算的货币化等都在发展，全

---

* 关于"唐宋变革"，尤其是宋代的阶层流动和社会变化，过去的中学历史教科书，无论上海还是全国，无论此版抑或彼版，都未曾提及。而《中外历史纲要》"辽宋夏金元的经济与社会"一课涉及了这一内容，反映出编写者对其高度重视。

〔1〕刘子健. 1963 年台湾宋史座谈会上发言，见全汉昇. 中国经济史研究（下）[M]. 台北：稻乡出版社，1991：554.

面冲击着旧有的社会结构，为阶层流动提供了必要前提。具体而言，宋代的阶层流动可归因于"四轮驱动"：人身依附的松弛、土地流转的普遍、科举制度的完善和婚姻观念的变化。

自唐中期实行两税法后，人身依附关系就有了明显的松弛，宋代这种状况继续发展。佃农和地主之间逐渐演变成一种契约关系，如果主户对佃农不够好，"一失抚存，明年必去而之他"；如果佃户善于耕田或者经营，也可以通过财富积累成为主户。宋人魏泰的《东轩笔录》就记载了不少人"汝辈本皆下户，因佃李庄之利，今皆建大第高廪，更为豪民"[1]。而高度发达的经济驱动着士农工商、贫富贵贱的互相转化："昔之农者，今转而为工，昔之商者，今流而为隶。贫者富而贱者贵，皆交相为盛衰矣。"[2]这种职业的变动、财富的增减、地位的升降，都给宋代社会的阶层流动注入了活力。

宋代实行不抑制兼并的土地政策，让土地流转的速度和规模大大高于前代。"贫富无定势，田宅无定主""千年田换八百主""有钱则买，无钱则卖"成了普遍现象。为保障土地买卖中双方的权利，政府还积极提供法律支持。《宋会要辑稿》就记载："今请晓示人户，应典卖倚当庄宅田土，并立合同契四本：一付钱主，一付业主，一纳商税院，一留本县。"[3] 契约化是推动市民社会形

〔1〕（宋）魏泰. 东轩笔录 [M]. 北京：中华书局，1983：92—93.
〔2〕（宋）袁毂. 多福院记，见（元）袁桷. 延祐四明志·卷十九（影印文渊阁四库本）[M]. 台北：台湾商务印书馆，1986.
〔3〕刘琳等校点. 宋会要辑稿 [M]. 上海：上海古籍出版社，2014：7464.

成的重要因素。英国历史学家梅因说："所有进步社会的运动，到此处为止，是一个'从身份到契约'的运动。"[1] 宋代的契约化，不仅在土地流转中得到广泛体现，在劳务关系、经济往来中也较为普遍。契约化既是物权自由流动的体现，又是物权、人权在一定程度上得到保障的体现。由于土地是古代社会重要的财富标志，土地流转的普遍化有力地推动了阶层流动的进程。

科举制自隋大业年间创立后，对原有的门阀制度产生过巨大冲击。但事实上，唐代由科举而入仕途的官员比例很低，加上"公荐""通榜""行卷"的盛行，最终科举及第的主要还是世族子弟。到了宋代，情况有了明显好转，政府不仅防范了上述弊端，还实行了弥封、誊录等措施，使考试制度逐渐严密化、客观化。刘壎在《隐居通议》中说"唐犹兼采时望，不专词章。宋则糊名考校，一决于文字而已"[2]，欧阳修说"无情如造化，至公如权衡"，都是在赞叹科举的这一变化。这种变化使众多的白衣秀士"拔地而起"、鲤跃龙门。欧阳修、范仲淹等多位在政学两界产生过重要影响的人均出身寒门；《宋史》中有名有姓的 133 位宋代宰相，科举出身的就有 123 人。宋代科举的兴盛造就了普遍的向学之风，开创了"读书赢天下"的科举社会，大大加速了阶层的流动。

宋代婚姻观念的变化，早在南宋时就有记载。郑樵在《通志》

---

[1]［英］梅因著，沈景一译. 古代法［M］. 北京：商务印书馆，1959：97.
[2]（宋）刘壎. 隐居通议·卷三十一（影印文渊阁四库本）［M］. 台北：台湾商务印书馆，1986.

中明确指出，隋唐以上，"家之婚姻必由于谱系"，五代之后，"婚姻不问阀阅"。东汉后期，地方豪强势力不断壮大，形成了魏晋时期的门阀士族，主宰着国家的政治生活，成为中古时期中国社会的典型特征。其中，魏晋南北朝时期江南的顾陆朱张四大姓，隋唐时期北方的崔卢李郑王"五姓七望"，都是极有影响的世家门第。《新唐书》记载过唐文宗要嫁公主给崔氏、卢氏而遭拒的故事，惹得唐文宗不由感叹："我家二百年天子，顾不如崔、卢耶？"[1] 然而到了宋代，婚娶风气改观，出现了"榜下捉婿""娶妻不顾门户，直求资财"的现象。这种以"才和财"为标准所表现的择偶的功利性和世俗化倾向，打破了建立在"门户""身世"之上的阶层壁垒，使士农工商四民之间可以自由通婚，身份地位日趋平等。

普遍多向的阶层流动与高度繁荣的经济文化，这两者相辅相成，让宋代社会充满了生气，也让后世学者对宋代充满了向往。但在向往之余总还有一个疑问：既然宋代已经展现了近代文明的某些特征，那为何之后的中国没有演进出近代文明，鸦片战争后的现代化转型还如此艰难？对此，也许周良霄在《元代史》序文中的见解可资参考：

在政治社会领域中由蒙古统治者所带来的某些落后的影

---

[1]（宋）欧阳修等. 新唐书 [M]. 北京：中华书局，1975：5206.

响，它们相对宋朝而言，实质上是一种逆转。这种逆转不单在元朝一代起作用，并且还作为一种历史的因袭，为后来的明朝所继承……以北宋为代表的中原汉族王朝的政治制度，到南宋灭亡，即陷于中断。[1]

不可否认，元代推行的民族分化政策、等级制度，以及投下分封制、家臣制、驱口制、匠籍制、路引制等，确实压抑、阻碍了社会的阶层流动。而上述制度被明清统治者部分继承，这或许就是宋代作为"现代的拂晓时辰"[2] 尚未等来"黎明"的原因吧。

上海市松江一中　苗　颖

---

〔1〕周良霄等. 元代史 [M]. 上海：上海人民出版社，1993：序言5.

〔2〕吴钩. 宋：现代的拂晓时辰 [M]. 桂林：广西师范大学出版社，2015：自序2.

23

《清明上河图》何以成名？

如果说《红楼梦》是以一部小说成就了一门学问，那么《清明上河图》就是以一幅画卷成就了一门学问。作为描绘北宋风貌的传世佳作，《清明上河图》用细腻写实的工笔描绘了北宋末年都城东京的自然风貌、城市生活和市井百态，彰显了强烈的戏剧色彩和浓郁的市井气息。展开这一幅生动的历史画卷，后人可以获得关于当时城市与商业、科技与文化、餐饮与服饰等方方面面的历史信息。创作这幅巨作的张择端，原是个默默无闻的画匠，遍阅宋代史料，也罕见关于他的只言片语。然而不可思议的是，不仅宋徽宗为这幅作品题词盖印，而且 20 世纪 30 年代以来，与此相关的论文、专著涉及历史、艺术、风俗、经济、科技等诸多领域，相关报道更是不胜枚举。时至今日，每逢故宫特展此画，皆是一票难求，备受追捧。人们不禁要问：《清明上河图》究竟何以成名？在此尝试回答。

其一，精巧布局如同戏剧之铺展剧情。

在《清明上河图》的画面中，共计创作了 800 余人、60 多匹牲畜、20 多艘船只、30 多栋房屋、170 多棵树木、20 辆车和 8 顶轿。这幅现实主义长卷在作者精巧的布局下，犹如一出高潮迭起的戏剧，不断铺展其生动的细节、丰富的生活，妙趣横生，耐人寻味。众所周知，古人赏画，长卷从右而左慢慢展开，细细浏览，从容欣赏，于是从郊野到虹桥，楼台屋宇层峦叠嶂，人头攒动的繁华街市，嘈杂热闹的商贩叫卖，雅俗共赏的歌舞音乐，三教九流轮番登场。赏画者仿佛跟随张择端漫步于东京的大街小巷，置身于宋都的市井生活。

其二，丰富信息犹如社会之百科全书。

《清明上河图》隐含丰富的历史信息，犹如宋代社会的一部"百科全书"。汴水悠悠，百舸争流，呈现出汴河漕运的繁忙如织；街道纵横，店铺林立，再现了坊墙推倒后商业的蓬勃盛景；酒楼恢宏，彩旗招展，演绎着宋代榷酒制度和酒楼业的兴旺发达；招牌幌子，灯箱广告，描绘出正在形成的现代商业格局；正店林立，药铺比邻，透视出城市生活的便利；旅馆众多，旅业发达，折射出社会流动迁徙的自由；士农工商，巫医学兵，反映出市民阶层的崛起和习尚观念的革新；骆驼商队和胡人商贩，勾勒出宋代广泛活跃的商贸交流；马匹驮运书籍的场景，亦使人联想到宋代发达的印刷业与造纸业。

其三，曲谏忧国恰似帝国之盛世绝影。

《清明上河图》生动再现了盛世的"清明"图景，但如果将其简单视为描绘市井风俗的画卷，或许难以体会其间深意。若要破解那些掩藏在长卷中的忧患与危机，需走进画面背后的时代与社会。

北宋末年，内忧外患，社会矛盾日益尖锐。制度上，中央集权的各项措施虽然消除了内部动乱的因素，但制度束缚过死、权力分割过细，影响了行政效率，助长了保守疲沓的政治风气。军事上，在边疆战事中频吃败仗，募兵队伍多而不精，训练废弛，素质低下，造成冗兵局面。经济上，北宋政府机构设置重叠，官僚子弟入仕过滥，致使官僚队伍不断膨胀，"三冗三费"带来沉重的财政负担。此外，围绕变法，统治集团撕裂，引发激烈的党争，北宋王朝正一步步走向衰亡。

然危机当下，身居高位的统治者仍然文恬武嬉，寄情风雅。《清明上河图》表面盛世繁华，实则曲谏忧国；繁荣街景市容的背后，东京内外诸多社会问题不断显现。马惊闹市，船只撞桥，草蛇灰线之间涌现出惊心动魄的险象；官员争道，乞丐流民，寥寥数笔激发起对于"清明盛世"的疑惑反思；商铺侵街，醉汉成瘾，平直写实中埋下了"盛世隐忧"的伏笔……一幅幅画面拉长了王朝由盛转衰的背影，张择端借画曲谏，表达了对于社会隐忧的关切。

宋徽宗虽然用瘦金体为张择端的这幅作品题上了"清明上河图"五个大字，并盖上了自己的双龙小印，但却未看破盛世之下隐藏着的"危图"。又或许，艺技颇深的徽宗并非不能辨识出画卷中的险情隐线和曲谏伏笔，只是这些并非帝王所喜闻乐见，不久徽宗便将此画转赐他人。此后，金兵大举入侵，杀人焚城，东京大火三日不熄，北宋繁华一夕扫尽。可见，《清明上河图》不仅是一幅风俗画作，更像是北宋王朝的盛世绝影。

当然，也有不少学者并不认同对于《清明上河图》"隐忧与曲谏"的解读，认为作品所呈现的实为清明时节的富足祥和，而非东京百姓的贫困窘境；作者创作的意图实为取悦圣心，而非委婉谏言。[1] 值得注意的是，绘画作品毕竟不同于诗文，针锋相对的"解读"与"还原"都具有较为浓重的主观色彩。《清明上河图》描绘的到底是东京的盛世繁华，还是北宋的社会危机？作品呈现的是东京的富足祥和，还是开封的痼疾隐患？不设城防没有驻兵的城门、征收商税的税所，究竟是反映了业已衰败的军事实力、日趋淡漠的防范意识和日益沉重的商税，还是彰显了东京城的开放与宋政府对商业发展的重视？不同的研究者大异其趣的解读，为后人提供了走进宋代社会的生动视角。"画之为艺虽小，至于使人鉴善劝恶，耸人观听，为补岂可侪于众工哉！"[2] 这或许也正是《清明上河图》历经千年却仍值得反复赏鉴，诸多细节经得起勘讨解读的魅力所在。

上海市复兴高级中学　徐　宁

---

〔1〕整理自吴钩.《清明上河图》一幅画隐含的史料富矿 [J]. 金秋，2017（24）：43.

〔2〕（元）汤垕. 画鉴（影印文渊阁四库本）[M]. 台北：台湾商务印书馆，1986.

24
理学是如何兴起的？

宋代理学（也称程朱理学）的兴起总被说成"儒学复兴"，儒学何以需要复兴？

自春秋孔子开创儒学，经战国孟子继承发展，又经汉武帝的独尊儒术，儒家学说自此被奉为官学正统，成为延续两千多年的历代王朝的主流思想。但是，在某些时期，儒学的正统地位也遭遇过严峻挑战，这种挑战既来自外部冲击，又来自内部困顿。

外部：来自佛道两教的冲击。

汉末魏晋至隋唐五代，佛道的长足发展与广泛传播挑战了儒学的正统地位。魏晋是一个动乱而迷惘的时代，名士思治而不能，无奈中苟全性命于乱世，但其心态的变化对社会风气与思想风尚产生了巨大影响。以"竹林七贤"中嵇康、阮籍为代表的名士，佯狂避世，主张"越名教而任自然"[1]，反对名教的束缚，倡导任人的自然本性自由发展。"援道入儒"的思潮也使玄学大盛，名士对儒家伦理进行了公开而大胆的挑战。再有，受炼丹服药、长

---

[1]名教是指以儒家规定的名分与伦常道德为准则和礼法，即"正名分"。

生不死的诱惑，道家以及东汉末年形成的道教也受到了诸多帝王的青睐。如北魏太武帝拓跋焘深信道教，礼敬道士，甚至还将自己的年号改成"太平真君"；唐代帝王因与道教教主李耳同姓，出于巩固统治的目的，也是极力推崇道教，因而有唐一代道教得到了极大发展。

佛教，自汉代传入中国，至隋唐五代，其在与中华本土文化的冲突与融合中逐渐完成"中国化"的过程，对上自王公贵族下至贩夫走卒等社会各阶层产生了极大的吸引力。尤其是魏晋南北朝时期，长达三百余年的分裂动荡、众多政权的并峙及频繁更迭、战争导致的流离失所都使民众陷入迷茫不安，于是佛教作为人们的精神寄托得以蓬勃发展。杜牧的诗句"南朝四百八十寺"，一语道破了南朝佛教的兴盛。北魏杨衒之的《洛阳伽蓝记》也尽述洛阳佛教寺庙的盛况，折射出北朝佛教的繁荣。敦煌莫高窟、云冈石窟、龙门石窟等众多佛教石窟的开凿；梁武帝佞佛、武则天崇佛、唐宪宗迎佛骨等，都显示普通百姓和统治阶级礼佛的虔诚。尽管佛教也历经了"三武一宗"等灭佛之难，但仍然保持着顽强的生命力。可以说，佛教（包括道教）对儒学的冲击是现实而巨大的。

内部：儒学自身发展的困顿。

经魏晋到隋唐五代，两汉以来的儒家经学日益僵化，不能适应社会需求。同时期的中国社会也出现了一系列重大变化，政权更迭、社会动荡、民族交融以及演绎出的弑君篡位、以下犯上、胡风盛行等屡见不鲜，这一切使儒学遭遇了信仰危机，其正统地位岌岌可危。中唐以降，面对历史变局，以韩愈为代表的一批儒士痛心疾首，他们大声疾呼，力主排拒佛道，维护儒家的正统地位，但是效果不大。及至宋代，在多民族政权并立、对峙的新局面下，宋王朝长期处于多面受敌的状态，军事上的屡屡失利严重动摇了中原正统王朝的自信，到了南宋更是被女真人挤压到只剩半壁江山，无奈称臣。面对残酷的现实，宋代儒家学者不得不思考如何才能在思想以至政治上重塑本土的、正统的价值观，以便扶正固本、正本清源，从容地应对外来文化的冲击与挑战。

正是在这种内外交困的形势下，宋代理学应运而生。

北宋中期，一批饱学之士发起了儒学复兴运动。他们挖掘传统儒家的思想内涵，在排拒并借鉴佛道的同时，将孔孟以来的儒家学说由伦理、政治学说提升到哲学思辨的高度，对宇宙本源问题展开探究，形成了以"理"为核心的新儒学体系——理学。理学家——可以这样称呼他们，强调学术为现实服务，尤其要求发挥儒学在强化社会道德、伦理秩序和重建价值观念上的作用。其代表人物有北宋的周敦颐、张载、邵雍和程颐、程颢（习称"二程"），以及南宋的朱熹。

周敦颐、张载、邵雍从不同方面探讨了宇宙的本原、人生的终极目标等问题，提出了理学的基本范畴，从而为理学理论体系的形成奠定了基础。程颐、程颢则明确提出"天理"观念，主张"物皆有理，如火之所以热，水之所以寒。至于君臣父子间，皆是理",认为天理是超越万物、永恒存在的宇宙本源,并将天理与人间的礼制等级、伦理纲常相关联。南宋时,朱熹作为理学的集大成者,继承发展了"二程"之说,形成了以"天理论"为核心的理论体系。他认为"天理流行,触处皆是""父子有亲,君臣有义之类,无非这理",进而要求人们放弃不恰当的"私欲",服从"天理",即所谓的"明天理,灭人欲"。此外,朱熹还编成《四书章句集注》,并将《大学》《中庸》《论语》和《孟子》合而为一,加以注释,使"格物、致知、诚意、正心、修身、齐家、治国、平天下"的"八条目"渐入人心。[1]

然而,宋代理学的发展并非一帆风顺。"二程之学"在北宋中后期的长期党争中备受打击,程颐还被列入元祐党籍,禁绝其聚徒传授。南宋朱熹则因得罪当权的韩侂胄而遭排挤,其学说被称作"伪学",饱受打压与禁锢,直至宋宁宗嘉定元年(1208年)才得以平反。到了元代,统治者推行汉化政策,注重吸收以儒学为主的中原思想文化,理学由此备受推崇,擢升为官方哲学,影响后世达六七百年。

华东师范大学附属东昌中学   陈紫琪

---

〔1〕整理自北京大学哲学系. 中国哲学史〔M〕. 北京:商务印书馆,2004:311、328、333.

第四篇

明清中国版图的奠定与面临的挑战

25

海禁政策与朝贡贸易

海禁，是中国明清时期实行的一种海事活动限制政策。明朝自建立起就开始实施海禁，海禁是明朝的国策，更是祖制。这项政策延续了近 200 年，从明太祖朱元璋至明穆宗朱载垕没有一位明朝皇帝敢逾越。然穆宗隆庆元年（1567 年），明朝却突然开关贸易。隆庆帝为何打破祖制？这还要从明朝初年说起。

元末明初，日本处于南北朝分裂时期，诸侯割据，互相攻伐。在战争中失利的封建主组织起武士、商人和浪人，到中国沿海地区进行武装走私和抢掠骚扰，史称"倭寇"。对此，明洪武三年（1370 年），朱元璋颁布了"寸板不许下海"的禁令，禁止民间私人赴海外经商，限制外商至中国贸易，但此时的海禁只限于商禁，不包括官方垄断的朝贡贸易。洪武七年（1374 年），明政府下令撤销自唐以来设于广州、泉州、明州三处市舶司。洪武十四年（1381），为避明朝国号之讳，明州改为宁波府，海外贸易遂告中断。直至朱元璋的四子朱棣通过"靖难之役"夺得皇位建号永乐，这种状况才有所改变。永乐元年（1403 年），明朝恢复了广州、泉州、宁波三处市舶司。永乐三年（1405 年），又在泉州设"来远驿"接待外国商使，隶属市舶司。此时的海禁虽未废除，却有所松动，由此，永乐年间出现了郑和下西洋之举。但话又说回来，海禁虽有松动，民间私人仍不得出海，明朝甚至规定"原有海船者，悉改为平头船"。平头船经不起大风浪颠簸，只适用于内河航行，故此规定实则是利用平头船之弱点，更大程度上断绝民间对外贸易。洪熙及弘治年间，海禁政策不断强化。而此时的日本已进入战国时代。处于动荡转型期的日本试图大力发展海外贸易，明官方垄断的朝贡贸易显然不能满足其诉求。由此，倭寇频繁出现于中国东南沿海，其规模亦日趋增大。

嘉靖二年（1523 年），明朝与日本因朝贡勘合（验对符契）真伪之辩，爆发了"争贡之役"，明备倭都指挥刘锦、千户张镗战死，浙江大震。此事件直接导致明政府废除泉州、宁波两处市舶司，仅留广州一处，明朝与日本的贸易途径由此中断。显然，明朝试图以围堵政策来减轻倭寇的威胁，却也断绝了沿海民众的生计。于是，部分沿海商人与倭寇相勾结从事走私活动，由此，出现"禁越严而寇越盛"的现象，造成"嘉靖倭乱"，严重危及东南沿海地区的发展。在此形势下，嘉靖帝多次下令严厉禁止民间私人对外贸易，海禁政策再次收紧。平倭之后，部分明朝官员认识到，海禁不能防止倭寇，反而驱使沿海民众与倭寇内外勾结，武装走私，为害颇大。于是他们建议政府解除海禁，开放海上贸易。这才有了"隆庆开关"这一对外政策的重大转折。

隆庆元年（1567 年），明政府在福建漳州海澄县月港宣布部分开放海禁，准许民间私人海外贸易船申请文引，缴纳饷税，到指定地区出洋贸易，并在规定期限内回港。虽有诸多管理上的限制，开放的月港也只是一处小港口，但民间私人海外贸易毕竟得到了朝廷的认可，只要遵守相关的管理规定，就被视为合法经营。"隆庆开关"使民间私人海外贸易摆脱了走私的非法处境，开始有条件地公开进行和较为正常地发展，并迅速发挥了积极作用。史载隆庆初，仅月港一地，"所贸金钱，岁无虑数十万，公私并赖，其始天子之南库也"〔1〕。明朝的海禁政策始于洪武，终于隆庆，其间时张时弛，时紧时松，对明朝历史、中古晚期中国历史乃至世界海洋贸易发展的走向都产生了深远的影响。

海禁政策体现了明朝朝贡贸易体制较前朝更为突出的内敛性与有限性。海禁是禁止国人擅自驾船到海外贸易，而海外国家要来中国贸易则需以朝贡形式进行。明朝政府将朝贡贸易视为唯一合法的对外贸易方式：

> 凡外夷贡者，我朝皆设市舶司以领之……许带方物，官设牙行与民贸易，谓之互市。是有贡船即有互市，非入贡即不许其互市明矣。〔2〕

简言之，"所谓朝贡贸易，即入贡国家表明臣属于中国，将本

---

〔1〕（明）周起元. 张绍和《东西洋考》序，见漳州府志·卷四十三（清光绪三年刻本）.
〔2〕（明）王圻. 续文献通考（第一卷）（影印本）［M］. 北京：现代出版社，1986：459.

国或其他国家的奇珍异物以贡品的名义进献给中国皇帝，中国再将丝绸、金银、瓷器等以'赏赐'的名义回赠给'入贡国'"[1]。朝贡贸易又称为"随贡贸易""贡舶贸易"。这种贸易形式实际上是"一种非常基本和重要的商业基础，是中国处理国际关系与外交的手段"[2]，它与海禁相辅相成，成为明朝对外政策的两大支柱。其特点有二：一是厚往薄来，二是有限贸易，且对于藩属国、贡品、价格、交易地点、贡期、贡道等都有严格的规定。朝贡贸易体制并非有明一朝所独创，其历史渊源可追溯至秦汉时期甚至更远，至明朝发展到高峰。我们可从制度和文化层面分析这一体制目的，即向海外各国炫耀明朝的强盛与国威以求"声闻四海"，宣扬中华的道德与文化以巩固宗藩关系和"四夷宾服"的天朝中心地位。永乐年间的郑和下西洋可谓朝贡贸易的顶峰。郑和船队先后到达亚非30多个国家和地区，船队回国时，一些国家还遣使随行，如第6次远航返回时，就有16个国家和地区的使团共1 200余人随船队来华。郑和下西洋起到了招徕各国朝贡使者的作用，明朝主导的朝贡体系的规模大为扩展。据《明史》记载，明朝时来华朝贡的国家多达百余个，中国式"宗主国—附庸国"体系在地理范围上达到了历史最高水平，一时间出现了"大明统一万方，天子文武圣神，以仁义礼乐君师亿兆，故凡华夏

---

[1] 孙玉琴. 中国对外贸易史教程 [M]. 北京：对外经济贸易大学出版社，2005：141.

[2] 李金明. 论明初的海禁与朝贡贸易 [J]. 福建论坛（人文社会科学版），2006（7）：74.

蛮貊、罔不尊亲，际天极地，举修职贡。自生民以来，未有如今日之盛者"[1] 的局面。但值得关注的是，明朝始终未建立起对日本的宗藩关系。

明朝嘉靖年间，中古历史进至 16 世纪，环视世界，西欧成功开辟了欧亚、欧美间的新航路，实现了环球航行，随之展开海外殖民掠夺。葡萄牙于 1511 年占领了马六甲，渗入明朝的"朝贡势力范围"，中国南方的海上门户洞开，明朝传统的朝贡贸易格局面临强大的外部冲击。此后，其他欧洲殖民者纷至沓来。在中古晚期的中国，时人沉浸于朝贡贸易的"无限风光"，所谓观得历史转折处的大势，也只是后人"事后诸葛亮"而已。

上海戏剧学院附属高级中学　魏丽娟

---

[1]（明）严从简. 殊域周咨录［M］. 北京：中华书局，1993：130.

26

清初密折制度的几个特点 *

本文谈谈清初密折制度的几个特点。

首先是耳目遍布，天罗地网。

清朝密折制度起源于康熙年间，完善于雍正年间。哪些官员有密折上奏权并无明确规定，其中既有高官显贵，也有微末芥子，星星点点遍布全国。谁拥有如此权利，除皇帝之外无人知晓。密折多以官员请安形式出现，密陈地方官民动态，内容上自军国重务、下至民间琐事，无一不包。从天气、收成、水旱灾情，到军情、粮秣、盐务、社会、祭神、某地出某产品，甚至某个笑话、某人某场合出洋相、某官员操守品行轶闻、谁和谁闹别扭翻脸、谁喜爱听什么戏……可谓五花八门，应有尽有。

通过密折，皇帝可以了解下情、商议朝政，最重要的是控制臣下，强化专制皇权。群臣间互相不知谁有密折上奏权，更不知他人

---

* 《中外历史纲要》"清朝的鼎盛与危机"一课，在表述康雍乾三代皇帝乾纲独断、大权独揽时，列举了三项内容：奏折制度、军机处和文字狱。但囿于篇幅，课文对奏折制度的描述只是寥寥数语，结论式地指出奏折制度"提高了行政决策效率，强化了对官僚机构的控制"，对其衍生出的密折制度却未提及。这无助于认识清朝在加强君主专制方面与前朝的差异，对相关制度沿革的梳理与特征的理解也会出现环节上的缺失。

所上密折之内容，故人人都处于可能被告密的状态，同时人人又都是皇帝的耳目，充当着告密者的角色。对此，雍正在《朱批谕旨》中说得清楚："耳目不广，见闻未周，何以宣达下情，洞悉庶务？"[1] 即便是皇帝的亲信近臣，也时时处在其监视掌握之中，谁也不知从何时起皇帝就通过一双眼睛在盯着自己。雍正年间，湖南布政使朱纲深受雍正信任，但雍正却在给湖南巡抚王朝恩的奏折上批示道："朱纲行止，舆论不一，依朕观之，似欲速成者，然否？据实奏来。密之！"[2] 而实际上，雍正在此之前也曾让朱纲秘密访查过王朝恩。

其次是程序简便，直达"天听"。

明清两代，臣子的奏折一般都要先递交通政司，由通政司转交内阁，由内阁"票拟"后再送呈皇帝，这一过程要经过多个部门、多人之手，不仅效率低下，而且保密性不强。有些官员看到奏章内容对己不利，便会将其扣下。如明初丞相胡惟庸就要求"内外诸司上封事，必先取阅，害己者，辄匿不以闻"[3]。不仅如此，胡惟庸还"生杀黜陟，或不奏径行"。久而久之，下面的官员哪里还敢再上奏。

而密折不同于奏折，它不经过政府部门，即无需经六部，连

〔1〕（清）雍正. 朱批谕旨（卷首上谕），上海点石斋缩印本（光绪十三年刊）［M］. 台北：台湾商务印书馆，1986.
〔2〕（清）雍正. 朱批谕旨（王朝恩奏折，雍正二年十一月初四日朱批），上海点石斋缩印本（光绪十三年刊）［M］. 台北：台湾商务印书馆，1986.
〔3〕（清）张廷玉等. 明史［M］. 北京：中华书局，1974：7906.

上书房、军机处等也一并跳过。比如，有低品官拥有密折权，那他的密折就能跳过府、道、省等一系列级别的政府部门，不被积压，如此减少了中间环节，直达"天听"。而且，康雍乾三朝皇帝都比较勤政，当天密折当天批阅，几乎不过夜，批完后即用匣子装好密封，根据事情的轻重缓急决定递送速度，最快有每日八百里速递，极大地提高了行政效率。

再次是保密性强，神鬼不知。

密折，顾名思义，具有保密性强的特征。因为只有在保密的情况下，才能将折子的功效发挥到最大限度。于是康雍乾时期建立了一套严格的保密措施。所有密折都由皇帝亲自批阅，绝不假手他人。康熙有一次巡幸外地，因右手有疾不能写字，便"用左手执笔批旨，断不假手于人"〔1〕。而上奏之人写好密折后会加上封套，固封，放入专用盒子中，用专用钥匙锁好（钥匙有两份，分别由奏折人和皇帝保管），然后派专人递送京师。送折之人途中严禁拆封查看，如有违反则是欺君之罪，满门抄斩。大臣之间严禁互通密折内容。雍正皇帝曾直接告诫臣下：

> 凡有密奏，密之一字最为切要。臣不密则失身，稍有疏漏，传播于外，经朕闻知，则贻害于汝非浅，追悔莫及矣！〔2〕

〔1〕清实录·第六册·圣祖实录（三）［M］. 北京：中华书局，1985：608.
〔2〕（清）雍正. 朱批谕旨（马纪勋奏折，雍正七年三月二十二日朱批），上海点石斋缩印本（光绪十三年刊）［M］. 台北：台湾商务印书馆，1986.

即便是亲属之间也不可相互告知，如有泄露严惩不贷。鄂尔泰是雍正皇帝最为宠信的大臣之一，但雍正在鄂尔泰的侄子鄂昌的奏折中告诫："不可令一人知之，即汝叔鄂尔泰亦不必令知。"通过这套保密程序，皇帝与上奏者直接通话，天知地知，皇帝知上奏者知，他人皆不知。这样对上奏者也是一种保护，使他们可以毫无顾忌，畅所欲言。正是在这种制度程序下，下级官员才敢告发、弹劾上级，使其不敢擅权妄为。

密折制度提高了行政效率，有效地震慑、控制了臣下，使皇权日趋稳固。然而，它也存在着消极作用：一是制度本身有鼓励臣下告密之意，致使臣僚人人自危，斤斤自守；二是即便某人被诬告也不得而知，更无法申诉，只能坐吃哑巴亏。于是，官员从此明哲保身，为官者"万言万当，不如一默"[1]，长此以往，国家、民族的未来系于皇帝一身，而康雍乾俱是圣贤，尚能担当得起，如若碰上一个平庸皇帝呢？

复旦大学附属中学　刘先维

---

[1] 出自宋人黄庭坚《赠送张叔和》一诗，亦为清代康熙年间名臣张廷玉之座右铭。

27

历史三调：康乾盛世之说

美国汉学家柯文提出过"历史三调"[1]，其实就是三条认识历史的不同途径：事件、经历和神话。事件是历史学家笔下的史实，以叙事为主；经历是历史亲历者的感受；神话是神话制造者根据现实需要建构的历史。柯文以义和团运动为对象，从三种不同的途径深入细致地考察了这一历史活动。受柯文的启发，这里尝试用同样的方法对"康乾盛世"之说做一微考证，即这一说法是否真实，至少是否符合最基本的历史逻辑。

首先是考察作为"事件"的康乾盛世。

按照柯文的说法，历史学家是这样的人：他们发掘和梳理了有关证据和文献，知道事件的最终走向，对整个时代有全方位的了解；他们的目标，不仅是要解释事件本身，而且要解释它与之前和之后的历史进程的联系。对于康乾时代，很多历史学家在把其整理成"事件"叙述时，一般都认为它堪称"盛世"，其繁盛与唐朝贞观之治相比有过之而无不及。如钱穆在《国史大纲》中指出：

---

[1]［美］柯文著，杜继东译. 历史三调：作为事件、经历和神话的义和团［M］. 南京：江苏人民出版社，2000：序言.

"康熙与乾隆，正如唐贞观与开元、天宝也。"[1] 又如吕思勉在《中国史》中言及："（康乾时代）以国富论，除汉、隋、唐盛时，却也少可比拟的。"[2] 史家大多肯定康雍乾三代勤政有为，政权稳固，统一的多民族国家得到了巩固和发展，经济繁荣、人口增长、府库充足等。

除此之外，清史专家戴逸还指出：

> 乾隆时代，或者说18世纪的中国，在政治、经济、军事、文化各方面均有许多成绩，为前代所不能企及，这是就历史的纵向比较而言……如果把乾隆朝取得的成绩作横向的考察，即放到当时世界范围中和欧美国家相比较，那就会呈现出另一幅黯然失色的图景。[3]

此事是否符合现实？确实如此。乾隆时，资本主义已成为世界发展潮流，西方正在经历着启蒙运动、资产阶级革命，从宗教蒙昧主义及封建专制统治的桎梏中逐步解放出来，资本主义制度在一些国家已经确立；科学技术和生产力快速发展，英国更是悄无声息地进行着工业革命，率先进入以工业文明为标志的近代社会。而此时的中国呢？以农业文明为基础的各项成就，却成了社

〔1〕钱穆. 国史大纲［M］. 北京：商务印书馆，1991：865.
〔2〕吕思勉. 中国史［M］. 上海：上海古籍出版社，2006：172.
〔3〕戴逸. 乾隆帝及其时代［M］. 北京：中国人民大学出版社，1992：29.

会发展与转型的巨大阻力，君主集权、小农经济，加之闭关锁国、文化专制，正如戴逸所言，横向与世界工业文明相比，确实"黯然失色"。因此，康乾盛世至多只是"落日的余晖"。

其次是考察作为"经历"的康乾盛世。

柯文认为，经历是指亲历者，如统治者、底层民众、外国传教士或使节的想法、感受和行为。据史料记载，康乾盛世一说最早可追溯至康熙帝以"恩诏"形式宣布的"盛世滋生人丁，永不加赋"。乾隆帝也曾宣称："方今国家全盛，府库充盈。"除皇帝外，当时的政府官员使用"盛世"一词也较为多见。户部右侍郎于敏中在清政府一统天山南北后，曾赋诗称颂乾隆皇帝："觐光扬烈，继祖宗未经之宏规；轹古凌今，觐史册罕逢之盛世。"[1] 可见，"盛世""全盛"等词确实出自清朝君臣之口，并在乾隆时期演化成一种士大夫阶层的盛世意识。

然而底层民众，他们的情况如何呢？据《18世纪的中国与世界》一书披露，乾隆时代，民众吃糠咽菜的现象比比皆是。一个中等农户一年全部收入不过32两银子，而年支出为35两，也就是说，农民辛苦一年却还要负债3两才能活下来。而一旦遇到饥荒，普通人家就会立刻破产，卖儿鬻女的情况十分普遍。这在乾隆年间访华的马戛尔尼使团成员的记录中亦可寻得。约翰·巴罗在《我看乾隆盛世》中写道："生活在水上的悲惨大

---

[1]（清）于敏中. 素余堂集（卷二四），见刘焕性. "康乾盛世"之说的由来 [J]. 清史研究，2003（1）：108.

清国人一向处于半饥半饱的状态，乐于以任何食物为食，即使是腐烂了的也不放过。"[1] 作为使团成员，巴罗对乾隆年间清朝的印象从人口众多、商业繁荣转变为半饥半饱、贫富不均，应该说是真实可信的，这一转变也在一定程度上佐证了这一时期中国虽经济总体繁盛，但贫富差距却很大，更折射出盛世背后的隐忧。

再次是考察作为"神话"的康乾盛世。

用柯文的话说，神话是以过去为载体对现在进行的一种特殊解读；这种具有象征意义的神话的主旨不在于解释，而在于从中汲取能量，获得政治或宣传方面的意义。将康乾盛世视为神话的，印象中只是法国启蒙思想家伏尔泰等人所为，他们描绘了一个高度理想化的中国：一个由受过教育的社会精英充当官员、组成政府，并由仁慈的君主来领导的乌托邦；那里尊崇孔子，不受宗教的魅惑，法律与道德融为一体；那里农业发达，足可养活世界上最多的人口。显然，伏尔泰们是以神化中国的方式来表达自己改造法国社会的政治理想，真可谓郢书燕说。

综上分析，应该说，"历史三调"作为唤醒过去的不同方式，都建立在对史料的体验上。但历史学家和神话制造者处理史料的态度截然不同，前者似乎更加追求历史的真实性；而历史亲历者因无法超越时空局限，对历史的认知也就无法全面，但他们却拥

---

[1] [英] 约翰·巴罗著，李国庆等译. 我看乾隆盛世 [M]. 北京：北京图书馆出版社，2007：125—126.

有前两者所不具备的体验和感受，他们留下的史料为历史注入了丰富而真实的内容——理解康乾盛世理应如此。

上海市青浦区第二中学　盛文燕

28

"民间交易惟用金银"

　　"户部言民间交易，惟用金银，钞滞不行。"[1] 这是《明史·食货志》中的一句话。然欲理解这句话，还需从表现宋人生活的明代四大奇书之一——《水浒传》说起。

　　读《水浒传》，许多人在对梁山好汉揭竿而起、快意恩仇的豪迈性格击节赞叹之余，也会对好汉们大碗喝酒、大块吃肉、大秤分金银的江湖生活印象深刻，对"二斤熟牛肉，一坛老酒"这样的"好汉套餐"津津乐道。酒足饭饱后，武松、鲁智深等好汉还总是潇洒地扔出一块碎银，甩出一句"不用找了"，扬长而去。不仅如此，梁山好汉在仗义疏财时更是会拿出整锭的银子，如宋江初见李逵时就慷慨赠予纹银十两，鲁达接济一个被镇关西欺负的金老汉时，还和史进一块送了他十五两银子。

　　问题也就来了。梁山好汉"潇洒花银子"的桥段是否符合北宋时的真实生活？对此，早有学者指出，宋代的主要货币是铜钱，金银只是辅助货币，很少使用。神宗初年（1067 年）每年白银冶

―――――――――

[1]（清）张廷玉等. 明史 [M]. 北京：中华书局，1974：1964.

炼才 21 万余两，英宗时期最多也仅 31 万两；而同时期，每年铸铜钱 506 万贯、铁钱近 89 万贯投放市场。[1] 显然，银少钱多，铜钱、铁钱才是流通领域的主力军，宋朝"白银还没取代铜铁，成为日常物品的直接交换媒介"。当然，尽管白银不是日常流通的主要货币，但其经济价值已经得到较为充分的体现，在政治、经济领域都发挥着重要的作用。在宋辽"澶渊之盟"中，宋向辽缴纳的岁币就包括"银十万两"；而皇帝的赏赐、政府的赈灾、大宗的贸易等也都有较多使用白银的记载。

那么，白银是什么时候成为民间普遍流通的货币的呢？"明至清中叶的经济与文化"一课中有这样一段表述："自明朝中期起，商品经济进入新的繁荣期。美洲等地的白银通过海外贸易大量流入，成为普遍使用的货币，促进了长途和大额贸易的发展，也有利于商业资本的集聚。"白银的大量流入，以及张居正改革中有关赋役征银的规定，的确让白银货币在经济领域中扮演了越来越重要的角色。而如果细究起来，民间贸易普遍使用白银的时间还要更早些。自唐宋以降，白银的货币化过程至明初基本完成。和宋代零星的白银交易不同，明初白银已经具备货币的功能，其使用已经称得上"普遍"。《明史》记载，洪武八年（1375 年），为了能够使大明宝钞顺利推行，官府还规定"民间不得以金银物货交易，违者罪之"。也就是说，为了不让大行其道的白银抢了宝钞的

---

〔1〕整理自李剑农. 中国古代经济史稿（第三卷）[M]. 武汉：武汉大学出版社，2006：80.

风头，政府生生将白银踢出了流通市场。《大明会典》中有钞法、钱法而无银法，也正是这个道理。

虽然官府一再禁用金银，但至宣德年间，"户部言民间交易，惟用金银，钞滞不行"[1]。随后，"朝野率皆用银，其小者乃用钱"[2]。至此，以白银作为交易货币的潮流不可阻挡。而官府大力提倡的大明宝钞则因信用破产大幅贬值，其实际购买力甚至不及票面价值的千分之一，在事实上退出了市场。生活在 15 世纪中后期的明代藏书家陆容在其《菽园杂记》中就说，大明宝钞"洪武钱民间全不行，予幼时尝见之，今复不见一文"[3]。施耐庵也是元末明初人，他在宋元话本的基础上创作了《水浒传》，其中对"交易用银"的描写自然也是基于其生活经验，这正好反证了明代初年白银作为流通货币的事实。当然，施耐庵把自己生活的场景嫁接到宋人身上，亦不免好笑。

明代中后期，随着新航路的开辟，欧洲人在与中国的贸易中有了更为充足的资本——来自美洲的白银。但是由于中国的丝、瓷、茶叶等的大量出口，欧洲新兴商业强国在与中国的贸易中，无一例外处于贸易逆差地位。大规模贸易加上中国与西欧金银比价的差异，导致白银大量流入中国。德国历史学家弗兰克在他的《白银资本》一书中说道："综合上述一些有关白银生产和转移的

---

〔1〕（清）张廷玉等. 明史［M］. 北京：中华书局，1974：1964.
〔2〕（清）张廷玉等. 明史［M］. 北京：中华书局，1974：1964.
〔3〕（明）陆容. 菽园杂记［M］. 北京：中华书局，1985：123.

估算，从 16 世纪中期到 17 世纪中期……最终流入中国的 7 000 吨到 10 000 吨的确是一个很可观的数字。"[1] 中国经济史研究专家全汉昇也指出：

> 据德科民的估计，自 1571（明隆庆五年）至 1821 年（清道光元年）的二百五十年中，由西属美洲运往马尼拉的银子共约四万万西元，其中约四分之一或二分之一都流入中国……他所估计的二分之一，即二万万西元或更多些，可能比较接近事实。[2]

白银哗哗地流入中国，连弗兰克都认为：

> 外国人，包括欧洲人，为了与中国人做生意不得不向中国人支付白银，这也确实表现为商业上的"纳贡"……16 世纪的葡萄牙、17 世纪的尼德兰（荷兰）或 18 世纪的英国在世界经济中根本没有霸权可言。[3]

白银的大量流入使明代的商业贸易更加繁盛。民间贸易中，

〔1〕［德］贡德·弗兰克著，刘北成译. 白银资本——重视经济全球化中的东方 [M]. 北京：中央编译出版社，2000：210.

〔2〕全汉昇. 中国经济史论丛（一）[M]. 北京：中华书局，2012：511—512.

〔3〕［德］贡德·弗兰克著，刘北成译. 白银资本——重视经济全球化中的东方 [M]. 北京：中央编译出版社：2000：166.

称量的白银成为主要货币，铜钱成了辅币，形成"大数用银，小数用钱"的银钱兼行的复本位制。这不仅促进了长途和大额贸易，更是催生了从事银钱兑换业务的钱铺和银铺。入清以后，这些铺子又发展成了钱庄和银号，专门从事存款、放款和银钱兑换业务。清朝后期，这些钱庄银号的资本逐渐积聚，和长途贩运、盐业经营、商帮发展等互相扶持，形成了"北票（号）南钱（庄）"称雄商界的壮观景象。也是在明中期以后，民间奢靡之风日盛，洪武年间的各种消费限定和生活禁忌被打破，消费社会开始形成。

上海市松江一中　苗　颖

29

撩开商业市镇的面纱

今天的江南市镇，恬淡宁静，殊不知，它们过去是充满活力的工商业中心，引领时代潮流，带动历史变革。相较于战国秦汉时期的"都市"、隋唐时期的"草市"和宋明时期的"镇市"，明代中期兴起的"江南市镇"可谓"新来乍到"，它代表了中国古代社会商品经济发展的高峰。

关于"市镇"的含义，明清江南地方志这样解释：郊外居民所聚谓之"村"，贸易之所曰"市"，市有草市、集市、乡市等多种层级；市之至大者，店铺林立，商贾云集，周围乡民逐渐约定俗成地称之为"镇"（镇原为军事戍所）；后世学者为与府州县城等政治功能的城市相区分，在"镇"前又加"市"，称为"市镇"。可见，明清时期的江南市镇是最高一级的乡村市场。

明清江南市镇位于哪一区域，分布情况又如何？据史料记载，至明代，长江三角洲的苏松常、杭嘉湖地区已经形成以苏州、杭州为中心的具有内在经济联系和共同点的市镇区域。以杭嘉湖地区内河航运中心乌镇为例，其东北有檀丘、平望、盛泽、八斥、王江泾；北面有严墓、新城、南浔、震泽、马要；西北有湖州、旧馆、东迁、双林；西面有琏市、菱湖；西南有石门、新市、澉水、洲钱、塘栖；东面和南面则有炉镇、嘉兴、濮院、屠甸、硖石、长安、临平等。在横约 120 公里、纵约 140 公里的范围内，分布着大小市镇 30 余座。[1] 这种密如蛛网的市镇分布格局大都是在明代形成的。

那么，蓬勃的明清江南市镇具有哪些特点呢？

一是明清江南市镇已然成为城乡经济纽带。

直至清末，江南市镇依然不是政府正式设置的行政区划，而只是按乡村规矩编制的地域范围，且与四周乡村犬牙交错，镇区内分布有农田，生活着部分农民。江南市镇也并非以府州县城为中心向四周辐射，而是出现于距府县较远、与邻近府县接壤交界之处。例如乌镇号称二省（江、浙）、三府（苏州、嘉兴、湖州）、七县（吴江、嘉兴、海宁、桐乡、吴兴、崇德、德清）通衢，位于各县城之间。[2] 这一现象折射出中国古代商品经济以农副业经济为基础，经历了先集中于城市、后向乡村伸展的过程。江南地区得益于水陆交通的便利以及商品流通的频繁，农村集市逐渐发展成较大型的商品集散中心和工商业市镇，它是农村商品经济、市场贸易发展的产物，同时衬托并支持城市的生存与发展。

二是明清江南市镇构建起多层次市场网络。

明清时期，江南地区蚕桑与植棉的区域分工明显。因棉布消

---

〔1〕 王家范. 明清江南史丛稿［M］. 北京：生活·读书·新知三联书店，2018：4.
〔2〕 王家范. 明清江南史丛稿［M］. 北京：生活·读书·新知三联书店，2018：4.

费比较大众化，松江府（含今上海市区、青浦、奉贤、南汇、川沙等）及苏州府（含今上海嘉定、崇明及江苏太仓）东部地区的乡民多以植棉为主。植棉甚少的杭湖嘉地区虽盛产丝绸，但丝绸并非普通消费品，一般乡民通常都是买棉花织布以自给或供应市民，于是苏松棉花又出现于嘉湖镇市。江南市镇的米市在相当长的时间内只为包括镇民在内的消费人口供应商品粮，自经济作物种植和丝棉织手工业广泛兴起后，棉区和蚕区米粮短缺，致使米的产销越出了市镇及四乡的范围，甚至越出了江南的区域范围，达于湖广、四川、徐淮、通泰等地区。此外，"湖丝遍天下"，远销闽、广并出口海外。苏松的棉亦有"衣被天下"之称，三林塘、周浦与松江城的棉布经湖广、江西，远销陕西、山西和北京等地。总之，明清江南星罗棋布的市镇织成农村集市、城镇市场、区域性市场等多层次商业网络，并且关联全国市场。这是有别于传统社会商品经济的新特点。

三是明清江南市镇的社会生活出现新气象。

其一，在人口密度高、人均耕地少的江南四乡，由于工商的利润超过农业，以工商补农业，较少出现绝对贫困的现象，一定程度上促进了当时江南地区消费经济的发展。传统的封闭、保守、自给自足的生活方式为新的具有商品化倾向的消费型生活方式所代替。江南市镇居民以及四乡农民对市场需求的感受、对价格波动的认识、对工商赢利的追求，改变着"农本商末"的传统观念。

其二，市镇居民构成逐渐复杂，充斥着牙侩（经纪人）、行霸、脚夫、工匠、亦工亦农的居民、乡绅、文人以及来自全国各地的客商及商帮等，社会流动速度加快。由此，市民阶层开始出现，富民阶层乘势而起。在市镇管理上，有些商人凭借技术、人才和财富方面的明显优势，与"名家盛族"互争短长，政府"有形之手"的影响也相对变小。这些都对传统社会的等级秩序产生了冲击。

其三，有些江南市镇的经济实力与市场地位超过府县城市，甚至还建有县级以上城市才有的城隍庙。如民间谚语这样对比南浔与湖州府城：一个湖州城，不及半个南浔镇。江南市镇经济繁荣以至风气开化，文教日盛，人才聚集，逐渐成为东南地区人文荟萃之地。由此，明清江南市镇不仅是基层商业、手工业中心，还具有文化中心的功能，且这些新气象仅为当时江南市镇所有。

明清江南市镇的意义不容小觑。于中国古代传统社会后期崛起的江南市镇，透露出当时经济先进地区，即江南经济结构变革的重要信息，显示了农业与手工业专业分工扩大、乡村人口向镇市转移、区域经济与市场网络形成等引人注目的变革迹象，这是传统社会正在发生纵深变化的信号。

上海市市北中学　罗　明

第五篇

晚清时期的内忧外患与救亡图存

30
鸦片战争前后的"华夷之辨"

古代中国不仅是一个地域空间概念，还是一个以"礼乐政教"为核心并长期影响东亚农耕区域的、先进的文明实体，其在产生与发展过程中逐步形成了对周边区域与民族的优越感，也逐步树立起以天下观为核心、以华夷秩序为结构的自我与外部认知。以此为基础，中国与周边国家和地区的交往，很早就形成了以朝贡为特征的宗藩体制。宗藩体制，其中心是如日本学者安部健夫所言的"赤县神州"，而外部则被称为"蛮夷"。由此形成一个中心投影的图像，中国在投影的中心部位，从中心点向外辐射，统一国家的边界可以随盛衰而伸缩。[1] 在宗藩体制下，中国是"天下共主"，而周边各国则是中国的"藩属"。中国皇帝是"天子"，有"德化蛮夷""涵养四方"的责任，藩属国要到中国来朝贡，其立新王也要经中国皇帝册封。在传统关系中，对外交往就是"宗主"对"藩属"的管理，管理外交的机构因此被称作理藩院。[2] 作为

---

〔1〕整理自姚大力. 北方民族史十论 [M]. 桂林：广西师范大学出版社，2007：265—266.

〔2〕整理自雷颐. 李鸿章与晚清四十年 [M]. 太原：山西人民出版社，2011：100.

传统中国的世界观，"华夷之辨"被美国汉学家费正清评论为："确定了从中华文明初现曙光之时直到公元 19 世纪与西方对抗之际，中国在对外关系上的基本态度与实践。"[1] 然而，随着近代欧美资本主义政治文明与工业文明的崛起，在鸦片战争前的清朝，中国占主导地位的区域格局就已然发生了变化，表现为"华夷之辨"旧有架构持续被突破与改变，在日益松动的传统宗藩关系之外又出现了近乎近代意义的"准条约"关系。而在鸦片战争后，在传统宗藩关系加速瓦解的同时，"华夷之辨"的历史惯性和思维惯性又向后人揭示着中国由传统世界观向近代国家观念及外交理念转型的踯躅与艰难。

鸦片战争前，在传统的宗藩关系方面，清朝的朝贡国数量已大为减少，只有朝鲜、越南、缅甸、琉球、暹罗、南掌、苏禄七国，少于明朝的十五国。究其原因，一是欧洲殖民者东来并对中国原先的藩属国进行殖民，少数藩属国虽被纳入殖民体系但仍维持着与清朝的宗藩关系。二是有些藩属国已被纳入清朝版图，原来向明政权朝贡的中亚地区也已纳入清朝治下。三是清朝对藩属国朝贡持放任自流的态度。康熙帝曾下旨："外藩朝贡，虽属盛事，恐传至后世，未必不因此反生事端。总之，中国安宁则外衅不作，故当以培养元气为根本要务耳。"[2] 为规避朝贡过程中无谓的招待、赏赐等费用，清朝不再像明朝那样推行"厚往薄来"的政策，这就使贡赐关系的

---

[1][美]何伟亚.从朝贡体制到殖民研究[J].读书，1998（8）：60.
[2]（清）赵尔巽等.清史稿[M].北京：中华书局，1977：4483.

主要功能由宣扬天朝国威转向贸易盈利。至于西班牙、葡萄牙、荷兰等已在东南亚殖民的欧洲国家，清朝则允许其以传统朝贡国的身份出使北京，与英法等国一样在若干指定区域进行通商贸易。

在新的"准条约"关系方面，1689年，清朝与俄国签订《尼布楚条约》，开启了与周边国家交往的条约模式，尽管此时的清朝仍游离于近代国际法及国际关系的构建过程之外，却"不自觉"地宣示了近代主权国家的身份。清朝前期还在传统的礼部之外，设立"理藩院"处理北部与西部藩属国的部分事务，包括与俄国有关的通商事务。总之，在1840年鸦片战争前，虽然中国传统的外交体制——宗藩体制已发生微妙变化，但清朝依然从"华夷之辨"出发处理国家关系而未能"逸出旧轨"。因此，在1793年英国马戛尔尼使团、1816年英国阿美士德使团、1834年英国律劳卑使团等来华，要求扩大在中国的通商权利时，清朝仍然从"夷夏大防"的观念出发，坚持所谓"天朝定例"，对处于工业革命期间的英国提出的扩大通商的要求不加择取一概拒绝，固守"闭关锁国"政策。据记载，英人律劳卑去世前试图通过建立近代外交关系实现与中国的正常通商，但最终他还是无奈地叹道："我们在他们的政府（清政府）面前低声下气，究竟获得了什么利益或达到了什么目的？记录表明，除了后来的羞辱和屈辱之外，一无所获。"[1]

面对工业革命后英国东扩的加紧，清朝在原有的宗藩关系及

---

〔1〕胡滨. 英国档案有关鸦片战争资料选译（上册）〔M〕. 北京：中华书局，1993：17.

闭关锁国政策下，被迫建立了与西方通商的管理机构，并在鸦片战争前的广州"一口通商"贸易时期演变成型。清朝前期，在广州"一口通商"背景下，处理西方通商和外交事务的体制由"粤海关、行商和管理外国在华规章制度共同构成，体现了中央、地方和民间三级管理的层级关系"[1]。而从鸦片战争前两广总督制定的对西方国家在华商人管理章程的名称来看，依然充斥着"华夷之辨"的陈旧观念，如 1759 年的《防夷五事》、1777 年的《防夷四查》、1831 年的《防范夷人章程六条》、1835 年的《防范夷人新规八条》等等。这些章程的主要内容皆为规定西方人在广州的各种生活规则，但冠以"防夷"二字。总之，鸦片战争前中国外交上的宗藩关系虽有调整与微妙变化，但仍然是中国传统世界观"华夷之辨"的产物。

"华夷之辨"的思维惯性，在鸦片战争失利，《南京条约》签订后，仍影响着统治者与高层官员的外交决策。如 1843 年道光帝、耆英等以为通过进一步与英国"交涉"便可换取所谓"万年和好"，于是，在璞鼎查的诱导与蛊惑之下签订了《中英五口通商章程：海关税则》等附约。《南京条约》是鸦片战争后中英两国订立的最终和约，中英双方无须再交涉，附约也无须再议定，清朝竟浑然不知，主动放弃了不少权益。比如，认为给予英法美等"片面最惠国待遇"，就可以坐收"以夷制夷"之利，而结果却是方便

---

[1] 何司彦等. 清朝中晚期广州涉外园林营造史实研究 [J]. 广东园林，2021（4）：58.

了列强共同控制中国。五口通商后，统治集团中的大部分人又被"华夷安辑，贸易照常"的情形所迷惑，继续沉醉于宗藩体制的迷梦中，仍然将中西关系简单地视为"抚夷"。甚至在第二次鸦片战争后，奕䜣等奏设"总理各国事务衙门"，清朝仍想维护与"蛮夷"仅有通商而无外交的旧制，将衙门定名为"总理各国通商事务衙门"，奕䜣再三恳请方才作罢。可见，当欧美资本主义跨海而来，以其所建构的近代"条约体系"敲击古老帝国及其引以为傲的宗藩体制时，清朝的反应是依然以"华夷之辨"而拒之。旧的观念、旧的路径、旧的经验固执地影响着这个经历鸦片战争冲击的古老王朝，正如严复所言："物形之变，要皆与外境为对待……惟外境既迁，形处其中，受其逼拶，乃不能不去故以即新。故变之疾徐，常视逼拶者之缓急，不可谓古之变率极渐，后之变率遂常如此而不能速也。"[1] 历史告知人们，从"华夷之辨"到近代国家观念的转变依然需要外部压力的推动，转变之过程且长且阻。直至甲午战败和《马关条约》签订后，朝鲜半岛脱离宗藩关系，在不平等条约体系与《万国公法》所代表的近代西方外交观念的合力冲击下，以华夷秩序为基础的宗藩体制终于彻底崩溃，近代外交体制也在近代中国社会转型的过程中艰难地建立起来。

华东师范大学第一附属中学　向胜翔

---

〔1〕严复. 严复全集（第1卷）[M]. 福州：福建教育出版社，2014：113.

31
近代俄国鲸吞中国东北之策*

　　近代俄国实行领土掠夺与经济扩张双管齐下的侵华政策，利用一切机会夺占领土则是该政策最突出的特征，这使其成为近代侵占中国领土最多的国家。

　　俄国对中国东北的领土掠夺有其明显的特征。

　　首先是战略上，并非单纯扩张领土，而是图谋攫取太平洋地区的霸权。

　　中古时期的俄国是一个内陆国，地缘上的海洋劣势严重制约其发展。18 世纪以来，俄国不遗余力地与邻国争夺近海领土以及出海口。彼得一世发动了对瑞典长达 21 年的北方战争，夺取了波罗的海出海口。为打通黑海出海口，俄国先后 12 次发动对

---

* 中国近代史教学一般都比较注重对第一次鸦片战争的解读，至于第二次鸦片战争，往往简单地将其视为第一次鸦片战争的继续与扩大，对英法美俄四国间的复杂关系、美俄扮演角色的具体作用等重要内容，往往语焉不详。在第二次鸦片战争中，俄国是一个配角，在教科书的历史叙事中存在感很弱，但实际上它没费一枪一弹，在短短两年多的时间内，通过《瑷珲条约》《北京条约》侵占了中国东北 100 多万平方千米的土地，比其他任何侵略国家得到的好处都多，在列强侵华史上实属罕见。历史教学中若能深入挖掘俄国在第二次鸦片战争中的侵华领土诉求及其策略，既有利于学生认知自康熙朝至第二次世界大战期间的中俄矛盾、列强争斗，亦有助于拓宽学生的视野，从东北亚乃至国际关系的角度理解中国近代大变局。

土耳其的战争。此外，俄国还觊觎太平洋出海口，遂将扩张目标锁定于黑龙江——东北亚流入太平洋的河流。但黑龙江流域距俄国政治中心十分遥远，早先的俄国虽有吞并妄念，却并不具备实力。1689 年中俄《尼布楚条约》签订后，俄国便从中国黑龙江地区退出。此外，彼得一世及历代沙皇甚至还有南向扩张的企图，将争夺印度洋作为又一目标。然而随着中英鸦片战争的爆发及《南京条约》的签订，英国迪过"五口通商"条款侵夺了中国东南沿海的利益，东亚地区的平衡被打破，争夺远东太平洋地区成为俄国战略棋盘上的重要一着。沙皇尼古拉一世决心趁中国衰败之际，完成彼得一世、叶卡捷琳娜二世的遗愿，吞并中国黑龙江地区，打开通往太平洋的出海口。当 1856 年俄国在克里米亚战争中败于英法，失去黑海驻兵权后，便愈发重视太平洋水域的战略意义，加快了争夺东北亚海岸线和天然良港的步伐，制定了征服日本、朝鲜和中国的计划，并欲与英美争夺太平洋霸权。

其次是战术上，利用清政府外交方面的无知，以调停人的角色趁火打劫。

1856—1857 年，英法挑起第二次鸦片战争，攻陷广州。沙皇政府迅速做出反应，任命熟悉远东事务的普提亚廷为中国特使，力求攫取与英法同等的在华权利。同时还命东西伯利亚总督穆拉维约夫顺流而下至黑龙江，对黑龙江将军奕山使尽武力恫吓、政治讹诈的伎俩，逼迫其签订《瑷珲条约》，割让黑龙江左岸领土，而乌苏里江以东包括库页岛在内的 40 多万平方公里土地，则由中俄两国"共管"。与此同时，清政府忙于应付英法联军的军事进攻，鉴于美俄两国未参与军事行动，遂提出"借助俄美调停"的对外策略。清政府此举完全是出于对现代西方世界的无知，一厢情愿地沿袭传统的羁縻政策，试图通过"以夷制夷"化解危机。俄国抓住此可乘之机，伪装"中立"，浑水摸鱼。普提亚廷声称要"帮助"清政府"防堵英夷"，借1858年四国向清政府发出共同照会之机，瞒着其他三国附上俄国的领土要求，向清政府施压。《瑷珲条约》签订半个月后，英法联军攻占天津，俄国趁机与清政府签订《天津条约》，其中，第九条专门规定，由两国派员查勘从前未经定明的边界，这为胁迫清政府批准《瑷珲条约》埋下伏笔。

此后，俄国对乌苏里江流域进行了细致的全域调查，1860年，俄军基本完成了对乌苏里江以东地区的占领。对俄国而言，取得乌苏里江以东的海岸线就能迅速挺进太平洋，从而在东北亚地区形成对英国势力的牵制。此时的咸丰帝忧心忡忡，下旨将奕山革职，并委婉表示不承认《瑷珲条约》。1860年，英法联军攻陷京城，清政府走投无路，俄国作为调停者的重要性再次凸显。俄国全权公使伊格纳切夫利用时机，一方面向英法联军提供了清军在北京、天津一带布防的情报，另一方面又声称可以帮助清政府居中斡旋。求和心切的奕䜣于是立即派人请求伊格纳切夫帮忙缔结和约。伊格纳切夫乘机要挟，同意"调停"，助力签订中英、中法《北京条约》，又借口"调停有功"，并以"兵端不难屡兴""叫回英法联军"[1]进行威胁讹诈，强迫清政府接受其侵略要求。在伊格纳切夫的压力下，奕䜣被迫签订中俄《北京条约》，除承认《瑷珲条约》俄国侵占中国领土的既成事实，又将原定中俄两国"共管"的乌苏里江以东包括库页岛在内约 40 万平方公里的中国领土割让给了俄国。

还须提及的是，俄国在外交上特别善于利用矛盾坐收渔翁之利。普提业延到中国后，利用咸丰帝惧怕洋人进京的心理，蓄意煽动英法联军北上逼宫，企图利用英法的力量向清政府施压，迫使咸丰批准《瑷珲条约》。他会见英国领事罗伯逊，竭力使其相信自己的使命就是敦促中国政府调整排外政策，并暗示英国应该联合列强一致行动，向清政府施压以攫取更多特权。为了敦促英法北上，他还提供假情报，而 1860 年 10 月英法联军攻破北京城后，俄国又表示支持清政府，并愿意居间调停。奕䜣对此虽将信将疑，但他实在不敢再冒风险，息事宁人的结果便是签署中俄《北京条约》，俄国实现了梦寐以求的扩张目标。

上海市进才中学　杨国纬

---

[1] 整理自海客. 第二次鸦片战争期间沙俄对中国东北领土的掠夺［J］. 学习与研究，1982（6）：50—51.

32

由"危局"到"变局"

1895 年 2 月 12 日，随着北洋水师提督丁汝昌在威海卫军港刘公岛的自戕殉国，大清王朝中兴的梦想也随着北洋舰队的覆灭沉没于黄海冰冷的海底。威海卫战役失败后，清政府全权谈判代表李鸿章踏上了日本国土，作为战败国代表，他深知此次东瀛之行于国于己都将蒙受羞辱。战场的胜负决定了谈判的主动权，李鸿章虽竭力争取减少利权损失，但作用微乎其微。在"割取台湾"问题上，李鸿章表示英国可能会干预，不料伊藤博文竟嚣张扬言："岂止台湾而已！不论贵国版图内之何地，我倘欲割取之，何国能出面拒绝?"[1] 对此，李鸿章一筹莫展，弱国无外交，此时的李鸿章比旁人更能痛切地体会其中的含义。1895 年 4 月 17 日，李鸿章代表清政府与日本正式签订《马关条约》，这是继《南京条约》以来最为严重的丧权辱国的不平等条约，给近代中国社会历史及东亚格局的走向带来极其深远的影响。那么，在晚清社会转型的剧烈动荡中，甲午战争究竟起到了怎样的作用？

---

[1] 戚其章. 甲午战争史 [M]. 上海：上海人民出版社，2014：404.

　　从经济看，日本通过《马关条约》迫使清政府开辟苏州、杭州、沙市、重庆四个通商口岸，列强侵略的触角开始深入到中国长江上游的西南内陆地区；日本可在通商口岸从事工艺制造，机器只纳进口税，所制造货物豁免内地税、钞课、杂派。其他西方列强援例办理，从而便利了各国利用中国的廉价劳动力、抢占中国的原料产地和商品销售市场。这是 19 世纪末自由资本主义发展为垄断资本主义的必然结果，由此，列强对殖民地半殖民地的经济侵略，从商品输出为主转为资本输出为主，中国民族工业的生存空间被进一步挤压。或许算作一种"反省"，甲午战后清政府放松了对民间设厂的限制，以至出现了兴办实业的浪潮，中国民族资本主义获得一定的发展机遇。而 2 亿两战争赔款加上 3 000 万两赎辽费，超过中国全年收入数倍，其数额之大前所未有。种种勒索使清政府不堪重负，不得已饮鸩止渴，以路权、矿权等权益为抵押向列强举借外债，致使财尽民穷，中国的经济与政治命脉长期为列强所操控。

　　从军事看，首先，朝鲜为日本所控制，台湾成为日本的殖民地，这意味着失去了东部、东北部抵御外来侵略的屏障，海防形同虚设，国土安全面临严重威胁。在 1904—1905 年的日俄战争中，清政府只能眼看着两个列强在自己的国土上肆意交火，而自己只能保持所谓的中立。其次，甲午战争中湘军、淮军等团练武装的拙劣表现，以及重金打造的北洋水师的全军覆灭，让清政府认识到自身军事观念和体制的落后，为了应对统治危机，开始编练新军，逐步建立起近代军事体系。其中，两支新军影响最大，一支是袁世凯在天津小站编练的六镇新军，即后来的北洋新军，这支军队成为清末民初重要的军事力量，也是袁世凯谋求政治资本的军事依仗；另一支是湖北新军，他们成为武昌起义的主力军，打响了推翻清王朝的第一枪。原本用以巩金瓯的"忠诚卫士"，反倒成为毁金瓯的"掘墓人"。

从思想和政治看，首先，深重的灾难是一种精神上的强击。甲午战败给国人带来的震撼要远超此前几次侵略战争，甲午战败彻底打破了中国"天朝上国"的迷梦。如果说两次鸦片战争的失败还可以用"技不如人"聊以自慰，那么，甲午战争时，在军事上并不完全落于下风的泱泱大国竟然不敌"蕞尔小国"，如此"国之巨祸"使国人难以接受。梁启超言及：

> 唤起吾国四千年之大梦,实自甲午一役始也。……吾国则一经庚申圆明园之变,再经甲申马江之变,而十八行省之民,犹不知痛痒,未尝稍改其顽固嚣张之习,直待台湾既割,二百兆之偿款既输,而鼾睡之声,乃渐惊起。[1]

其次，中华民族群体意识的觉醒由此开启。史家陈旭麓曾言"民族觉醒"的含义及其推动力量，"在于主体对自身历史使命的

---

[1] 梁启超. 戊戌政变记 [M]. 北京：中华书局，1954：113.

自觉意识。一个阶级是这样，一个民族也这样""知识分子是民族的大脑，揭示民族的使命是他们的使命"[1]。甲午战后，以康有为、梁启超为代表的传统知识分子开始思考民族前途，且将抵御外侮与改革内政合为一体。1895年的公车上书是民族危机刺激下的集群，揭开了维新运动的序幕，既而"公车之人散而归乡里者，亦渐知天下大局之事，各省蒙昧启辟，实起点于斯举"[2]。可见，在民族意识觉醒的过程中，变法维新思想逐渐成为时代的主流，吸引越来越多的中国人从改革中寻求民族的出路，最终，变法议论转化为一场社会政治运动。在这场运动中，维新派划分了维新运动"全变"与洋务运动"小变"的界限，核心直指政治体制变革。此外，近代资产阶级革命的风雷也在酝酿。

从地区格局看，首先，战败的清政府被迫割让均属"腹心根本，膏腴要塞"的辽东半岛、台湾岛及其附属岛屿、澎湖列岛，国家的领土主权被进一步破坏。随后，原本在欧洲互不相让的俄法两国与德国，却在远东地区联手上演了"三国干涉还辽"的剧目，远东角逐的激烈可见一斑。其次，"中国认明朝鲜国确为完全无缺之独立自主国"，意味着中朝之间宗藩关系的正式终结，东亚传统的朝贡体制遭此最后一击而宣告崩溃。朝鲜名义上获得了独立，实则落入日本之手，日本由此获得了侵略远东大陆的重要基

---

[1] 陈旭麓. 近代中国社会的新陈代谢 [M]. 北京：中国人民大学出版社，2012：155.

[2] 梁启超. 戊戌政变记 [M]. 北京：中华书局，1954：114.

地和跳板，成为 19 世纪末 20 世纪初远东东北亚格局的主导国之一。此外，后起的日本在中国获得如此巨大的利益，大大刺激了列强瓜分中国的欲望，于是英、法、德、俄等国纷纷在华强占租借地，划分势力范围，掀起瓜分中国的狂潮，民族危机进一步加深，同时列强争夺远东地区的矛盾也在日益加剧。

李鸿章无奈签下《马关条约》时，对身边人吐露心曲说，中日交涉经历最不堪回首，"至一生事业，扫地无余"[1]。然而，甲午战败是一次"危局"，战争使民族危机日益深重，中国置身于波诡云谲的国际形势中，昔日的"东方巨人"被蚕食、奴役，直至坠入万丈深渊。甲午战败又是一次"变局"，战后国人纷纷挺身而出、奔走呼号，各阶级、各派政治力量相继躬身入局，拯救国家于"危局"之中，改良、革命的浪潮一浪高过一浪，而这一切又为未来国之新生积蓄了力量。此为从"危局"到"变局"的转折点。

上海戏剧学院附属高级中学　魏丽娟

---

〔1〕吴永. 庚子西狩丛谈〔M〕. 长沙：岳麓书社，1985：107.

33

甲午前后中国人社会心理的嬗变

中日甲午战争是中国近代史上重大的历史事件，堪称"中国近代历史的分水岭"。战争前后中国人的社会心理发生了巨大变化，这种心理嬗变折射出近代中国在深重民族危机中的痛苦转型，也显示了国人尤其是传统士人对外部认知的不断深化，由此推动了近代中国从"器物之变"走向"制度之变"。

甲午战争前夕，随着朝鲜局势日益紧张，中日之间剑拔弩张的态势不断加剧，然国内舆论对可能发生的战事总体上充满了乐观与自信。《申报》作为近代中国发行时间最久、社会影响力最为广泛的报刊，也认为："日人本短小若侏儒，从无高至四尺以上者，不似华人之身材高大体态昂藏。""一经开仗，我华兵以大压小，其不致糜烂者几希，日人其奈之何哉？"[1]"以我堂堂天朝，幅员之广大，人民之多，财赋之厚，兵卒之精，十倍于尔，尔乃不自量力，轻启兵端是不明乎大小之势矣。"[2]这反映了当时中国社会的虚骄心理，对日本明治维新后的新变化一无所知。

---

[1] 日事近闻[N].申报，1894－07－20（2）.
[2] 先发制人说[N].申报，1894－07－28（1）.

这固然是根深蒂固的传统华夷观所致，而三十年洋务自强也无疑给国人以极大的自信，以为天朝的军事武备力量远胜于日本。

当然，在普遍的"轻日"气氛中也不乏真知灼见，遗憾的是未能占据主流。早在19世纪70年代，便因日本吞并琉球而引发了有识之士的警惕并开始研究日本。李鸿章也意识到日本对中国的巨大威胁，而一改此前联合日本抵抗西方的想法，指出日本"近在户闼，伺我虚实，诚为中国永远大患"[1]。驻日参赞黄遵宪利用在日本担任外交官的机会广泛收集资料，深入研究日本明治维新的成败得失，先后于1879年和1889年写成了《日本国志》和《日本杂事诗》两部著述，认为"日本自维新以来，举凡政令之沿革，制度之损益，朝令夕改，月异而岁不同，至明治十一二年，百度修明，规模较定，而以时更张者仍复不少"[2]，希望清政府借鉴邻邦日本，奋起改革，以图自强。

甲午战败，随着丧权辱国的《马关条约》的签订及随之而来的瓜分狂潮，中国社会从天朝上国的迷梦中清醒过来，国人的社会心理发生巨大变化，这种变化主要表现在以下方面。

其一，反思传统文化，根深蒂固的华夷观念崩溃。

谭嗣同对华夷观念进行了全新的思考。他指出：

---

〔1〕李鸿章.筹办铁甲兼请遣使片，见顾廷龙、戴逸主编，李鸿章全集⑥·奏议（六）
　　[M].合肥：安徽教育出版社，2008：170.
〔2〕黄遵宪.日本国志·凡例[M].上海：上海古籍出版社，2001：4.

夫华夏夷狄者,内外之词也,居乎内,即不得不谓外此者之为夷。苟平心论之,实我夷而彼犹不失为夏。中国尝笑西人冠服简陋,西人即诘我之发辫有何用处,亦无以答也。无怪西人谓中国不虚心,不自反,不自愧,不好学,不耻不若人,至目为不痛不痒顽钝无耻之国。[1]

在这里,谭嗣同认为夷夏之间没有优劣之分,只是地理位置不同以至有所差异,由此可见,谭嗣同已开始抛弃天朝上国的虚骄心理,突破华夷观念的思想樊笼。

其二,反思洋务运动,制度变革的呼声日益高涨。

康有为、梁启超等维新派知识分子重新审视洋务运动,他们既肯定了洋务运动迈出中国早期现代化第一步的引领作用,也对其局限性提出了批评。康有为质疑洋务运动“变其甲而不变其乙,举其一而遗其二,枝枝节节而为之,逐末偏端而举之,而无其本原。失其辅佐,牵连并败,必至无功”[2]。梁启超同样指出洋务运动的缺陷是:

则李鸿章坐知有洋务,而不知有国务……以为吾中国之政教文物风俗,无一不优于他国,所不及者,惟枪耳、炮耳、船耳、铁路耳、机器耳……知有兵事而不知有民政,知有外

---

〔1〕蔡尚思等. 谭嗣同全集(上)〔M〕. 北京:中华书局, 1981:165.

〔2〕中国史学会. 戊戌变法(二)〔M〕. 上海:上海人民出版社, 1957:215.

交而不知有内治，知有朝廷而不知有国民，知有洋务而不知
有国务。以为吾中国之政教风俗无一不优于他国，所不及者
惟枪耳、炮耳、船耳、机器耳。[1]

进而提出"一切要其大成，在变官制"的主张，呼吁变革
体制。

其三，反思甲午战争，"以日为师"的思想逐渐形成。

康有为、梁启超等呼吁向日本学习，进行深层次的制度变革，
体现出维新派救亡图存的迫切心理。康有为多次上书光绪帝，明
确提出"以日为师"的思想，认为"日本地势近我，政俗同我，
成效最速，条理尤详，取而用之，尤易措手"[2]。面对深重的民
族危机，梁启超痛定思痛，在其诸多论著中阐述了"以日为师"
的必要，代表了甲午战后传统士人的社会心理变化。1897 年，在
《读〈日本书目志〉书后》一文中，他指出：

今吾中国之于大地万国也，譬犹泛万石之木航，与群铁
舰争胜于沧海也……然即欲刮目取火以求明矣，而泰西百年
来诸业之书，万百亿千，吾中人识西文者寡，待吾数百万吏
士，识西文而后读之，是待百年而后可，则吾终无张灯一日

---

[1] 梁启超著，汤志钧等编. 梁启超全集（第二集·论著二）[M]. 北京：中国人民
大学出版社，2018：414—419.
[2] 汤志钧. 康有为政论集 [M]. 北京：中华书局，1981：208.

也……日本之步武泰西至速也。故自维新至今三十年，而治艺已成。大地之中，变法而骤强者，惟俄与日也，俄远而治效不著，文字不同也。吾今取之至近之日本，察其变法之条理先后，则吾之治效，可三年而成，尤为捷疾也。[1]

康有为、梁启超等对日观念的变化，代表了国人，尤其是传统士人，在甲午战败后的心理变化。甲午战争犹如一块自天而降的巨石，砸碎了天朝上国的美梦，警醒了洋务自强后的虚骄，触动国人重新审视自己、反思失败、认知世界。正如梁启超所言："唤起吾国四千年之大梦，实自甲午一役始也。"甲午战争前后中国人社会心理的嬗变，记录了那个时代逸出旧轨的阵痛与努力，折射出民族意识的不屈与觉醒。

上海外国语大学附属外国语学校　俞仙芳

---

[1] 梁启超著，汤志钧等编. 梁启超全集（第一集·论著一）[M]. 北京：中国人民大学出版社，2018：285—286.

34
公车上书新解

但凡读过中国近代史的人，都知道公车上书。以往的中学历史教科书或读本将公车上书的失败一般都归因于都察院拒交上书。近年来，随着新史料的发现，对公车上书的研究也在不断深入，新观点、新成果不断呈现。那么，有关公车上书研究的新成果，你了解多少呢?

其一，上书者只有"公车"吗?

"公车"是古代对举人的代称。传统观点认为，日本逼签《马关条约》的消息传到北京，康有为、梁启超等联合各省在京应试的举人（约计 1 300 人）共同上书，向光绪帝提出"拒约""迁都""变法"三项主张。这一历史叙事，容易使人产生这样一种认识：上书的似乎只有"公车"。但事实果真如此吗? 据史家茅海建的考证：日本逼签《马关条约》的消息传到北京后，官员与"公车"纷纷上书，形成了热烈的气候。[1] 依据中国第一历史档案馆所藏档案及已经公开发表的档案文献，官员上书无论是发起时间、

---

[1] 茅海建. 从甲午到戊戌：康有为《我史》鉴注 [M]. 北京：生活·读书·新知三联书店，2009：74.

奏折数量都远超康、梁等"公车"的上书。事实上，自朝廷派李鸿章前往日本议和后，朝廷中反对议和的舆论就从未停止过。可见，上书者并非只有"公车"。

其二，上书的"公车"果真有 1 300 人吗？

众所周知，目前历史书写大多认可上书者约"1 300 左右"这一观点。这一数字，最早是康有为在自己的撰述，即《康南海自编年谱》中写下的。然而，联名上书的"公车"果真有 1 300 人吗？疑点之一是康有为个人前后记述存有出入。1895 年公车上书失败后，康、梁返回广东。途经上海时，在上海刊行了《公车上书记》。据此记载，当时题名的"公车"有 602 人。再看《康南海自编年谱》，其成书年代要晚于《公车上书记》，不难发现两者关于上书人数的记载前后不一。疑点之二是"公车"集会的地点能容纳 1 300 人吗？据史料记载，当时康、梁等"公车"将集会地点选择在松筠庵。然而，据后世学者考证，这里空间狭窄，1 300 人是无论如何也挤不进去的，门前的胡同也不够宽。[1] 此外，据当时的户部尚书那桐在日记中的记载：集会期间，雷雨大作，参加集会的只有"数十百人"[2]。由此，不难发现，1 300 很有可能是个虚数。

其三，上书"未交"还是"拒交"？

据康有为自己的记载，其将上书失败归结为都察院官员"拒

〔1〕整理自茅海建."公车上书"考证补（二）[J].近代史研究，2005（4）：125.
〔2〕整理自茅海建."公车上书"考证补（二）[J].近代史研究，2005（4）：125.

交"。20 世纪 70 年代，史家黄彰健首先对康有为的观点提出质疑。据其考证：康、梁等人当时召集"公车"集会的时间是乙未年（1895 年）的四月初七到初九，然后拟定四月初十向都察院提交上书。然而，让康、梁等人始料未及的是，光绪帝在四月初八已批准了《马关条约》，故此，康、梁等人应该是见议和已成"熟饭"，而主动放弃了上书。20 世纪 80 年代，清史专家孔详吉也对"拒交"说提出质疑。他在大量查阅中国第一历史档案馆馆藏档案后发现，当时官员和"公车"上书的路径十分畅通，应该不存在"拒交"的政治阻力。况且都察院主要官员裕德等人本身也反对议和，曾多次上奏朝廷表明反对议和的立场，所以，裕德等人没有"拒交"的理由。事实上，在光绪帝批准《马关条约》后，都察院还代奏了各类上书 25 件。因此，自 20 世纪 70 年代以来，越来越多的学者对康有为本人的记述提出了诸多质疑，他们通过研究提出了一种新观点，即公车上书的失败，并非都察院"拒交"，而是康有为"未交"。

以上仅综述了学界关于公车上书失败原因的几个代表性的新观点，绝非全部。不难发现，传统观点与新观点之间的差异甚大、争鸣亦甚为激烈，那么，造成彼此差异的主要原因究竟是什么？历史是过往的经历，其本身是不可逆的。虽然历史的真相只有一个，但由于历史记载的复杂性，抑或史料的相对缺乏，往往会造成历史解释的多样性和矛盾性。此外，由于研究者受时代、立场、史观、视角、方法等因素的影响，一份史料亦会产生多个研究结论，以致历史呈现其复杂性和多面相。凡此种种不一而足，作为"读者"，我们又该如何看待历史学习和研究的求真呢？

上海市徐汇中学　朱幸福

35

"东南互保"面面观

1900 年 6 月 21 日，清政府向英、法、美等十一国宣战后，湖广总督张之洞、两广总督李鸿章、两江总督刘坤一、闽浙总督许应骙、四川总督奎俊、铁路大臣盛宣怀和山东巡抚袁世凯等立即同参战国达成协议：上海租界由各国共同保护，长江及苏杭内地由各督抚保护，两不相扰，史称"东南互保"。

"东南"何以互保？

首先要明确的是，"东南互保"并非由东南督抚发起，实为英国人为保护其在长江流域的侵略权益，而主动向南方实力派督抚伸出的互保橄榄枝。义和团运动爆发后，列强在华利益严重受损，为此，如何最大限度地维护在华既得利益成为首要目标。其中，英国首先考虑的是如何维护其在长江流域的特殊权益。当时英国正在南非发动布尔战争，无意抽调大批兵力到华来镇压义和团以及防止其他国家借机侵入长江流域。因此，他们试图通过联络偏安东南的实力派督抚，以互保来最大限度地维护自己在长江流域的势力范围。其次，义和团运动爆发后，北方乱局让东南各省督抚心有所忌。自洋务运动以来，南方各省近代企业获得长足发展，至义和团运动爆发前夕，全国新设厂矿 300 多个，大多集中在长江中下游沿岸，如何维护东南社会的稳定，使南方免于战火，便成为督抚们的重要政治考量。再次，南方各省督抚对列强心有所惧。自鸦片战争以来，尤其是甲午战败，东南督抚深知清朝国力不济，即使遵从朝廷旨意出兵"勤王"也难以取胜，而贸然出兵必然祸及自身。

督抚为何敢于互保？

清政府宣战后曾电令各省督抚迅速驰援，而南方封疆大吏却虚与委蛇、按兵不动，并暗中与列强接洽互保，此举无异于拥兵自重、对抗朝廷。其勇气何来？首先，清政府对待义和团的态度摇摆不定，让东南各省督抚有了"抗命"的借口。义和团运动爆发后，清政府内部对义和团的态度颇有争议，慈禧本人对义和团的态度也前后不一，大体来看清政府对义和团的态度经历了三个阶段：防范查禁、控制利用、一意镇压。在处理义和团的上谕、朱批等正式文件上，朝廷也常常含糊其词、模棱两可，地方官员自然敷衍了事。其次，地方实力派的崛起是东南督抚敢于谋求互保的重要原因之一。辛酉政变后，清朝政治格局发生巨大变化，加之太平天国运动的打击和洋务运动的兴起，汉族官僚和买办阶层逐渐发展为朝廷中举足轻重的力量，他们扎根东南地区，如李鸿章历任江苏巡抚、两江总督、两广总督等。甲午战后，清政府仿效日本和德国编练新军，各地督抚一面自己设厂造军火，一面又自筹费用采购军备，经略地方。如刘坤一控制江南制造总局的同时，还大量进口军火，在江阴编练新军；张之洞苦心经营湖北枪炮厂、汉阳军械厂；时任邮电督办、铁路督办的盛宣怀更是控制着轮船招商局、上海电报局、华盛纺织总局等一系列关系国计民生的重大企业。地方实力派的强势崛起，折射出清政府中央集权的明显衰落。

"东南"该不该互保？

达成互保共识后，协议由东南督抚负责起草，但因协议条款对列强的权益有诸多限制，遭到列强拒签。后经谈判，各国领事最后事实上接受了"东南互保"的基本原则，即东南督抚不派兵参战，而八国联军也不派兵攻打长江流域。"东南互保"协议最终虽未签约成形，但还是招来公私舆论，各方对此褒贬不一。于慈禧控制的清政府而言，"东南"不仅无权互保而且不该互保。19世纪末，列强掀起瓜分中国的狂潮，沙俄将长城以北划为势力范围，德国将山东划为势力范围，日本将福建划为势力范围，英国将长江流域划为势力范围，还与法国争夺云南和广东，美国则提出"门户开放"。清政府实际控制的地盘已十分有限，"东南互保"无疑是雪上加霜。于东南地区的百姓而言，"东南互保"使其免于战火侵扰，客观上避免了为义和团和八国联军造成的战乱所波及，有利于东南地区的社会稳定。于东南各省督抚而言，"东南互保"保存了东南各省的实力，保存了东南地方的政治军事权力。从"东南互保"到清朝灭亡的十余年间，慈禧自"垂帘听政"以来所苦心经营的权力结构加速解体，由此观之，清政府在辛亥革命后迅速瓦解与东南各省的纷纷"独立"不无关系。当然，"东南互保"也维持了列强在南方的既得利益，其消极面不容小觑。

朝廷最终如何处置？

1900 年 8 月中旬，北京失陷，慈禧太后和光绪皇帝仓皇出逃，被迫与列强议和，一方面向西方表示"量中华之物力，结与国之欢心"[1]，另一方面要求南方各省"沿海沿江各囗商务，照常如约保护"[2]。由此可见，对于参与和支持"东南互保"的督抚等官员，慈禧并未严惩，反而作出了事实上的承认。《辛丑条约》签订后，清政府更是论功行赏，刘坤一、张之洞、袁世凯、盛宣怀等都赏加太子太保衔，刘坤一死后还被追封了一等男爵，李鸿章病逝后则诏赠太傅、晋封一等侯爵。凡此种种都表明，慈禧与清政府对地方督抚势力采取的是妥协、安抚政策，并未进行事后报复，个中原因应该是大厦将倾，身处风雨飘摇之中的清政府不得已而为之吧。

上海市徐汇中学　朱幸福

---

[1] 故宫博物院明清档案部. 义和团档案史料（下册）[M]. 北京：中华书局，1959：945.
[2] 李文海. 义和团运动史事要录 [M]. 济南：齐鲁书社，1986：485.

36

清末新政缘何走向反面?

　　清末新政是 20 世纪初清政府在其统治的最后 10 年内进行的各项改革的总称。在晚清的 3 次自救运动中，无论是决心还是力度，清末新政都是最大的。然而，这场旨在维护清王朝摇摇欲坠的统治、避免革命爆发的自救运动，却因陷入不可逆转的"结构性困境"而成为辛亥革命的助推器。厘清、分析这一结构性困境，将有助于认识清末新政缘何走向其初衷的反面。

　　科举制被废除，瓦解了传统意识形态和皇权忠诚体系。

　　科举制是融合三纲五常道统与君权至上政统的关键纽带。读书人通过科举考试获取功名，进入权力中心，成为道统的担当者与代言人，皇权的忠诚体系由此形成。可以说，科举制度具有教育、选才、整合社会等多方面的功能，是维持皇权统治的重要基础。1905 年，科举制骤然被废除，瓦解了传统意识形态和皇权忠诚体系，许多曾接受儒家意识形态教化的社会成员被体制抛弃了。没有了科举及第的希望，一大批知识分子怀着复杂的心情涌入新式学堂，促进了近代新知识分子群体的形成。废除科举断裂了读书与做官的必然联系，士子尽失"登进之途"，原本居于社会中上层的士绅失去昔日特权，陷入谋生无术、生计无着的困境。这个受过传统儒家教育的社会群体，成为晚清革命中最活跃的一分子。

官制改革过度集权，驱使地方督抚走到政府的对立面。

在镇压太平天国运动及筹办洋务运动的过程中，地方督抚逐渐掌握了军权、财权等原属中央的权力，形成了"内轻外重"的格局。"各省之总督，坐镇一方；帝室及政府，虽云在北京处决万机，其实地方之长官在各地专擅威权，中央政府之命令不能普及，宛然一封建国。"[1] 1906 年，清末新政伊始，清政府对中央集权体制改革即从官制入手，而改革从一开始就充满了火药味，袁世凯与载沣发生激烈争吵，以致载沣拔枪要打袁世凯。之后在讨论地方官制改革方案时，作为地方督抚代表的袁世凯又与铁良发生激辩。同年，中央成立陆军部，在各省设督练公所，直属陆军部，收各省练兵之权。之后，又将袁世凯掌管的北洋军第一、三、五、六镇收归陆军部直接管辖。1908 年，清政府在各省设立清理财政局，"是对各省清理财政的直接干预"。此外，督抚的外交权和司法权等也不同程度地被削夺。由此，绝大多数地方官员，尤其是汉族官员意识到，自己并非朝廷的"自家人"，因而在关键时刻表现出倾向革命、与中央分庭抗礼的态势，甚至作出了相应的举动。

从预备立宪到皇族内阁的设立，终将立宪派推向革命。

废除科举后，清政府很快宣布预备立宪。从西方宪政理念看，

---

[1]［日］中村进午著，江庸译. 清国立宪之危机（瞿鸿禨朋僚书牍选）（上）［J］. 近代史资料（总 108 号），2004（4）：34.

宪政的核心是三权分立，相互制衡。然而，晚清立宪的动机是借立宪之名将"大权统于朝廷"。对于传统士绅而言，科举制的废除阻断了他们进入权力体系的途径，新政的立宪举措则为他们重返权力中心提供了可能。于是，士绅们联络各省进行全国性请愿，要求速开国会。如当时广东绅民的折稿说："从根本上求其解决，非先整顿内治不可，整顿内治非实行立宪不可，实行立宪非先设选议院不可。"[1] 速开国会的请愿活动前后进行了 4 次，历时数年之久，士绅对朝廷的不满和对立情绪与日俱增。在镇压了第 4 次请愿活动后，1911 年 5 月 8 日，清政府宣布筹组新内阁，共有 13 名成员，满族占了 9 人，其中皇族 7 人，被时人讥讽为"皇族内阁"。皇族内阁的设立对于士绅阶层，尤其是对立宪派来说可谓当头棒喝，"因为这个内阁的组成，使他们分享政府权力的希望最终破灭了。立宪派'由不满而失望，由失望而怨恨'，最终倒向革命"[2]。

收回路矿权的举措，成为引燃辛亥革命烽火的导火线。

1911 年 5 月 9 日，清政府正式发布"铁路国有"上谕，决定从商人手里收回已经在运作中的铁路建设权。但是中央政府从商办铁路公司手中赎买股票时，其赎买标准在各省并不统一，计算下来，两湖地区股民受损最小，广东股民受损也不算太大，而四川股民是受"盘剥"最多的。对川中路款，清政府更是只对 700

---

〔1〕广东全省绅民请开民选议院折稿 [N]. 时报，戊申年，1908 - 6 - 15.

〔2〕徐爽. 旧王朝与制度——清末立宪纪事 [M]. 北京：法律出版社，2010：167.

万两已支现银及开办等费进行全额赎买，对于亏空的 300 多万两则拒绝偿还。这与川中商民原来所预期的"川省人民办路用款，应照数拨还现银"相去甚远。为兴办家乡铁路，四川士绅出资大半数，因而权益受损也最严重，这对于想借立宪之机参政但是梦想破灭的士绅来说，又是一次重击。

在如此微妙而紧张的时局里，经济问题已经不可能停留在纯粹的经济层面，它将成为一个将各种反对力量聚合在一起的重大历史契机。而清政府对四川商民的抗议行动采取了强硬措施，致使危机不断升级。1911 年 8 月，同盟会发起并召开资州罗泉井会议，决定改同志会为同志军，议决 9 月中旬各地同时起事。至此，革命党人取得了保路运动的领导权。而四川总督赵尔丰拘捕咨议局议长蒲殿俊、副议长罗纶、川路公司股东会长颜楷、张澜等 9 人，并下令对商民开枪，则最终引发了同志军起义。为镇压起义，清政府从粤、鄂、湘、黔、滇、陕六省征调大批新军入川，这为湖北革命党人发动起义提供了机会和条件。

其实，到了 1911 年，中国同盟会组织了多次反清的武装起义，虽然给清政府以沉重打击，但是，却都以失败告终。而进行到此时的清末新政，却对此前推行的一系列进步举措按下了急停键。结果，一场挽救危亡的自救运动，意外地成了推动清王朝走向崩溃，加速革命进程的助推器。

上海市晋元高级中学　邹玉峰

第六篇

辛亥革命与中华民国的建立

37

漫谈民国初年的政局*

据历史学界的一般看法，中华民国成立后颁布了具有资产阶级属性的《中华民国临时约法》，它具有宪法性质，历来被视为辛亥革命的重要遗产，之后两次"护法运动"的开展，也可见其对孙中山、同盟会的重要意义。《中华民国临时约法》采取议会共和制，实权掌握在由议会多数党领袖所组成的内阁手里。孙中山淡出同盟会领导之后，宋教仁积极联合各党派组成了中国国民党，并在大选中获胜，1913 年准备进京执政。面对即将执政的国民党，"一心要建立独裁统治的袁世凯"（华东师大版教科书语）为维护自己的统治，在威逼利诱不成功的情况下，于 1913 年 3 月"派人暗杀了国民党领导人宋教仁"（同前）。为了反对袁世凯的暴行和独裁统治，孙中山发起"二次革命"兴兵讨袁，旋即失败。袁世凯强行解散国民党，从而为他最终复辟铺平了道路。

但这些年来，随着历史研究的不断深入和新史料的不断涌现，

---

*《中外历史纲要》"北洋军阀统治时期的政治、经济与文化"一课在表述民国初年政局时，对国民党、宋教仁等相关史事未有着墨，"二次革命"也只是以概念形式呈现于导言，并未梳理其过程。而在以往的中学历史教学中，上述史事是用来揭露北洋军阀黑暗统治、袁世凯图谋复辟的重要内容。就此情形本文略作分析。

人们对中国近代史上的关键问题，抑或某些看似"尘埃落定"的问题，有了一些新的认识。

其一，关于《中华民国临时约法》。众所周知，孙中山服膺美国政治，其早年的生活经历、思想言论、五权分立的政府架构设想等都反映出美国政治制度对他的影响。按理说，《中华民国临时约法》的模本是美国 1787 年《合众国宪法》。然而最终《中华民国临时约法》所采取的政府组织架构却是以法国为代表的议会共和制，实权掌握在总理手中。何以如此？正是因为中华民国的总统不是孙中山，执掌总统权力的是北洋军阀袁世凯。《宋教仁集》有载：

> 吾人则主张内阁制，以期造成议院政治者也。盖内阁不善而可以更迭之，总统不善则无术变易之，如必欲变易之，必致摇动国本，此吾人所以不取总统制，而取内阁制也。[1]

"不善"的总统是谁？当然指向取代孙中山的袁世凯。当时，域外世界、举国上下，甚至连部分同盟会员都认为，只有袁世凯能掌控当时中国复杂的政治局面。与其说是袁世凯篡夺了辛亥革命成果，不如说是国内外局势导致了权力的更迭，以至于袁世凯取代孙中山任民国总统。基于此，如果继续采用总统制，同盟会的地位将进一步下降，宋教仁正是想在权力更迭之前，打下一个

---

[1] 陈旭麓. 宋教仁集 [M]. 北京：中华书局，1981：460.

楔子，埋下一个伏笔，之后再试图通过政党选举和政党政治来实现对政权的再度掌控。当然，这种手段是合法的，是政治斗争中的一种策略，但它却为民国南北合作蒙上了一层阴影，而阴影最终变成一片乌云，并招来一场疾风暴雨。

其二，关于"刺宋案"。2018 年出版的学术专著《宋案重审》受到学界的广泛关注。该书第一章中明确指出："宋案发生已逾百年……宋案探究非但没有取得明显进展，反而离真相越来越远。"之后该书作者、北大历史学系教授尚小明以八章篇幅，运用所能勘查的各种史料，通过相互印证、合理推测，对"刺宋案"进行了全方位的复盘与分析。该书内容在此不作详述，仅说明作者的结论："刺宋案"是洪述祖出于政治欺骗和个人利益的原因，唆使应夔丞承指使武士英刺杀宋教仁的。这与历来所认为的袁世凯、赵秉均指使暗杀完全不同，与宋教仁、国民党的选举胜利毫无关系。[1]

其三，关于"二次革命"。近年来，随着研究者对袁世凯主导"刺宋案"的结论提出各种质疑，相应地对于"二次革命"的解释和认识也发生了很大变化。除却主流观点，另有几家观点颇为引人瞩目。有学者认为，国民党应该通过法律途径解决宋案，而不应诉诸武力。美籍华裔史家唐德刚在其《袁氏当国》一书中写道：

　　在民国史上政争不循法律途径，而用枪杆，这是第一次。

---

[1] 整理自尚小明. 宋案重审［M］. 北京：社会科学文献出版社，2018：502.

袁（至少是袁党）之杀宋，是一错；而国民党之以暴易暴，兴兵倒袁，则是再错。历史不是数学，两负不能变成一正。一错、再错之后，此例一开，接着三错、四错随之而来，就变成武力至上，军阀混战，枪杆出政权了。[1]

还有学者认为，国民党发动"二次革命"的理由不充分、准备不足、师出无名，且罔顾当时人民对和平的希冀，也小看了袁世凯的实力，失败不足为奇。但是对"二次革命"，《宋案重审》的作者尚小明认为：

> 我们不应当因袁、赵不曾主谋刺宋，便否认"二次革命"的必要性和必然性，并贬低其意义。与其苛责国民党不走所谓的"合法"道路，不如探求是什么样的因素导致国民党再次走上"革命"道路。[2]

民国初年的政局，包括之前的辛亥革命，可谓波诡云谲；后世对相关问题的研究也呈现一种欲说还休的状态。随着新史料、新视角的出现，历史现象、历史事件和历史人物会让我们"刮目相看"，甚至需要重新认识。

上海市南洋模范中学　俞颖杰

---

〔1〕唐德刚. 袁氏当国［M］. 桂林：广西师范大学出版社，2015：916.

〔2〕尚小明. 宋案重审［M］. 北京：社会科学文献出版社，2018：468.

38

筚路蓝缕的民族资本主义

中华民国成立后，民族企业的数量剧增，民族资本主义的发展迎来了高光时刻，究其原因，可谓天时、地利、人和各种因素合力之结果。

其一，民国初创下的实业救国思潮。

《中华民国临时约法》规定，国家主权属于全体国民，人民一律平等，享有人身、言论及保有财产和营业等权利和自由。以孙中山为首的南京临时政府明确表达了要大力发展民族资本主义的意愿，很快在全国范围内掀起了一场实业救国思潮，资产阶级逐渐成为中国经济与社会生活中的一支重要力量。1912 年成立的工业建设会在《旨趣书》中宣称：

> 今兹共和政府成立，喁喁望治之民，可共此运会，建设我新社会，以竞胜争存，而所谓产业革命者，今也其时矣。[1]

---

[1] 张静如等. 北洋军阀统治时期中国社会之变迁 [M]. 北京：中国人民大学出版社，1995：16.

中华民国赋予资产阶级当家作主的意识，其强烈的发展愿望以及对前途的乐观态度被点燃，从通过演讲、撰文、办报等宣传实业救国思想到组织各种实业团体，再到最终付诸实践创办企业，真可谓一路高歌猛进。

其二，政府护航下的鼓励实业良策。

南京临时政府虽然只存在了短短三个月，但作为宪法的《中华民国临时约法》对财产权和营业权的保护，以及《临时政府公报》中上自临时大总统和中央的内务、实业、财政、交通各部，下至各地方政府对振兴民族经济的一些具体作为都为发展资本主义开辟了道路。北洋政府上台后，袁世凯吸纳了资产阶级进入政府，如清末民初实业家张謇常年担任政府农商部总长。据统计，1912 至 1916 年间，北洋政府颁布的有关经济发展的条例、章程、细则、法规等多达 86 项。北洋政府还积极推进发展工业的政策，诸如解除对民间兴办工业企业的限制；对工矿业者采取保护和奖励政策；对新办企业实行保息和补助政策；对民族工业产品及所用原料实行减免捐税政策；劝导创办实业，鼓励利用外资等。这些政策改善了投资环境，成为民族资本主义迅速发展的重要原因之一。

其三，世界大战下的天赐喘息良机。

近代以降，西方国家在以武力叩开中国大门之后实行咄咄逼人的经济侵略，他们不仅把本国产品倾销到中国市场，而且利用中国的廉价劳动力、廉价原材料在中国大办企业，就地取材，就地消化。显然，西方世界是要把中国变成供其资本主义发展的原料产地和销售市场。而第一次世界大战的爆发，对于深受压迫的中国民族工业而言，是一次喘息和发展的良机。况且，英、法、德、意等欧洲列强不仅因全力以赴于战争，无暇东顾，而暂时放松了对中国的原料掠夺和商品倾销，还因军需订货从中国大量进口纺织品、面粉等商品。大战结束后，因战争之需为建设之需所替代，欧洲列强对中国商品的需求又持续了数年。如此特殊的国际环境，无疑大大推动了民族企业的兴旺繁荣。

其四，民族意识下的抵制日货热潮。

第一次世界大战使列强在中国的势力格局发生了改变，英法衰弱，德国退出，俄国忙于国内革命，日本则趁火打劫，加紧了对中国的侵略，日货倾销和日资输出迅速增加。1915 年，日本提出企图灭亡中国的"二十一条"，中国人民同仇敌忾，掀起了一场不忘国耻、救亡图存、抵制日货、提倡国货的大规模运动。1918 年，因段祺瑞与日本签订《中日陆军共同防敌军事协定》和《中日海军共同防敌军事协定》，日本的侵略企图再次引起了大规模的抵制日货运动。1919 年，作为战胜国，中国在巴黎和会上的遭遇，引发了波澜壮阔的五四运动，上海商人罢市，拒绝买卖日货，全国各地纷纷响应。这些运动都不同程度地对民族工业的发展和国货的销售起到了积极的促进作用。

其五，时代感召下的爱国企业家群体。

民族企业在近代中国的发展，离不开具体的内外环境，更离不开企业家自身的坚持与追求。中国企业家因受传统和环境的影响，形成了双重特征：一方面是经济人，追求利润最大化；另一方面是爱国者，日夜思考实业救国，以振兴民族为己任。[1] 如上海的民族企业家穆藕初，引进西学、兴办实业、创建学校、资助教育、呵护国粹、积极扶持社会公益事业，为经济发展、社会进步和民族兴旺做出了卓越的贡献。再如张謇的"南通模式"、快速扩张的"荣宗敬速度"、"永久黄"的团队精神、"点金石"的刘鸿生等，虽然他们成长的经历因人而异，创业的方式也不尽相同，但其"实业救国"的理念是相通的，让中国迅速富强并走上工业化之路的责任感和使命感也是相同的。正如法国历史学家白吉尔在《中国资产阶级的黄金时代》一书中提到的，20世纪中国的企业家把自己的成功看作是拯救国家命运的希望之举。

筚路蓝缕的民族资本主义，实业救国的爱国企业家群——这就是民国初年的生动写照，有力推动了社会发展和时代进步。古老中国的现代化之路在他们的脚下伸展，从创办企业到资助教育再到投身宪政，从开设学校到创建图书馆再到兴建公园，从建造桥梁到修筑公路再到延伸铁路，从选地建厂到开发农村再到建设市镇，无不展现出一幅幅在现代化道路上求索的生动画卷。

上海市新中高级中学　谭爱华

---

[1] 杜恂诚. 中国近代经济史概论 [M]. 上海：上海财经大学出版社，2011：338.

第七篇

中国共产党成立与新民主主义革命兴起

39

1921：历史与人民的选择[*]

中国共产党的诞生，不是偶然现象，也不是人为促成，而是有着特定的历史背景和社会基础的。近代以降，为挽救民族危亡，中国社会各阶层的政治力量纷纷登上历史舞台。农民起义、地主阶级改良、资产阶级革命等，各种救国方案轮番尝试，但都没有找到真正能使民族独立、人民解放、国家富强的济世良方。完成反帝反封建的任务，历史性地落到了无产阶级及其代表，即具有共产主义思想的知识分子身上。中国共产党正是在这样一个历史背景与社会条件下诞生的。可以说，中国共产党的诞生是历史与人民的选择。

首先，马克思主义在中国广泛传播，为中国共产党的创建奠定了思想基础。

1898 年，马克思的名字第一次出现在广学会（1887 年由英美传教士创立于上海，前身为 1884 年设立的同文书会）主办的《万

---

*《普通高中历史课程标准》要求，历史教学要坚持正确的思想导向和价值判断，要引领学生通过历史学习，融入对历史的叙述和评判；要增强学生的历史使命感，不断提高他们"对伟大祖国的认同，对中华民族的认同，对中华文化的认同，对中国共产党的认同，对中国特色社会主义道路的认同"。本篇要义就是呼应新课标，讲清中国共产党的诞生是历史与人民的选择，以切实落实立德树人的根本任务。

国公报》上。至十月革命前，马克思主义及其观点在中国报刊上出现的频次虽逐渐增多，但介绍相对零散，影响相对较小。十月革命后马克思主义才真正引起国人的关注，一批初步具有共产主义思想的知识分子，陆续开展了全面广泛的研究与传播，此即毛泽东所说："十月革命一声炮响，给我们送来了马克思列宁主义。十月革命帮助了全世界的也帮助了中国的先进分子，用无产阶级的宇宙观作为观察国家命运的工具，重新考虑自己的问题。"[1] 1919 年 5 月，《新青年》出版"马克思主义研究专号"，刊登了李大钊的《我的马克思主义观》，第一次比较系统地向国人介绍了唯物史观、政治经济学、科学社会主义等马克思主义观点。五四运动后，这种传播逐渐成为新文化运动的主流。

当时除《新青年》外，《每周评论》《湘江评论》《劳动界》《共产党》等刊物也先后发表文章，宣传马克思主义和社会主义革命理论。研究马克思主义的团体也纷纷成立，如北京马克思主义研究会、天津觉悟社、长沙文化书社、武汉利群书社、南昌改造社等。一批马克思、恩格斯、列宁等人的著作先后翻译出版。1920 年 8 月，陈望道的《共产党宣言》中文全译本在上海公开出版，一经问世，立刻在当时的思想界引起巨大的反响。至 1926 年 5 月，陈氏《共产党宣言》中译本已重印 17 版之多。在此前后，《社会主义从空想到科学的发展》《国家与革命》《社会主义史》《阶级斗争》《雇佣劳动与资本》

---

[1] 毛泽东. 毛泽东选集（第四卷）[M]. 北京：人民出版社，1991：1471.

《民族自决》《过渡时代的经济》等著作的中文译本也相继问世。

其次，中国工人阶级登上政治舞台，为党的创建奠定了阶级基础。

中国工人阶级是伴随着外资企业、官办资本和民族工业的发展成长起来的。至五四运动前后，产业工人数已达 200 万左右，主要集中在沿江沿海的大城市，成为当时一支不容忽视的社会力量。由于中国工人阶级深受外国资本、本国封建势力和资本家的三重压迫与剥削，因而有着较强的革命精神和斗争性。其斗争的方式由经济斗争逐步发展到政治运动[1]，如 1916 年 10 月天津老西开工人罢工、1919 年 6 月上海反帝爱国同盟大罢工等。经过五四运动的洗礼，中国工人阶级以独立的姿态登上政治舞台，充分彰显其伟大的阶级力量。在斗争中，工人阶级迫切期待出现能够维护自身利益、解放劳苦大众的代表或政党。半殖民地半封建的中国，此刻已经具备了创建无产阶级政党的阶级条件。

再次，共产党早期组织的形成，为党的创建奠定了干部与组织基础。

中国共产党是马克思主义与中国工人运动相结合的产物，这一结合不是自然形成的，而是通过具有共产主义思想的革命知识分子的努力来实现的。五四运动后，一批忧国忧民的知识分子迅速成长为信仰马克思主义的革命宣传者。其中不仅有李大钊、陈独秀这样

---

〔1〕整理自杨先农. 马克思主义中国化研究纲要 [M]. 成都：四川人民出版社，2008：10.

的领袖人物，也有毛泽东、李达、蔡和森、邓中夏、张太雷、周恩来等杰出代表。他们热情传播马克思主义、列宁主义，并深入到工农群众中，从事具体的联络和发动工作，逐步促成了马克思主义与工人运动的结合。由此，思想的力量转变为现实的力量。

1920 年的"五一"国际劳动节，北京、上海、广州、长沙、唐山、哈尔滨等地的工人高呼"劳工万岁""共产主义万岁"等口号，举行了纪念活动，参加人数达五六万。这次活动显示了中国工人阶级的新觉醒，是党诞生前马克思主义与工人运动相结合的一次大规模的实践。这种结合还有另一个内容，1920 年下半年起，在上海、北京、武汉、长沙、济南、广州等地，先后建成了中国共产党的早期地方组织。这些组织在党诞生前没有统一的名称，一般称为"共产党支部""共产主义小组"等。一批建党骨干的涌现及组织的建立，都为共产党的诞生作了干部上、组织上的准备。

概言之，至 20 世纪 20 年代初，于华夏大地正式建立统一的无产阶级先进政党的条件已经成熟。1921 年 7 月 23 日，中国共产党第一次全国代表大会在上海召开，宣告了中国共产党的诞生。

上海市长征中学　张绍俊

40

三点一线：党的创建史

上海是中国共产党的诞生地，是中国红色文化的源头。整整一个世纪以来，红色文化一直是上海的城市底色，也是鲜明的城市标识。上海的红色文化体现了中国共产党领导的新民主主义革命的特征，也具有新中国成立后，尤其是改革开放以来的时代气质。

今天，上海红色文化纪念地已有约 1 000 处。比如，中国共产党创建前后、大革命时期以及土地革命时期在上海留下的历史旧址、遗存就极为丰富，且主要集中在上海中心城区，仅黄浦、静安、徐汇、虹口、杨浦 5 个区加起来就有 500 余处。这里尝试以南昌路 100 弄 2 号、太仓路 127 号、兴业路 76 号三处旧址为组合，连点成线，从酝酿到诞生完整地梳理"党的创建史"。

南昌路 100 弄 2 号：大会"筹备处"

从繁华热闹的淮海中路往南 100 米左右就是南昌路。与淮海路的车水马龙、霓虹闪耀相比，这里显得恬然、静谧，马路的格局仍是从前的样子。南昌路 100 弄（即老渔阳里）位于思南路和雁荡路之间，走进弄堂，右边第一排房子是 1 号，再往里走就是 2

号。这是一栋让人肃然起敬的老房子。一百多年前的一个冬天，一位身着长衫的中年人带着行李走进环龙路上的老渔阳里，他就是被毛泽东称为"五四运动时期总司令"的陈独秀。那是 1920 年的 2 月，为躲避北洋军阀的追捕，陈独秀悄然离开北京，并与李大钊相约：你在北京我在上海，我们分别做建党的准备。这就是"南陈北李，相约建党"的故事。缘此，上海一系列建党的准备工作，有许多是在这里完成的。

当年的老渔阳里其实并不老，整条弄堂建成只有 7 年，只是为了和 1917 年建成的新渔阳里区分开来才这样称呼的。这里的 2 号原是安徽都督柏文蔚的寓所，陈独秀抵沪后不久就在此住下，随即一系列建党准备工作便拉开帷幕：《新青年》在此继续编辑出版；1920 年春，共产国际代表维金斯基经李大钊介绍来到上海会见陈独秀，在此商讨建党事宜；后毛泽东来到上海，在此拜访陈独秀，讨论马克思主义和湖南改造等问题；6 月，陈独秀与李汉俊、俞秀松、施存统、陈公培在此开会，成立上海共产党早期组织，这是中共第一个早期组织。与此同时，《新青年》改为上海共产党早期组织的机关刊物。年底，陈独秀前往广州，陈望道接任主编。1921 年 6 月，共产国际代表马林和共产国际远东书记处代表尼克尔斯基先后到沪，并与李达、李汉俊建立了联系。经过几次交谈，他们一致认为应尽快召开全国代表大会，正式成立中国共产党。随即上海共产党早期组织以老渔阳里 2 号为联络处，由李达、李汉俊负责具体筹备，致函各地共产党早期组织，通知他们来上海开会。可见，"在上海成立的共产党早期组织，实际上是中国共产党的发起组织，是各地共产主义者进行建党活动的联络中心"[1]，这个中心就是老渔阳里 2 号。

太仓路 127 号："代表"住宿地

1921 年 7 月中旬，代表们陆续从湖北、湖南、山东、广州、北京等地来到上海，包括毛泽东与何叔衡（湖南代表）、董必武与陈潭秋（湖北代表）、王尽美与邓恩铭（山东代表）、刘仁静（北京代表）、包惠僧（受陈独秀委派并代表广州参加会议）、周佛海（旅日代表）9 人，他们以"北京大学暑期旅行团"的名义，住进了太仓路（原白尔路）127 号，即原博文女校校址。这是一幢沿马路三上三下砖木结构独幢的石库门房子。博文女校由校长黄绍兰创办于 1916 年，后来曾得到黄兴夫人徐宗汉、章太炎夫人汤国梨等社会人士的大力支持。

一大代表从各地陆续到达上海后，大都忙于整理和准备各地共产党早期组织的资料，准备在会议上宣读与汇报。由于正值盛夏，代表们一个个摇着蒲扇、满头大汗地在此忙碌着，直至深夜才休息。大会期间，住在博文女校的代表们经常讨论并长谈，畅想创立中国共产党以后的伟业和理想，以及如何在一大会议结束后回去贯彻落实决议并宣传大会意义。在那黑云压城的艰难岁月

---

〔1〕中共中央党史研究室. 中国共产党的九十年（新民主主义革命时期）［M］. 北京：中共党史出版社、党建读物出版社，2016：27.

里，9 位代表聚集在这幢普通的石库门建筑里商讨建党大计，犹如黑暗中的一盏明灯，点亮了民族希望之光。

兴业路 76 号：一大会址

1921 年 7 月 23 日，中共一大在兴业路 76 号（原望志路 106 号）胜利召开。13 位（除了上述 9 位，还增加了广州代表陈公博、上海代表李达和李汉俊、北京代表张国焘）来自全国各地、操着不同方言的年轻人及 2 位共产国际代表，汇聚于此，点亮中国，谱写辉煌。这是一幢典型的上海石库门建筑，两幢两层砖木结构的房子，坐北朝南，沿街并立。青红砖交错的外墙，镶嵌着白色粉线。黑漆大门上配着铜环，门框围以米黄色石条，门楣上有矾红色雕花。这里是李书城、李汉俊兄弟的住宅，李书城是同盟会发起人之一，李汉俊则是上海共产党早期组织发起人之一。望志路 106 号的楼上是李汉俊的卧室，楼下便是面积约 18 平方米的客厅，具有开天辟地历史意义的中共一大正是在这间客厅里举行的。与老渔阳里 2 号和博文女校相比，这里的故事更为人所熟知。

如今，这座古朴而庄重的石库门建筑迎来了越来越多的瞻仰者。走进展厅，除了精心展陈的建党历史，耳边的声音更是令人心潮澎湃——那些宣誓声、讲解声和参观者自发的鼓掌声，表达着对中国共产党初心的认可和崇敬！

上海市大同中学　顾博凯

41

"形式上基本统一"辨 *

1928 年 6 月，张作霖被日本关东军炸死，其子张学良接任东三省保安司令，派代表与南京国民政府商谈东北易帜，实现中国统一。同年 12 月 29 日，张学良、张作相、万福麟等发表通电，实行易帜，服从国民政府。国民政府在形式上统一了全国。何谓"形式上"？笔者辨析如下。

其一，军阀割据。1928 年 12 月，张学良东北易帜，表示服从南京国民政府，奉军改称国民革命军东北边防军，建制编入国民政府军队序列。由此北伐正式结束，北洋政府退出历史舞台，全国只有一个中央政府——南京国民政府；悬挂同一面旗帜——青天白日满地红旗；一个执政党——国民党；同一个信仰——三民主义。表面来看，国家至此实现了统一。然而，旧军阀虽灭，新军阀又生。国民党内部很快因争权夺利而分为不同派系：以蒋介石为首的中央系；以张学良为首的新奉系；以李宗仁、白崇禧为首

---

* 《中外历史纲要》"南京国民政府的统治和中国共产党开辟革命新道路"一课在述及"南京国民政府的统治"时指出，东北易帜后"国民政府在形式上基本统一了全国"。

的新桂系；以阎锡山为首的晋系；以冯玉祥为首的西北系等。这些军阀手里有钱有兵，且盘踞一方，南京国民政府的政令能否到达地方可想而知。

举个事例来说。中国古代常以"书同文，车同轨"来反映国家的统一，然而南京国民政府时期铁路并未建立起全国统一的标准，当时全国普遍采用的是宽轨铁路（1.435 米），而山西铁路轨道却是窄轨（1 米）。何以如此？原来山西是晋系军阀阎锡山的地盘，1930年，中原大战失败后其退守山西，决心大力发展经济以巩固老巢。阎锡山首先从铺设省内铁路着手，向中央政府伸手要钱修建贯穿山西中部的南北铁路干线——同蒲铁路。但又担心同蒲铁路一旦与外省铁路相连通，会引中央军进晋，于是心生一计，在同蒲铁路的设计方案中，将铁轨宽度定为窄轨，与当时其他各省所采用的宽轨不一致。其意图在于如若发生战争，利则可运兵出击，不利则可拉回机车，不至为对方利用，正可谓"进可攻，退可守"。这一方案不出意料被国民政府铁道部驳回了，但最终阎锡山还是自筹资金修成了窄轨的同蒲铁路。结果，山西铁路在全国铁路网里俨然是一个独立王国：当外省市火车进入山西时，只有换上窄轨火车才能继续前行；同样，山西火车出晋时，必须换上宽轨火车才行。[1]

其二，国共对峙。1927 年，国民党右派先后发动"四一二"政变和"七一五"政变，大肆搜捕、血腥屠杀共产党人和革命群

---

[1]［美］季林著，牛长岁译. 阎锡山研究：一个美国人笔下的阎锡山［M］. 哈尔滨：黑龙江教育出版社，1990：7.

众，企图消灭共产党。但令其始料不及的是，共产党不仅没有被消灭，反而找到了一条适合中国国情的革命道路。1927 年 10 月，毛泽东率领秋收起义的部队达到井冈山，创建井冈山革命根据地，从此点燃了"工农武装割据"的星星之火。此后，革命之火越烧越旺、越烧越广。至 1930 年夏，全国已建立起大大小小几十块农村革命根据地，分布在 10 多个省份，共产党领导的革命武装多达 10 万余人。面对势力不断发展壮大的共产党，蒋介石领导的南京国民政府从 1930 至 1933 年先后对农村革命根据地发动了多次"围剿"。在反"围剿"斗争中，由于共产党人采取正确的战略战术，不仅打退了敌人的猖狂进攻，而且将闽西革命根据地和赣南革命根据地连成一片，形成了以江西瑞金为核心的中央革命根据地。为了便于统一领导革命斗争，1931 年 11 月，中华苏维埃第一次全国代表大会在江西瑞金召开，中华苏维埃共和国宣告成立。中华苏维埃共和国鼎盛时期控制着 40 余万平方公里国土、3 000 万人口，有宪法、军队，发行中华苏维埃纸币，各级行政机构完备，成为与国民党白色统治相抗衡的独立的红色政权。

其三，列强霸凌。国民政府在广州成立之初，便宣布对外要废除不平等条约，消除帝国主义在华势力。于是 1928 年南京国民政府在宣布北伐战争结束时便发起改订新约运动，试图收回列强在华特权。然而，列强能答应吗？

以领事裁判权为例。1843 年，中英签订的《中英五口通商章程：海关税则》规定："倘遇有（英人华民）交涉词讼……英人如何科罪，由英国议定章程、法律发给管事官照办。"[1] 据此，英国获得了领事裁判权，其他列强利用所谓"最惠国待遇"而援用之，外国侨民可以在其保护下胡作非为，领事裁判权严重损害了中国的司法主权。1928年7月，国民政府外交部部长王正廷对外发表宣言，宣布废除一切不平等条约，重订新约。当时在中国享有领事裁判权的国家有英、法、美、日、荷、意、比、葡、西、丹、挪、巴西等15国，其中意、葡、丹、西、比、日6国的权限于1928年已到期。6国中的日本明确反对废除旧约，其他5国虽表示愿意重订新约，却通过各种方式拒绝交出领事裁判权，如《中比通商条约》规定如果有半数以上国家承认放弃领事裁判权，比国才同意放弃。对于条约未到期的国家，国民政府于1929年向英、法、美等6国发出照会，要求废除领事裁判权，但均遭拒绝。直至世界反法西斯战争后期，基于中国人民为反法西斯战争做出的巨大贡献，"为了增强中国对日作战效能"，英、美等国才相继与国民政府签订新约，放弃领事裁判权。然而，1943年5月，中美签订《关于处理在华美军人员刑事案件换文》，规定"凡美国海陆军人员，如或在中国触犯刑事罪款，应由该军军事法庭及军事当局单独裁判"[2]，实际上承认了美国军事人员在华仍然享有领事裁判权。

---

[1] 王铁崖. 中外旧约章汇编（第一册）[M]. 北京：生活·读书·新知三联书店，1962：42.

[2] 王铁崖. 中外旧约章汇编（第一册）[M]. 北京：生活·读书·新知三联书店，1962：1273.

　　由此可见，在南京国民政府统治的 23 年里，军阀割据，国共对峙，列强霸凌，确实没有真正实现过国家统一，"形式上统一"说是有其依据的。

　　　　　　　　　　　　　　　复旦大学附属中学　刘先维

42

"黄金十年"真面目

　　"黄金十年"一词出自第二次世界大战盟军中国战区参谋长魏德迈将军1951年9月在美国国会的演讲，他说，1927年至1937年之间，是许多在华很久的英美和各国侨民所公认的黄金十年。在这十年之中，交通进步了，经济稳定了，学校林立，教育推广，而其他方面，也多有进步的建制。

　　关于"黄金十年"的提法是存有争议的，其争议无非在于这十年的国势是否真如魏德迈所说的"贵"如黄金。在此，尝试从三个视角揭开"黄金十年"的"庐山真面目"。

　　一看政治：南京国民政府完成了形式上的统一，但中国依然呈现分裂割据的局面。

　　袁世凯去世后，中国陷入军阀割据的局面，北洋政府政令不出北京，地方军阀征战不休，以致民不聊生。1924—1927年的第一次国共合作虽然推动了国民革命的开展，然其主要目标是推翻军阀统治。1925年成立于广州的国民政府，以国民革命军为主力，于1926年至1928年间发动了反对北洋军阀的革命战争。仅一年时间，基本消灭了军阀吴佩孚、孙传芳的军队，其后虽因汪精卫和蒋介石之间的矛盾致使北伐一度中断，但"二次北伐"（亦称"二期北伐"）的国民革命军最终于 1928 年 6 月初进入北京，奉系军阀张作霖撤军关外东北，北京安国军政府至此宣告结束，长达 16 年的北洋政府统治落下帷幕，这就是人们常说的"京津易帜"。可是 6 月 3 日离京的张作霖专列于 4 日清晨在沈阳皇姑屯车站被炸，张作霖不治身亡，此为"皇姑屯事件"。同年 12 月 29 日，接仟东三省保安总司令的张学良在多方因素合力推动下，通电全国宣布"东北易帜"，至此北伐完成。南京国民政府在形式上完成了中国的统一。

　　然而，国民政府可以掌控的地区主要限于江苏、浙江和安徽的一部分，对于两广、新疆、西藏、绥远和东北等地往往通过政治笼络，即依靠当地的实力派行使管理权。而这些实力派与中央政府若即若离，保持着较强的独立性。北伐战争以后，表面上各地军阀纷纷宣誓效忠，但这只是假象。战后，通过收编整合原来北伐军各部为五大军事集团，分别由蒋介石、冯玉祥、阎锡山、李宗仁和张学良统领，各自盘踞一方，形成了新军阀。他们为了各自利益而频频挑起战争，其激烈程度远超北洋军阀各派系之间的战争，并最终于 1930 年 5 月至 10 月间爆发了中国近代史上规模最大的军阀混战——中原大战。新军阀或参与战争，或利用手中的军队平衡掣肘，从中渔利。比如东北的张学良，于中原大战的最后关头出兵入关，在助力蒋介石赢得战争的同时，亦巩固了其在东北和华北的控制权。蒋介石虽在中原大战中打败了对手，但在政治上陷入被动，不得已接受反对派的主张，召开国民会议、颁布新约法。"国民政府"形成了蒋介石主军、汪精卫主政、蒋汪分治共管的"均权制"局面。

二看经济：南京国民政府实施了一系列经济改革，但总体经济环境持续恶化。

诚如魏德迈所言，这十年南京国民政府确实在经济上办了一些实事，在继续发展轻工业的同时着力发展重工业，制定了《重工业五年建设计划》，并颁布《工业奖励法》扶持私人企业发展，奖励发明创新。通过一系列举措，1928—1936 年，中国工业年增长率达到 8.4%，工业生产指数持续上升。此外，国民政府还在江浙大财团的支持下逐步整顿旧有金融市场，于 1928 年建立中央银行，与中国银行和交通银行共同行使央行职能。1933 年，国民政府颁布《废两改元令》，实行货币单一化，结束了民国成立以来银两和银元混用的局面，从此银两退出流通领域。1935 年，国民政府又以四大行（中央银行、中国银行、交通银行和中国农民银行）为基础正式发行法币，从银本位制过渡到外汇本位制。法币发行之初，其价值和购买力得到了百姓的信任。

但是，南京国民政府的经济发展和金融改革始终伴随着上层权贵的积极参与，官僚资本慢慢侵蚀着这个本就不健全的经济体制，并在权力的庇护下恶性膨胀，这就为国民政府经济的最终崩溃埋下了隐患。同时，受战争刺激和政府财政投入的影响，中国经济虽出现短暂的繁荣，但广大的农村地区依然贫困，农业危机日趋深重。

三看外交：南京国民政府取得了一定的外交成果，但依然受制于列强。

近代以降，废除不平等条约成了仁人志士矢志不渝的追求。1927年5月10日，南京国民政府外交部部长伍朝枢宣布：国民政府将以废除不平等条约为己任。但随着时间的推移，在内外压力下，国民党上层也意识到，要立即废除所有的不平等条约既不可能也不现实，国民政府依然需要列强的支持。1928年6月15日，在国内统一的新形势下，国民政府以修订不平等条约为外交纲领，发起了"改订新约"运动。"修约"主要集中在收回关税自主权以及废除领事裁判权上。在关税自主权方面，美国率先表示愿与中国协商。1928年7月25日，国民政府财政部部长宋子文与美国驻华公使马慕瑞签订了《整理中美两国关税关系之条约》，美国承认中国的关税自主原则。对此南京《中央日报》评价："中美关税关系条约，是中美两国有约以来的第一个平等条约，是中国修约运动的最初成功。"与美国"修约"后，其余各国，包括协定关税的始作俑者英国、起初强烈反对"修约"的日本等都相继同中国签订新约，中国关税得以完全自主，国民政府的关税收入也从1928年的1.3亿元增至1930年的3.8亿元。在收回领事裁判权方面，经过艰苦的谈判和外交努力，南京国民政府一度就收回领事裁判权与各国达成一致，但1931年"九一八"事变爆发，战争的乌云笼罩中华大地，谈判被迫终止，之后其他权益的谈判也随即终止。

由此领事裁判权仍未收回，租界依旧由列强控制，外国仍然在华驻军。

最后说个上海的故事吧。

1929 年，南京国民政府打算在上海的东北部打造一个新市区，以打破租界垄断市中心的局面，于是就有了轰轰烈烈的"大上海计划"：现代化的规划，现代化的建筑，上海似乎迎来了一个黄金发展时期。然而，日本帝国主义的入侵使"大上海计划"成为泡影。所谓的"黄金十年"也画上了一个休止符。

上海市南洋模范中学　俞颖杰

第八篇

中华民族的抗日战争和人民解放战争

43

抗日民族统一战线这面旗帜

1931 年"九一八"事变后，中华民族面临着亡国灭种的危机。中国共产党人以民族命运、国家前途为己任，在复杂严峻、艰苦卓绝的斗争环境中，积极呼吁、促成抗日民族统一战线的建立。在此，以 1931—1937 年间中国共产党的抗战政策为切入点，呈现抗日民族统一战线建立的曲折历程。

"九一八"事变导致东北形势急剧恶化。同年 9 月 20 日，中国共产党在《为日本帝国主义强暴占领东三省事件宣言》中发出"反对日本帝国主义强占东三省！……打倒一切帝国主义！驱逐帝国主义驻华的一切海陆空军滚出中国！"[1] 的呼声。11 月底，中华苏维埃共和国临时中央政府发表对外宣言，号召全国人民动员起来，武装起来，反抗日本侵略和国民党的反动统治。在中华民族 14 年抗战的起点，中国共产党率先高举起武装抗日的大旗。而相比之下，以蒋介石为首的南京国民政府的抗战态度、政策又是如何？蒋介石提出"攘外必先安内"的方针，对日本的侵略行径

---

[1] 中共中央文献研究室、中央档案馆. 建党以来重要文献选编（一九二一—一九四九）（第八册）[M]. 北京：中央文献出版社，2011：549.

采取"不抵抗政策",却对中共领导的工农红军发动了 5 次"围剿"。此间,日本又制造了"一·二八"事变,发动了对热河及长城的军事进攻,南京国民政府一边局部抵抗,一边寻求妥协以避免全面冲突。1935 年,日本推进"渐进蚕食",策动"华北自治运动",这一时期日本侵犯华北地区的一系列事件统称为"华北事变"。面临如此紧迫的态势,南京国民政府却步步退让,签订丧权辱国的《何梅协定》《秦土协定》,容忍成立"冀东防共自治政府""冀察政务委员会"等汉奸傀儡地方政府,华北危在旦夕!

面对日本帝国主义的步步紧逼,1935 年 8 月 1 日,中国共产党驻共产国际代表团以中华苏维埃临时中央政府和中共中央委员会的名义发表了《为抗日救国告全体同胞书》,即"八一宣言",号召"大家都应当停止内战,以便集中一切国力(人力、物力、财力、武力等)去为抗日救国的神圣事业而奋斗"[1],并指出"蒋介石只要真正停止反对红军的战争并调转枪口去反对日本帝国主义,也不排除与之建立统一战线的可能性"[2]。10 月,当中共中央和红一方面军到达陕北结束长征后,中共驻共产国际代表团向中共中央传达了"八一宣言"的精神,由此推动了中国共产党建立抗日民族统一战线的进程。在华北局势持续恶化的情况下,中国共产党领导的"一二·九"运动,极大地促进了中华民族的

〔1〕中共中央文献研究室、中央档案馆. 建党以来重要文献选编(一九二一——一九四九)(第十二册)[M]. 北京:中央文献出版社,2011:265.
〔2〕中共中央党史研究室. 中国共产党历史·第一卷(1921—1949 年)(下册)[M]. 北京:中共党史出版社,2011:412.

新觉醒，标志着中国人民抗日救亡运动新高潮的到来，"把各种要求抗日的力量汇合起来，组成抗日民族统一战线，共御外敌，这一使命历史地落在中国共产党身上"[1]。

　　1935 年 12 月，中共中央政治局扩大会议，即瓦窑堡会议召开，通过了《中共中央关于目前政治形势与党的任务的决议》，总结了两次国内革命战争的历史经验，决定建立广泛的抗日民族统一战线。毛泽东在《论反对日本帝国主义的策略》的报告中阐述了建立抗日民族统一战线的可能性。"瓦窑堡会议是从第五次反'围剿'失败到全民族抗战兴起过程中召开的一次重要会议。……制定出抗日民族统一战线的新策略，使党在新的历史时期将要到来时掌握了政治上的主动权。"[2] 瓦窑堡会议后，中共依据时局适时调整统一战线策略，将"抗日反蒋"的方针改为"逼蒋抗日"。1936 年 12 月，国民党张学良部（东北军）以及杨虎城的第十七路军（西北军）在中共抗日民族统一战线主张的感召下，决定停止敌对行动，发动了西安事变。面对错综复杂的形势，中国共产党以民族大局为重，确定以和平方式解决西安事变的方针。面对蒋介石的怀疑，中共谈判代表周恩来承诺，"红军必受蒋先生之指挥，而且拥护中央之统一，决不破坏"[3]，再次彰显共产党

〔1〕中共中央党史研究室. 中国共产党的九十年（新民主主义革命时期）［M］. 北京：中共党史出版社、党建读物出版社，2016：171.

〔2〕中共中央党史研究室. 中国共产党的九十年（新民主主义革命时期）［M］. 北京：中共党史出版社、党建读物出版社，2016：172—173.

〔3〕李义彬等.《蒋介石日记》与西安事变的几个问题［J］. 百年潮，2009（1）：43.

人推动国共合作以避免内战的诚意。受此影响，国民党五届三中全会通过了实际接受中共主张的决议案，国民党由内战转向联共。西安事变的和平解决成为时局转换的枢纽，它促成了中共中央"联蒋抗日"方针的实现。从此，十年内战的局面基本结束，全国团结抗战的局面初步形成。这一过程虽然曲折，却反映了中国共产党抗日民族统一战线策略的积极作用和深远意义。

1937 年 7 月 7 日，"七七"事变爆发。次日，毛泽东与中央红军总部各方面军首长立即致电蒋介石，强调"红军将士，咸愿在委员长领导之下，为国效命，与敌周旋，以达保土卫国之目的"[1]。7 月 15 日，中共中央将《中国共产党为公布国共合作宣言》送交国民党，倡议"争取中华民族之独立自由与解放。首先须切实地迅速地准备与发动民族革命抗战，以收复失地和恢复领土主权之完整"[2]。8 月 25 日，中共发表《抗日救国十大纲领》，再次敦促"在国共两党彻底合作的基础上，建立全国各党各派各界各军的抗日民族统一战线，领导抗日战争，精诚团结，共赴国难"[3]。9 月 22 日，国民党中央通讯社全文发表了上述宣言。23日，蒋介石发表《庐山宣言》，表示团结御侮的必要性，承认中共的合法地位。由此，从"抗日反蒋"到"逼蒋抗日"再到"联蒋

---

〔1〕中共中央文献研究室、中央档案馆. 建党以来重要文献选编（一九二一——一九四九）（第十四册）［M］. 北京：中央文献出版社，2011：358.

〔2〕中共中央文献研究室、中央档案馆. 建党以来重要文献选编（一九二一——一九四九）（第十四册）［M］. 北京：中央文献出版社，2011：369.

〔3〕中共中央文献研究室、中央档案馆. 建党以来重要文献选编（一九二一——一九四九）（第十四册）［M］. 北京：中央文献出版社，2011：477.

抗日"，在中国共产党的努力下，以国共两党第二次合作为基础的广泛的抗日民族统一战线正式建立。

抗日民族统一战线的建立与维系过程充满了曲折性与艰难性，主要原因有三：其一，中国的半殖民地半封建性质致使社会发展不平衡、各阶级发展不均衡。统一战线的主体是工人、农民、城市小资产阶级、知识分子的联盟，主体之外，民族资产阶级具有妥协性，而大地主、大资产阶级仅为民族矛盾激化下的暂时"盟友"，这些都凸显出统一战线的复杂性。其二，国民党对共产党和民主力量的防范、敌视始终存在，一旦时机成熟，国民党的敌视就会转化为破坏统一战线的具体行动，如抗战时期的"三次反共高潮"。其三，国内形势与国际形势相呼应，各国在华势力也可能影响统一战线的稳定性，如共产国际在统一战线中的作用受制于苏联自身的安全战略，等等。

综而观之，中国共产党是抗日民族统一战线忠诚的推动者、维护者和执行者。"正是抗日民族统一战线这面旗帜，召唤着全中国的各党各派各界各军，召唤着全中国的工农兵学商，召唤着海内外的华夏儿女，众志成城，同仇敌忾，筑起了中华民族抗击日本侵略者的钢铁长城。"[1]

上海市朱家角中学　沈清波

---

[1] 中共中央党史研究室. 中国共产党的九十年（新民主主义革命时期）[M]. 北京：中共党史出版社、党建读物出版社，2016：187.

44

特殊战场擎旗帜

    1927 年大革命失败后，中国革命进入了由中国共产党独立领导的新时期。面对困境，中国共产党在农村开展了如火如荼的土地革命，在城市坚守着刀光剑影的隐蔽战线斗争，同时在思想上也着力冲破国民党反动统治的高压，开辟革命的文化阵地，于是一场特殊的战役在国统区打响，而高擎旗帜的正是共产党人。

    1929 年 6 月，在上海召开的六届二中全会上，中国共产党提出了《宣传工作决议案》，该决议案指出：现时党的工作重心必须移至夺取广大工农兵群众与实施工农群众之政治训育。[1] 也就是要扩大马克思列宁主义的宣传并将这种宣传普及到工农群众中去。根据决议精神，中共中央宣传部成立了中央文化工作委员会，由潘汉年负责。

    为了突破国民党对进步文化的"围剿"，在党中央的指示下，中央文化工作委员会派冯雪峰与鲁迅商议，征求其对于成立左翼作家联盟组织的意见，得到了鲁迅的赞成与支持。经过半年的筹

---

〔1〕中共中央宣传部办公厅、中央档案馆编研部. 中国共产党宣传工作文献选编（1915—1937）〔M〕. 北京：学习出版社，1996：822.

划，1930 年 3 月，50 多名进步文化人士在上海中华艺术大学（今上海市虹口区多伦路 201 弄 2 号）秘密召开了左翼作家联盟（简称"左联"）成立大会。

"左联"的成立标志着中国现代文学进入了新阶段，左翼文化运动自此蓬勃开展。在 6 年多时间里，全国范围内的左翼文学作品如雨后春笋般层出不穷，如钱杏邨的《夜航集》、茅盾的《子夜》等；许多左翼刊物也在大江南北广泛传播，如《萌芽月刊》《大众文艺》《北斗》等；左联盟员个个更是如雷贯耳，如鲁迅、瞿秋白、郭沫若、郁达夫、田汉等，都是当时的名家。他们的如椽之笔更是唤醒广大民众的警钟，是传播先进文化的利器，他们振聋发聩的声声呐喊唤醒了无数处于迷茫中的同胞。

在文学领域之外，由"左联"成员创作、改编的电影也得到了广大爱国同胞的青睐，在那个由西洋电影垄断银幕的时代，左翼电影成了呼应反帝反封建斗争和抗日救亡运动的文艺载体和阵地。1933 年 2 月，在中央文化工作委员会的领导下，中国电影文化协会成立，从组织上确保了党对左翼电影运动的领导。此后左翼电影人创作了一大批脍炙人口的影片，如《狂流》《春蚕》等，据《中国左翼电影运动》一书的统计，自《狂流》起，左翼影片共有 74 部之多。[1]

左翼电影运动的蓬勃发展，引起了国民党当局的恐慌。1934年，国民党胁迫许多电影公司改组编辑委员会，排挤左翼电影人，

---

〔1〕整理自陈播. 中国左翼电影运动［M］. 北京：中国电影出版社，1993：229—345.

力图扭转电影领域的宣传工作。而共产党领导的电影小组成员不惧危险，采取灵活隐蔽的方式继续推广左翼电影，一时间，一批新导演和新编剧相继问世，他们以笔名或化名为掩护，拍摄了一批宣传反帝反封建爱国思想的左翼电影，得到了大众的认可，其中蔡楚生编导的《渔光曲》在当时创国产片上座率的最高纪录，该片还获得了莫斯科电影展览会的"荣誉奖"。评委会的评语是：以其勇敢的现实主义精神，生动深刻地反映了中国的现实生活。

1935 年，随着日本侵华态势的日益严峻，抗日成为中华儿女的强烈心声，这一年上海金城大戏院上映了电影《风云儿女》，影片中那首充满感召力的插曲，慷慨激昂，催人奋进，很快就唱响大江南北，这就是由田汉作词、聂耳作曲的《义勇军进行曲》，这首曲子在诞生 14 年后，被确定为新成立的中华人民共和国的国歌。

其实早在 1933 年，随着左翼文学、戏剧和电影运动等文艺形式的发展，救亡音乐和群众性歌咏运动也应运而生。这一年，由聂耳、任光等人发起的中国新兴音乐研究会，讨论创作了一批脍炙人口的群众歌曲，并着力探索中国新兴音乐的发展道路。同年 8 月，中央文化工作委员会以该研究会为基础，在剧作家联盟下设立音乐小组，由田汉直接领导。音乐小组的主要任务是为进步电影配乐，谱写主题曲、插曲，诸如《义勇军进行曲》《毕业歌》《大刀进行曲》等一系列爱国歌曲迅速在华夏大地上被传唱为最响亮的抗敌号角，推动了抗日救亡歌咏运动的广泛开展，在许多群众性抗日集会上，高亢而嘹亮的歌声成为中国人民向日本帝国主义发出的怒吼。

自然，无论是左翼文学运动的参与者，还是投身戏剧、电影乃至音乐宣传的文艺之士，都受到了国民党当局的迫害。"1930 年至 1933 年间，先后牺牲的有李伟森、柔石、胡也频、殷夫、冯铿、洪灵菲、潘漠华、应修人、宗晖等。国民党当局还培植一批御用文人，竭力宣扬封建文化和法西斯文化，诋毁马克思主义和进步的思想文化。"[1] 在这批牺牲的烈士中，最为人们熟悉的是"左联五烈士"。此后，为了对内镇压革命，对外妥协退让，"他们（国民党反动当局）明令禁唱抗日歌曲，禁止出版救亡歌曲集，禁止某些爱国团体的公开活动，以及利用军警特务来破坏、捣毁群众性的歌咏集会，一直到采取逮捕爱国的音乐工作者等卑鄙手段"[2]。但是，光明不会被黑暗遮蔽，在国民党的"围剿"中，左翼文化在马克思主义和无产阶级革命文化的旗帜下，在中国共产党的领导下，顽强发展起来，在文学艺术、社会科学乃至新闻出版等各领域取得了卓越成就，有力配合了革命政治斗争的需要。虽然一些左翼文化组织和运动存在的时间不算太长，但在中国文学史、中国革命史上书写了光辉的篇章。

上海市大同中学 顾博凯

〔1〕中共中央党史研究室. 中国共产党历史：1921—1949（第一卷）（上册）［M］. 北京：中共党史出版社，2011：369.
〔2〕汪毓和. 中国近现代音乐史（第二次修订版）［M］. 北京：人民音乐出版社、华乐出版社，2002：231.

45

彪炳史册的东方主战场

第二次世界大战是一场规模空前的世界反法西斯战争，是人类正义与邪恶、光明与黑暗、自由与奴役的殊死搏斗。作为反法西斯同盟四大国之一的中国，是世界反法西斯战争的东方主战场。中国抗战的胜利为世界反法西斯战争的胜利以及世界和平事业做出了彪炳史册的贡献。

长期以来，在西方二战史的主体历史叙事中，中国"东方主战场"的地位总是被刻意"贬低"或"遗忘"，处于"历史失语"状态，未得到客观公正的历史评价。比如，英国学者利特尔·哈特所著《第二次世界大战史》，关于中国抗战仅只言片语；美国学者威廉森·默里和阿伦·米利特的《必胜之战：第二次世界大战1937—1945》，将东方战场的叙事重点置于太平洋战场，反指责中国抗战不利。[1] 西方学术视野鲜有关注中国抗战的国际贡献，明显带有"先欧后亚"的战略传统以及意识形态偏见。事实上，正如习近平指出的：

---

[1] 耿志. 关于中国抗战的历史修正主义应当终结 [J]. 历史评论，2020（03）：52—53.

中国战场长期牵制和抗击了日本军国主义的主要兵力，对日本侵略者的彻底覆灭起到了决定性作用。中国人民抗日战争在战略上策应和支持了盟国作战，配合了欧洲战场和太平洋战场的战略行动，制约和打乱了日本法西斯和德意法西斯战略配合的企图。[1]

理由有以下三个方面。

首先，中国打响了世界反法西斯战争的第一枪，在外援缺乏的情况下抵抗日本法西斯的侵略长达 14 年。1931 年"九一八"事变标志着中国局部抗战的打响，世界反法西斯战争的序幕由此拉开。中日之间的民族矛盾逐渐上升为主要矛盾。1937 年"七七"事变是日本发动全面侵华战争的开始，也意味着中国全民族全面抗战的开始。从 1931 年"九一八"事变到 1939 年欧战爆发，中国只身抗战 8 年；至 1941 年太平洋战争爆发，中国已独立抗击日本法西斯达 10 年之久。国力羸弱的中国，直面凶残的日本法西斯，以顽强的意志和英勇的斗争抵抗侵略。1942 年 4 月 28 日，时任美国总统罗斯福在对全国广播的"炉边谈话"中说道：

中国人民在这次战争中是首先站起来同侵略者战斗的；在将来，一个仍然不可战胜的中国将不仅在东亚，而且在全世

---

〔1〕习近平. 在纪念中国人民抗日战争暨世界反法西斯战争胜利 69 周年座谈会上的讲话 [N]. 人民日报，2014 - 9 - 4 (2).

界，起到维护和平和繁荣的适当作用。[1]

其次，中国为世界反法西斯战争做出了巨大的民族牺牲，极大地消耗了日本法西斯的侵略力量，突显了"东方主战场"的战略地位及意义。具体而言，一是中国在东方战场上承受了来自日本侵略者巨大的战争压力。据统计，日本投入中国战场的陆军步兵师团数量曾一度达到其陆军师团总数的 94%（1938 年），日本投降时的侵华日军仍有 100 余万人。在全面抗战的 8 年间，日本在中国战场共消耗军事力量 455 万人（包括毙、伤、俘、降）。而美、英在太平洋战场消灭日军约 124.7 万人。[2] 除缅甸战场上美、英与中国远征军共同消灭的 16 万余日军外，在东方战场上，中国消灭日军总人数是美、英的 3 倍左右。二是中国因国力远逊日本，只能采用以"空间换时间"的持久战战略，为此，中国做出了惨重的人员牺牲，遭受了巨大的财产损失。据不完全统计，抗日战争时期，中国军民伤亡多达 3 500 万人……日本军国主义发动战争造成的破坏及对资源财富的大肆掠夺，按照 1937 年的比价，造成中国直接经济损失达 1 000 亿美元，间接经济损失达 5 000 亿美元。[3]

---

〔1〕[美] 富兰克林·德·罗斯福著，关在汉译. 罗斯福选集 [M]. 北京：商务印书馆，1982：361.
〔2〕耿志. 关于中国抗战的历史修正主义应当终结 [J]. 历史评论，2020（03）：50.
〔3〕何雷. 抗战胜利奠定中国大国地位 [J]. 决策与信息，2015（06）：20.

再次，中国人民坚持抗战，有力支援了世界反法西斯战争，对世界反法西斯同盟的形成起到了极大的推动作用。从国内抗战看，8 年全面抗战，国民党在正面战场共经历了 22 次重大战役，歼灭日军 100 余万，国民党军队伤亡 321 万。同时期，中国共产党坚持全面抗战路线，通过创建、扩大敌后根据地，建立、巩固抗日民族统一战线，将游击战从战术上升为战略等伟大的斗争实践，无可置疑地成为中国反法西斯战场上的中流砥柱。[1] 从世界反法西斯战争的全局看，中国抗战牵制和制约了日本法西斯的“北进”“南进”战略，有力支援了美、英、苏等盟国的反法西斯战争。比如，由于日本陆军主力深陷中国战场，缓解了苏联远东地区的军事压力，使其可以调动更多的资源投入卫国战争。苏联元帅崔可夫评价道：

　　甚至在我们最艰苦的战争年代里日本也没有进攻苏联，却把中国淹没在血泊中。[2]

又如，1940 年，德国在欧洲的压倒性胜利，为日本提供了“南进”良机，但因受制于中国战场、兵力捉襟见肘而暂时作罢。可见，中国的抗战策应了盟军在太平洋等战场的作战，为其集中力量对抗

---

〔1〕整理自左双文. 中国共产党是抗日战争的中流砥柱 ［J］. 历史评论，2020（03）：42—48。
〔2〕［苏］瓦·伊·崔可夫著，万成才译. 在华使命——一个军事顾问的笔记 ［M］. 北京：新华出版社，1980：38.

德、意法西斯起了重要作用。美国总统罗斯福曾提及：

> 假若没有中国，假若中国被打坍了，你想一想有多少师团的日本兵力可以因此调到其他方面来作战？他们马上可以打下澳洲，打下印度——他们可以毫不费力地把这些地方打下来，他们并且可以一直冲向中东。
>
> 日本可以和德国配合起来，举行一个大规模的夹攻，在近东会师，把俄国完全隔离起来，吞并埃及，斩断通向地中海的一切交通线。〔1〕

还值得书写的是，中国远征军开赴缅甸战场，历时半年，转战 1 500 余公里，浴血奋战，致使日军遭到少有的沉重打击，有力配合了盟军在太平洋战场的反攻。

正是在"东方主战场"，全体中华儿女为国家生存而战、为民族复兴而战、为人类正义而战，推动了世界反法西斯战争最终走向胜利，重新确立了中国世界大国的地位。

上海市长征中学　张绍俊

---

〔1〕［美］伊里奥·罗斯福著，李嘉译. 罗斯福见闻秘录［M］. 上海：新群出版社，1949：49.

46

游击战是一种战争艺术

抗日战争是一场全民族的浴血奋战，但是社会上总有人认为"八路军打的是游击战，游而不击，保存实力"。这种论调可为大谬不然，严重影响到正处于价值观形成期的中学生，一些学生还以牺牲多寡论英雄，认为正面战场消耗大、损失大，所以抗战主要依靠的是国民党及其领导的军队，而共产党的八路军只是配角。情况果真如此吗？看来，还得说说"游击战"。

其一是"古已有之"。

游击战在中国有着悠久的历史，公元前512年的吴楚之战就有游击性质的作战行动，而楚汉时期的汉将彭越便是史书记载的第一位使用游击战术的将领。论军事谋略与指挥才能，彭越不如韩信，但论功绩，他却有过之而无不及。在楚汉战争中，正是由于彭越率领的军队在西楚霸王的楚军后方开展游击战，打击楚国的补给，用敌进我退、敌退我追的战术使项羽两面作战疲于应付，也阻滞了楚军的粮食装备补给，前线的汉军才得以避免被项羽歼灭，并最终在垓下之战中取得决定性胜利。可以说，彭越是游击战的开创者，是鼻祖。

其二是"战争艺术"。

中国人民对游击战有着丰富的实践经验。在长期的革命战争中，创造了诸多适合本国国情的游击战法，为夺取战争的胜利起到了重要作用。如破袭战、地雷战、麻雀战、袭击战、伏击战、地道战、围困战等分散、流动的作战形式，它们以袭击为主要手段，出没无常地攻击和袭扰敌人，从而达到歼灭或消耗敌人的目的。

游击战是一种非正规作战，无固定的作战线，但相较于正规战有更大的主动性、灵活性、进攻性、速决性和流动性。游击战通常不能决定战争的命运，它的战略任务是辅助正规战，并逐步发展为正规战，以夺取战争的最后胜利。革命战争中的游击战，是被压迫人民或被侵略民族反抗压迫和侵略的一种群众性的武装斗争形式，在革命战争中具有重要的战略地位，可以起到以小胜大、以弱胜强的重大作用。

以毛泽东为代表的中国共产党人，创造性地发展了游击战的理论与原则，其主要内容大致包括：敌进我退，敌驻我扰，敌疲我打，敌退我追，这是游击战的基本原则；以袭击为主的进攻，这是游击战的基本作战形式；革命根据地，这是游击战赖以生存和发展的依托；在一定条件下，游击战可以作为某个战略阶段的主要作战形式；战略上的集中指挥与战役、战斗上的分散指挥相结合，这是游击战的指挥原则；游击战要向正规战发展，只有积极创造条件，使游击队发展成为正规军，使正规战与游击战紧密配合，才能加快战争胜利的进程。

其三是"事实真相"。

国民党的"游击专家"白崇禧曾说："有人认为打游击乃保存实力之作法，殊不知于敌后游击，任务极为艰巨，因补给困难，且多半以寡抵众，以弱抵强，故必须官兵加倍淬历奋发，机警勇敢，绝非保存实力者所能胜任。"[1] 此话不假。抗日战争时期，八路军、新四军深入敌后，发动群众并武装群众，建立抗日游击根据地和人民政权，广泛开展敌后游击战，形成了一个广阔的敌后战场，抗击着一半以上的侵华日军和95%以上的伪军。下表便是 1939—1943 年的 5 年间，日军在"敌后战场"部署兵力的情况。[2]

1939—1943"敌后战场"日军兵力部署情况表

时间（年）	数量（不含关东军）	占中国派遣军比重
1939	54 万	62%
1940	47 万	58%
1941	46 万	75%
1942	33.2 万	63%
1943	35 万	58%

［1］白崇禧著，苏志荣等编辑. 白崇禧回忆录［M］. 北京：解放军出版社，1987：304.
［2］中国抗日战争史学会、中国人民抗日战争纪念馆. 抗日战争时期重要资料统计集［M］. 北京：北京出版社，1997：24—25.

全面抗战爆发后，日军在战场上的主要对手确实是国民党正规军，对于八路军的重视也确实不够。但是1937年的平型关大捷和1939年的黄土岭战斗，这两次规模并不大的战役却让日军见识到八路军的战斗力。1939年，日本华北方面军发布《治安肃正纲要》，其中明确检讨："对中国共产党认识不足，对中共军队也未必重视。"1940年，八路军发动百团大战，给予日本巨大打击，大吃一惊的东京参谋本部被迫临阵换将，派出在前线卓有战功的冈村宁次指挥后方的清剿行动。第二年，即1941年，日本华北方面军就已经把八路军当作了主要对手，其在《肃正建设计划》中指出，"要彻底进行正式的剿共治安战，已经成为空前未有的大事"。

的确，国民党主力军队长期在正面战场坚持抗敌，以巨大的牺牲牵制了侵略者的疯狂进攻，这一点值得每一个中国人铭记。但是国民党军队在战场上的表现又并非无可指责。尤其是在世界反法西斯战争进入全面反攻阶段的1944年，日军为打通大陆交通线，在中国战场孤注一掷，发动了疯狂的"一号作战计划"。结果短短8个月时间，国民党军队丧师失地，连续丢失4个省会、146座城市、7个空军基地和36个机场，20多万平方公里国土，6 000万人民沦陷于日寇铁蹄之下。在世界反法西斯战争即将胜利的大背景下，国民党军队的这种大溃败无疑导致其形象一落千丈。

上海市大同中学　顾博凯

47

东北：三大战役的打响之地

　　三大战役的打响为何是从辽沈战役开始的，其中，东北的区位重要性是关键原因之一。东北地区是中国的重工业基地，拥有丰富的煤、铁等战略物资。据统计，在 20 世纪 40 年代中期，东北的煤、生铁、钢材、水泥和机械工业产量都居全国首位。工业尤其是重工业是支撑现代军事的基础，控制了东北地区，便可以为军队提供物资，保障军队的战斗力。东北地区又是中国重要的粮食产区，而粮食对于军队的重要性不言而喻。如能率先解放东北地区，不但能解决东北野战军的吃粮问题，还可就近支援华北，为后续的作战提供充足保障。

　　除此之外，从东北拉开决战序幕，更因为人民解放军具备了率先解放东北的条件。[1]

　　1947 年下半年，人民解放军转入战略反攻，经过一年的内线和外线作战，歼灭了大批国民党军，主要战场由解放区推进到国统区。至 1948 年下半年，国民党军总兵力由战争初期的 430 万人

---

[1] 李建国. 辽沈战役研究 [M]. 长沙：湖南出版社，1998：36.

减少到 365 万人，其中正规军 198 万人，能用于前线作战的仅 174 万人，且被分割在以沈阳、北平、西安、武汉、徐州为中心的 5 个战场上，在战略上陷于被动。人民解放军的总兵力则由战争开始时的 120 余万人发展到 280 万人，其中野战军 149 万人，武器装备日益改善。

在全国战场上，1948 年 7 月，国民党军仍有 5 大重兵集团：东北卫立煌集团 4 个兵团、14 个军、44 个师；华北傅作义集团 3 个兵团、12 个军、40 余个师；华东刘峙集团 4 个兵团、10 个绥靖区、31 个军、70 余个师；华中白崇禧集团 3 个兵团、4 个绥靖区、13 个军；西北胡宗南集团 3 个兵团（整编军）、11 个军（整编师）。而人民解放军与之对峙的是五大野战军：东北野战军 12 个纵队；华北野战军 9 个纵队；华东野战军 11 个纵队；中原野战军 7 个纵队、1 个军；西北野战军 6 个纵队。

观此格局，当时只有东北是人民解放军与国民党军在力量对比上占优的地区。三大战役前，东北战场的国民党军统归东北"剿匪"总司令部指挥，所属部队有 4 个兵团、14 个军、44 个师（旅）又 3 个骑兵旅，加上地方保安团，共约 55 万人，其中正规军约 45 万人，但缺乏战略延伸，被分割压缩在沈阳、长春、锦州 3 个互不相连的地区。而由于北宁铁路部分路段为人民解放军所控制，长春、沈阳通向山海关内的陆上交通被切断，国民党军补给只能全靠空运，物资供应匮乏，战争一旦打响，只能死守沈阳、长春和锦州。

东北野战军方面，经过 1947 年的 3 次大规模进攻，共歼灭国民党军 38 万余人，扩大解放区约 31 万平方公里，缴获了大量美式装备。加之北靠苏联，在武器和物资供应方面也有优势。资料显示，至 1948 年 8 月，东北野战军所属部队有 12 个步兵纵队、1 个炮兵纵队、1 个铁道纵队、15 个独立师、3 个骑兵师。每个纵队约 4 万至 5 万人。东北野战军共 54 个师（旅）70 万人，另有地方部队 33 万人，总兵力已达 103 万人。各部队还开展了大练兵和新式整军运动，军事、政治素质大为提高。且此时东北地区 97% 的土地、86% 的人口已获得解放，土地改革基本完成，解放区得到进一步巩固。

再从战略方位看，东北地区虽然辽阔，但通往关内的陆路只有辽西走廊这条狭长通道，一旦被控制，整个东北就等于关上了大门，可阻止东北国民党军逃至关内，形成"关门打狗"之势，有利于就地将其全歼。这一点，蒋介石也看了出来。冬季作战失利后，他有意将东北精锐部队撤回关内，避免被全歼。但是卫立煌却力主固守沈阳、长春、锦州三大战略要点，保全东北，待变而起。廖耀湘等东北将领也大都支持其方案，不放弃东北。南京方面与其前线将士之间的矛盾可见一斑。面对随时可能做出战略调整的国民党，1948 年 2 月 7 日，中央军委发出指示：

……你们应准备对付敌军由东北向华北撤退之形势。蒋介石曾经考虑过全部撤退东北兵力至华北，后来又决定不撤。这主要是因为南线我军尚未渡过长江及北线我军尚未给蒋军以更大打击的原故。……从战略利益来说，是以封闭蒋军在东北加以各个歼灭为有利。如果我军尚无足够力量阻止其撤退，则撤退后的蒋军似将控制锦州、承德、北平、天津四角及其中间地区，并打通津浦北段，其给养当然会很困难，士气会更衰落，但兵力则较集中，这些可能情况亦须预先见到。[1]

局势已非常明朗，如果东北野战军能够就地解决卫立煌集团，既可避免国民党军撤至华北、华东，又可腾出手来与华北野战军一道解决傅作义集团。1948 年 9 月 12 日，东北野战军果断发起辽沈战役，他们不负众望，历时 52 天实现了东北的全境解放。辽沈战役结束后，东北野战军 70 万部队奉命快速入关南下，体现出东北野战军强大的机动能力。进入华北地区的东北野战军和华北野战军部分兵团形成钳形合击态势，最终逼迫傅作义就范，北平和平解放。另一部分手脚解放出来的华北兵团则支援了西北野战军，迅速形成 30 万人的优势兵力，瓦解了西北二马[2]和胡宗南集团，解放了大西北 300 多万平方公里的土地。1949 年 4 月，东北野战军配合华东野战军和中原野战军发起渡江战役，打过长江后，遵照南线追歼战役的部署，在南方战场继续纵横捭阖，所向披靡。

华东师范大学第二附属中学　吴斯琴

---

〔1〕毛泽东. 毛泽东文集（第五卷）〔M〕. 北京：人民出版社，1996：52.
〔2〕"西北二马"指派系，即"青（海）马"和"宁（夏）马"。"青马"代表是马步芳，"宁马"代表是马鸿逵。

48

民心向背决定战争胜负

　　国民党因其不能解决中国社会的根本矛盾，不能应对中国社会的发展要求，不能代表广大民众的切身利益，从而失去了民众的支持，丧失了在中国大陆的统治权。

　　中国共产党能够始终顺应时代发展的潮流，代表了中国最广大人民的根本利益，得到了广大民众的支持，故能领导人民取得新民主主义革命的胜利。[1]

　　如何充分理解这一重要结论？这里且以"得道多助，失道寡助"为概括，依据就近原则和典型原则，以"大劫收""金圆券风潮"来印证国民党的"失道寡助"；以"淮海战役小推车""解放军露宿街头"来印证中国共产党的"得道多助"，进而彰显人心向背是战争胜负的关键所在。

大劫收

　　抗日战争胜利后，国民党在收复区接收日伪产业的过程中，

---

〔1〕《中外历史纲要》"人民解放战争"一课有这样一个结语，也是结论。

普遍存在贪污腐败现象，接收官员滥用权力，图谋私利，"大接收"变成了"大劫收"，导致民怨四起。其中最令收复区民众反感的是有关法币与伪币兑换率的规定。1945年9月9日，国民党政府规定自12日起，一律使用法币，并将法币与伪币的兑换率定为1∶200。但按照当时伪币的实际购买力，法币1元约合伪币50元，黑市兑换价也不超过1∶80。国民政府规定的1∶200的兑换率，无异于政府公开以合法手段掠夺收复区的财富。接收官员们甚至动用军用飞机运送法币至收复区倒买倒卖，个个大发横财。当时，徇私舞弊的花样光怪陆离，叫人头晕目眩，"想中央，盼中央，中央来了更遭殃"成了收复区流行的民谣。

解放战争爆发后，国民党的大量军费开支使政府财政连年入不敷出。国统区的农村社会濒于解体，工业生产停滞不前，交通运输得不到修复，通货膨胀日甚一日。为了填补巨额赤字，国民政府开始大量发行纸币。法币在市面上的流通量从1947年12月的34万亿元上升到1948年6月的250万亿元。在接下来的一个半月里更是猛增到600万亿元至700万亿元。法币的发行量如脱缰的野马，造成了严重的通货膨胀，纸币贬值，物价飞涨。1947年12月，物价上涨速度是新币发行量的3.5倍，至1948年8月初，超过了11倍。以上海为例，大米售价1月每石150万元，到5月26日，已至630万元，而到8月18日，米价一路攀升至每石5 833万元；肥皂则从每块700万元涨到8 350万元。法币已经贬值到不抵自身纸张和印刷的费用了。当时有一首山歌形象地描述道：

> 如今什么都值钱，只有法币顶讨厌，一捆一扎又一包，去
> 买几根棉纱线。如今什么都涨价，只有法币顶尴尬，一斤小
> 票两千块，好像叫卖黄泥巴。如今什么都稀奇，只有法币不
> 稀奇，要是掉在马路上，懒得弯腰去拾起。[1]

金圆券风潮

法币难以为继，国民政府又用一种新货币来替代法币，它就
是金圆券。1948 年 8 月 19 日，国民政府颁布《财政经济紧急处
分令》。主要内容是：其一，用新币金圆券取代法币，以法币 300
万元折合金圆券 1 元；法币收缴的最后日期是 1948 年 11 月 20
日；其二，为确立金圆券的信用，金圆券发行总额为 20 亿元；
其三，各地物价冻结在 8 月 19 日水平；其四，禁止私人持有黄
金、白银、外汇和金条等。但是，国民党官员对于这一币制改
革方案多抱观望、怀疑甚至反对的态度，虽然蒋经国一度在上
海开展"打虎"行动，但改革的结果却是"奉公守法之人处处
吃亏，而横行无忌的人逍遥法外"。同时，法币发行量的结果
是有价无市，市场恐慌更是引发了民众的抢购风潮。不久，金
圆券的价值一落千丈，形同废纸，平民百姓的财产转眼间灰飞

---

[1] 宋杰. 中国货币发展史 [M]. 北京：首都师范大学出版社，1999：286.

烟灭，一文不值。

淮海战役小推车

辽沈、淮海、平津三大战役期间，千里运输线上奔涌着一股亘古未见的支前洪流。陈毅曾深情地说：

> 淮海战役的胜利,是人民群众用小推车推出来的。

战役期间，江苏、山东、安徽、河南等地的民众用极大的物力与人力支援了战争。四省共出动民工 543 万人，其中随军常备民工 22 万人，二线民工 130 万人，后方临时民工 391 万人；担架20.6 万副，大小车辆 88 万辆，挑子 30.5 万副，牲畜 76.7 万头，船只 8 539艘；筹备粮食 9.6 亿斤，运送至前线的粮食 4.34 亿斤。另据统计，淮海战役的第三阶段，参战兵力与支前民工的比例高达 1：9。除了老弱妇孺，几乎动员了全部的青壮年男性，有些区域和县城几乎是全民动员。民众喊出了响亮的口号：“倾家荡产，支援前线，忍受一切艰难，克服一切困苦，争取战役的胜利。”[1] 他们冒着枪林弹雨，忍着风雪饥寒，依靠落后的运输工具，肩挑、车推、驴驮、船运，翻山越岭，破冰渡河，谱写了一曲惊天地泣鬼神的人民战争的胜利凯歌。

---

〔1〕寒风. 淮海大战 ［M］. 太原：山西人民出版社，1987：302.

解放军露宿街头

解放上海时，陈毅提出了"三个不打"，即看不见敌人不打、打不中敌人不打、有人民群众不打。解放军进入上海市区作战，也尽可能不使用大炮，不使用炸药爆破，这样不但保全了城市建筑，也保障了市民的生命财产安全。更为令人动容的是，解放军开进上海后，纪律严明，露宿街头，严格做到秋毫无犯，以免惊扰市民。著名诗人、书法家沈尹默目睹了这一场景，大受感动，回家后即挥毫赋诗：

秋毫无犯取名城，大炮昂然未许鸣。

晓起居民始惊动，红军街宿到天明。[1]

有道是：得道多助，失道寡助。只有这样的人民军队，才能赢得民心，而民心向背决定了战争胜负。中国共产党领导的人民解放战争，正是得到了广大民众的真心拥护和支持才取得了伟大的胜利。

上海市松江区教育学院　张子辉

---

〔1〕中共上海市委党史研究室. 上海相册：70 年 70 个瞬间〔M〕. 上海：上海人民出版社，2019：3.

第九篇

中华人民共和国成立和社会主义革命与建设

49

新中国走出外交困境

　　1949 年 7 月 1 日是中国共产党 28 岁生日，时值中华人民共和国成立前夕，《人民日报》《光明日报》等各大报纸头版全文刊登了毛泽东撰写的署名文章《论人民民主专政》。文章总结了中国共产党成立以来领导民主革命的基本经验，回答了全国人民普遍关心的一系列问题，阐述了人民民主专政的基本思想。毛泽东在文中明确提出了新中国外交"一边倒"的方针，即新中国将坚定地站在以苏联为首的社会主义阵营一边，这是由当时的国际国内形势决定的。1949 年 10 月 1 日，毛泽东在天安门城楼向全世界宣读了《中华人民共和国中央人民政府公告》，其中提到："本政府为代表中华人民共和国全国人民的唯一合法政府。凡愿遵守平等、互利及互相尊重领土主权等项原则的任何外国政府，本政府均愿与之建立外交关系。"可见，"一边倒"的方针绝不是简单的"一刀切"，并不意味着中国政府无原则地倒向苏联一边，并不意味着中国政府绝不同英美等资本主义国家来往。新中国奉行的是独立自主的和平外交政策，既要捍卫本国的主权独立与完整，又要与世界各国开展平等的交往与合作。

　　1949 年，新中国同苏联、保加利亚、罗马尼亚、匈牙利、捷克、朝鲜、斯洛伐克、波兰、蒙古、阿尔巴尼亚 10 个社会主义国家建交；1950 年，又同越南、印度、印度尼西亚、瑞典、丹麦、缅甸、列支敦士登、瑞士、芬兰 9 国建交，其中有社会主义国家，也有资本主义国家和新独立的民族主义国家。但是 1951—1953 年间，建交国只有一个巴基斯坦。不言而喻，新中国的外交陷入困境之中，究其原因：其一，美国等西方国家对新中国的封锁遏制。美国纠集西方资本主义国家对新中国全面封锁禁运，陆续与中国周边国家签订军事同盟条约，形成了对新中国的弧形包围圈；其二，中国陆地边界长达两万多公里，新中国成立时相接壤的陆地邻国多达 12 个，这些国家大多是刚刚赢得独立的民族主义国家，由于意识形态不同以及长期受到西方抹黑、歪曲新中国形象的影响，他们对共产党执政的社会主义中国普遍存在着疑虑和误解。此外，朝鲜战争的爆发也影响了新中国的外交。如何突破困境，为新中国的建设和发展创造和平的国际环境，成为摆在国家领导人面前的迫切问题。

1953 年，随着朝鲜战争的结束，第一个五年计划以及三大改造启动实施，新中国开始进行大规模的经济建设。经济建设需要和平的国际环境，广交朋友更是需要打开大门主动去赢得他国，尤其是周边国家的信任。中国政府于 50 年代中期提出了国际和平统一战线的理念，即不论他国的社会制度如何，只要热爱和平，就可以成为中国交往、争取的对象。在此基础上，周恩来又提出了新中国的外交方针，即从"打扫干净屋子再请客"转变为"必须走出去"。由此，新中国采取主动姿态，与周边邻国就存在的悬而未决的历史遗留问题进行友好谈判，以改善、发展与邻国的双边关系，树立新中国的和平外交形象。基于此，新中国提出了一个为彼此都能接受和遵守的相互关系准则。1953年底，周恩来在接见印度代表团时首次正式提出和平共处五项原则，即互相尊重主权和领土完整，互不侵犯，互不干涉内政，平等互惠，和平共处。1954年6月，周恩来在应邀访问印度、缅甸期间，进一步阐释了五项原则：世界各国不分大小强弱，不论其社会制度如何，是可以和平共处的。各国人民的民族独立和自主权利是必须得到尊重的。各国人民都应该有选择其国家制度和生活方式的权利，不应受到其他国家的干涉。[1]

　　在东西方冷战的背景下，和平共处五项原则超越社会制度和意识形态的差异，为新中国在世界舞台的立足与发展奠定了道义基础，从而打开了中国外交的新局面。继中、印、缅三国领导人发表联合声明，正式倡议将和平共处五项原则作为国际关系的准则之后，1954年，中华人民共和国第一次以五大国之一的身份参加了日内瓦会议，以周恩来为团长的中国代表团经过不懈努力，终于通过谈判解决了印度支那问题，缓解了东南亚地区及世界的紧张局势。日内瓦会议使世界看到了与美国所掌控的安理会形容的完全相反的新中国形象，看到了令人耳目一新的新中国的外交风格，看到了新中国在处理国际问题中的作用。

　　1955年，亚非会议召开，这是首次没有西方殖民国家参加的

〔1〕周总理在新德里举行记者招待会〔N〕.人民日报，1954-6-29.

国际会议。会议期间，针对部分国家对新中国的疑虑和攻击，周恩来在会上作了著名的"求同存异"发言，其中说道：

> 亚非绝大多数国家和人民自近代以来都曾经受过、并且现在仍在受着殖民主义所造成的灾难和痛苦。这是我们大家都承认的。从解除殖民主义痛苦和灾难中找共同基础……我们还应在共同的基础上来互相了解和重视彼此的不同见解……五项原则完全可以成为在我们中间建立友好合作和亲善睦邻关系的基础……我们现在准备在坚守五项原则的基础上与亚非各国，乃至世界各国，首先是我们的邻邦，建立正常关系。[1]

这一真诚、坦率的发言得到了各国代表团的普遍认同。会议最终本着"求同存异"的精神，以和平共处五项原则为基础，制定了处理国际关系的十项原则，并将其写入《亚非会议最后公报》"关于促进世界和平与合作的宣言"，其所表述的追求和平、独立、团结、合作等原则，更被赞誉为"万隆精神"。从 1955 至 1969 年，新中国在寻求突破中不断发展外交事业，先后与尼泊尔、埃及、伊拉克等30 个国家建立了外交关系，迎来新中国成立以来的第二次建交浪潮。

上海市进才中学北校 高之慧

---

[1] 周恩来. 在亚非会议全体会议上的发言（补充发言）（1955 年 4 月 19 日），见中共中央文献研究室. 建国以来重要文献选编（第六册）[M]. 北京：中央文献出版社，1993：178—181.

50

新中国成立初期土地改革的意义

　　1950 年夏，中华人民共和国中央人民政府颁布《中华人民共和国土地改革法》，规定了土地改革方针。至 1952 年底，除部分少数民族地区外，全国基本上完成了土地改革。新中国成立初期的这次土地改革在新中国历史上具有重大意义。

　　首先，土地改革巩固了农村基层政权的经济基础。

　　通过土地改革，农村的土地所有权性质发生了根本变革。占农村人口 92.1% 的贫农、中农，占有全部耕地的 91.4%；而原来占农村人口 7.9% 的地主、富农，则占有全部耕地的 8.6%。在中国延续两千多年的封建土地所有制被彻底废除，"'耕者有其田'的理想在共产党的领导下变成了现实，长期被束缚的农村生产力获得了历史性的大解放"[1]。这种解放一方面意味着地主阶级失去了多余的土地以及其他赖以剥削的生产生活资料，丧失了维持传统权威的物质基础。另一方面，农民，特别是贫雇农通过土地改革获得了土地及其他生产资料，经济地位空前提高。"整个土地改革

---

〔1〕中共中央党史研究室. 中国共产党历史·第二卷（1949—1978）（上册）〔M〕.
　　　北京：中共党史出版社，2011：100.

中，共有约 7 亿亩土地被分给了约 3 亿无地和少地的农民，并免除了土地改革前农民每年给地主缴纳的合计 3 000 万吨以上粮食的地租，获得经济利益的农民约占全国农业人口的 60% 至 70%。"[1]

翻身农民的生产积极性空前高涨，不少农户添置了耕畜、水车及新式农具，改善和扩大自己的经营，掀起了群众性的生产热潮。他们持续增加土地投资，积极扩大耕种面积，不断改进耕作方式，大规模兴修农田水利，大大促进了农业生产的恢复与发展。"据统计，华东地区的 20 000 多个乡在完成土地改革后，农民的生产热情空前高涨，过去麦田和油菜只锄一遍草，现在要锄三遍，一扫过去的冬闲，为来年的春耕大生产做好了积极准备。"[2] 从全国来看，土地改革以后农业生产呈现逐年发展的趋势，粮食、棉花等主要农业品的总产量不断增长。有数据显示，1952 年的全国粮食总产量超过了历史上的最高水平。各种迹象表明，土地改革大大促进了农村地区的经济发展，有力地巩固了农村基层政权的经济基础。

其次，土地改革颠覆了传统乡村社会的权力格局。

土地改革使农民在经济上实现了翻身，而经济地位的上升带来的是政治觉悟的提高。土地改革的过程始终伴随激烈的阶级斗争，地主阶级在运动中不仅被剥夺了土地、财产，也失去了政治

〔1〕廖鲁言. 三年来土地改革的伟大胜利 [N]. 人民日报，1952-9-28 (2).
〔2〕刘文瑞. 建国初期中共农村基层政权建设的理论与实践 (1949—1958) [D]. 北京：中国社会科学院研究生院，2013：58.

权力、社会地位，开始全面退出乡村社会的中心位置。有史家评估这场土地改革，"涉及一场根本性的权力和地位的再分配，以及原先存在于地主和农民之间的基本社会关系的重新安排"[1]。土地改革使农民阶级，尤其是贫雇农阶层实现了翻身解放，成为治理乡村社会的骨干力量，政治地位显著上升。而通过参加农民协会、青年团等基层组织，一大批优秀的贫雇农积极分子迅速成长起来，取代了地主、乡绅等农村传统"精英"的原有地位，在解构旧有的乡村权力格局的同时，成为治理农村社会的新的主导力量。以河南省为例，"全省13 000多个乡中，到1951年6月，已经有10 700多个乡建立了民选的乡人民政府，有10万以上的农民运动的群众领袖和积极分子当选为乡村政权的干部"[2]。

　　与此同时，在农村的各种社会关系中，一直以来起决定作用的是土地及其所有权关系。"土地改革变动了传统的地权关系。原来在地主和农民之间存在的支配与被支配的不平等社会关系已不复存在，取而代之的是，出现了一种以国家行政权力为依托的新的权力支配体系。"[3] 农民协会、青年团、妇联等许多组织化程度较高的群众组织不断建立起来，这种以国家行政权力为依托的新的基层结构逐渐形成。据1951年10月的统计，"华东、中南、

<hr />

〔1〕［美］塞缪尔·亨廷顿著，王冠华等译. 变化社会中的政治秩序［M］. 上海：上海人民出版社，2008：246.
〔2〕河南全省广大农村完成土地改革，三千多万农民热烈投入爱国增产运动［N］. 人民日报，1951-6-24（2）.
〔3〕刘文瑞. 建国初期中共农村基层政权建设的理论与实践（1949—1958）［D］. 北京：中国社会科学院研究生院，2013：61.

西南、西北四个行政区农民协会会员约有 8 800 万人，其中妇女约占 30%左右。一大批农村党员、农民积极分子参加农村基层政权组织，农村实现了对旧的基层政权的改造。每个乡村还建立了民兵组织，全国民兵发展到 1 280 余万人"[1]。基层政权组织迅速构建起来并发挥着强大的作用。由此可见，经济上翻身的农民逐步取得了当家作主的政治地位，他们正逐渐成为乡村社会的主导力量，乡村社会的权力格局也随之发生了根本性变革。

最后，土地改革强化了农民对新政权的政治认同。

中国的革命道路已证实，广大农民的政治认同是政权赖以生存的关键因素。中华人民共和国成立初期，如何使新生政权得到最广泛的民意基础和政治认同，是中国共产党必须要解决的重大难题。在传统的乡村社会中，农民的社会交往范围极其有限，血缘、地缘关系是他们日常联系的主要纽带，宗族意识和乡土观念左右着他们的思想和言行。这意味着农民普遍缺乏阶级意识，更谈不上政治认同。为解决这一难题，中国共产党组织了大批土改工作队，深入到农村基层社会，对农民进行广泛、深入的宣传动员。他们挨家挨户地访贫问苦，引导贫雇农挖穷根，激发他们斗地主、分田地的愿望；组织各类座谈会、诉苦会，鼓励贫雇农的代表控诉地主的罪恶；改组原来的农会，彻底清算地主阶级的势力。

[1] 中共中央党史研究室. 中国共产党历史·第二卷（1949—1978）（上册）[M].
　　北京：中共党史出版社，2011：101.

　　经历了土地改革，农民的阶级情感被充分激发，而农民在思想上和地主划清界限的同时，也逐渐明晰了对自己政治身份的认同。诸多事实表明，经由土地改革而获得实际利益的农民对党和政府的感激之情被彻底激发，"拥护共产党，感谢毛泽东"成为广大农民发自肺腑的声音。而这种声音又将使农民对党和政府所提倡的政治体制和政治规范产生信服并予以认同，这便是农民重塑政治理念的重要途径和思想基础。同时，经历了土地改革的农民也亲历了激烈的阶级斗争，见证了新政权在推动农村社会变革中的强大力量，无形中也产生了对党和政府的敬畏之心，这正是农民对新政权形成政治认同的重要思想因素。

华东师范大学第二附属中学　吴斯琴

51

"双百"方针的来龙去脉[*]

1956 年，我国生产资料的社会主义改造取得了决定性胜利，社会主义制度基本确立，党和国家面临的迫切任务是要调动一切积极因素建设社会主义。当时在知识分子中间，有些人对刚刚过去的思想改造运动、思想文化领域的批判和镇反运动心有余悸、缩手缩脚，这与党和国家在新阶段所面临的任务不相适应。针对这种情况，中共中央提出要让知识分子在社会主义建设中发挥更大的作用。1 月，北京召开全国知识分子会议，集中了 600 多位专家，讨论制定《1956—1967 年科学技术发展远景规划纲要（草案）》和《1956—1967 哲学社会科学规划草案（初稿）》。会议期间，为克服知识分子心中的顾忌和学术研究中的教条主义，毛泽东给学术界提出了解决方案——"百花齐放、百家争鸣"。

"百家争鸣"最初是毛泽东就中国历史的研究而提出的。他做

---

[*] 《中外历史纲要》"社会主义建设在探索中曲折发展"一课，讲述了从 1956 年社会主义制度在全国范围内基本确立到 1976 年"文化大革命"结束这 20 年间，中国在工业、农业、科技、国防、外交、文化教育等方面取得的巨大成就。其中，科技和文化方面成就的取得离不开"百花齐放、百家争鸣"的主张，即"双百"方针的实施与推动。鉴于教科书对"双百"方针着墨不多，这里说说它的来龙去脉，聊作补充。

出这种表态，是因为当时两位史学大家郭沫若和范文澜关于中国历史分期的不同看法，分别提出了"春秋战国封建说"和"西周封建说"。虽然毛泽东本人更倾向郭沫若，但他确实不好做出孰是孰非的结论，便认为研究历史问题还是"自由争鸣"为好。据史家黎澍回忆，1956 年以前，毛泽东两次讲过历史研究要"百家争鸣"。一次是 1952 年或 1953 年，中共中央宣传部约请翦伯赞、邵循正、胡华合写一本《中国历史概要》，请示毛泽东如何解决一些有争议的问题，如中国古代史分期问题等。毛泽东回答说："把稿子印发给全国历史学家讨论，实行百家争鸣。"另一次是 1955 年 9 月或 10 月，时任中共中央宣传部部长的陆定一向毛泽东请示关于中共党史编写的意见，毛泽东也回答说："百家争鸣。"

据陆定一回忆，1956 年 2 月，在毛泽东主持的一次中央会议上，他汇报了学术领域的教条主义表现，会议决定对科学采取"百家争鸣"的方针。4 月 28 日，毛泽东在中央政治局扩大会议上发言："'百花齐放、百家争鸣'，我看应该成为我们的方针。艺术问题上百花齐放，学术问题上百家争鸣。"[1] 5 月 2 日，毛泽东在最高国务会议上正式宣布将"百花齐放、百家争鸣"作为党发展科学、繁荣文学艺术的指导方针，并做了阐释。他还强调"双百"是一个基本性的同时也是长期性的方针，不是暂时性的方针。5 月26 日，陆定一在怀仁堂为首都科学、文艺工作者作报告，详细介

---

〔1〕整理自朱志敏. 百家争鸣的来龙去脉［J］. 北京师范大学学报（社会科学版），
2006（5）：139.

绍了实行"双百"方针的条件、内容和注意问题，这个报告在 6 月 13 日的《人民日报》上登载出来。

"双百"方针公布后，中国知识界一片欢腾。艺术界、学术界开展了多次讨论，体现了百家争鸣的精神，出现了"百花齐放、百家争鸣"的繁荣景象。文学艺术界的许多作家、艺术家，扩大生活视野，开拓新的题材和主题，采用多样化体裁与表现手法，生动形象地描绘了人民革命斗争和社会主义建设时期的新风貌，可谓成绩斐然，如老舍的话剧《茶馆》、郭沫若的历史剧《蔡文姬》、杨沫的长篇小说《青春之歌》等。同一时期的文艺期刊也大量增加，仅 1956 至 1957 年新出的文艺期刊就有 18 种。科学界也是硕果累累，包括 1964 年中国自行设计的中近程导弹实验成功、1970 年我国第一颗人造地球卫星"东方红一号"发射成功、1973 年袁隆平选育出杂交水稻新品种——南优 2 号等。

1957 年 1 月，针对一些同志夸大"双百"方针提出后出现的某些消极现象，毛泽东指出："百花齐放，我看还是要放。有些同志认为，只能放香花，不能放毒草。这种看法，表明他们对'百花齐放、百家争鸣'的方针很不理解。"当然，那时提倡百家争鸣无论如何是有条件的。毛泽东就说："让杜威来争鸣好不好？那不好嘛。让胡适来争鸣好不好？也不好。""只有反革命议论不让发表，这是人民民主专政。"陆定一也认为："在阶级社会里，文学艺术和科学工作毕竟要成为阶级斗争的武器。""我们所主张的自由，是同资产阶级民主主义所主张的自由不同的……是人民内部的自由。"[1]

1978 年，历史翻开了新的一页。次年 10 月，全国第四次文代会[2]在北京召开，在开幕式上，邓小平强调了"坚持百花齐放、推陈出新、洋为中用、古为今用的方针"。此后，几代中央领导集体都强调了"双百"以及"文艺为人民服务、为社会主义服务"。2014 年，习近平在出席纪念孔子诞辰 2 565 周年国际学术研讨会时，更是进一步拓展了"百花齐放、百家争鸣"的内涵，指出：

> 不同国家、民族的思想文化只有姹紫嫣红之别，而无高低优劣之分。每个国家、每个民族不分强弱、不分大小，其思想文化都应该得到承认和尊重。

上海市松江一中　　苗　颖

---

[1] 整理自罗平汉. 1957，"双百"方针为何中断［J］. 同舟共进，2009（12）：42.
[2] "文代会"是"中华全国文学艺术工作者代表大会"的省称。

第十篇

改革开放与社会主义现代化建设新时期

52

伟大转折的思想先导

时间聚焦于 1978 年 5 月 11 日，《实践是检验真理的唯一标准》一文在《光明日报》头版刊发，署名为"本刊特约评论员"。文章阐明了检验真理的标准只能是社会实践、任何理论学说都要不断接受实践验证等马克思主义的原理，从根本上否定了"两个凡是"。文章发表后，《人民日报》《解放军报》于次日纷纷转载，引发了一场全国范围内关于真理标准问题的大讨论，可谓一石激起千层浪。

人们不禁要问：这篇文章的作者是谁？《光明日报》及《人民日报》《解放军报》为何敢于发表并转载此文？为何一篇文章能引发全国范围的大讨论？

探底"特约评论员"。场景聚集到南京市的马鞍山路，这里梧桐挺拔，胡福明老人深居于此。1935 年，胡福明出生于江苏无锡。1959 年，从北京大学新闻专业毕业后就读于中国人民大学哲学研究班，毕业后一直在南京市高校任教，曾任南京大学哲学系党总支副书记、副系主任。"文化大革命"期间，胡福明被打倒成"反革命"。粉碎"四人帮"后，全国人民热切期盼"春天"的来临，胡福明也不例外。1977 年 2 月 7 日，《人民日报》《解放军报》《红旗》杂志联合发表题为《学好文件抓住纲》的社论，提出"两个凡是"的指导方针：凡是毛主席的决策，我们都坚决维护；凡是毛主席的指示，我们都始终不渝地遵循。胡福明敏锐地感觉到问题的严重性，作为知识分子，他觉得有必要站出来，为思想领域的拨乱反正做点什么。

接受约稿，任务艰巨

1977 年春，时任《光明日报》哲学专刊组组长的王强华，去南京参加由江苏省委党校召开的理论座谈会，胡福明也应邀参加会议并作了唯生产力论的发言。在众多的发言者中，胡福明引起了王强华的格外关注。王强华当即向其约稿但并未规定写作主题，而胡福明的心里却早已谋划了主题。接下来的整个夏天，胡福明夜以继日地撰稿，妻子生病住院给起稿工作带来巨大困难，但这一切并未使他中断写作。8 月底，一篇八千字的初稿顺利完成，胡福明将稿子寄给了王强华。苦等四个月后，终于收到来自《光明日报》的清样及修改意见，欣喜万分的胡福明立刻投入文章的修改。

多次约谈，决定刊发

1978 年 4 月下旬，胡福明接到去北京开会的通知，刚到北京，就被王强华派人接去报社。时任《光明日报》的主要领导——总编辑杨西光、理论部主任马沛文以及中共中央党校孙长江教授等悉数在场。杨西光拿着修改后的清样首先发言：这篇文章本来要在《光明日报》4月2日的哲学版刊出，我看了之后感觉文章很重要，在哲学版发表太可惜了，要放第一版作为重要文章推出，但是还要修改。杨西光何来底气？"文化大革命"结束后，杨西光被派到中共中央党校进修，时任党校副校长的胡耀邦找他谈心，想调他去当《光明日报》的总编辑，并交给他一项重要政治任务，彻底改变报社的面貌，扭转"两个凡是"的不利宣传，推动思想领域的"拨乱反正"。文章修改期间，杨西光两次夜访，对胡福明的修改工作十分关切，还指着文稿清样对胡福明说：如何改革呢？就要从发表这篇文章入手，推动拨乱反正！杨西光还向胡福明表示，这篇文章必须邀请中共中央党校理论研究室的负责同志帮忙修订，最后要请胡耀邦同志把关。[1]

反响巨大，压力空前

　　文章刊发后，坚持"两个凡是"的人认为这是"砍旗""丢刀子"，胡福明深切感受到了前所未有的巨大压力。在关键时刻，邓小平出面并做出重要批示。在1978年6月2日召开的全军政治工作会议上，邓小平发表重要讲话，态度鲜明地积极支持真理标准大讨论，并严厉批评了照抄照传上级指示和文件精神的"教条主义"。而胡福明正通过中央人民广播电台全程收听了邓小平的重要讲话，心里这才有了底。在邓小平、胡耀邦等党和国家领导人的

---

[1] 中共中央党史研究室. 中国共产党历史・第二卷（1949—1978）（下册）[M]. 北京：中共党史出版社，2011：1023.

强力支持下，真理标准问题的大讨论得以冲破层层阻力。至 1978 年下半年，全国省级以上刊物共刊发讨论文章 650 多篇，形成了以理论界为主体、广大干部群众积极参与的大好争鸣局面。1978 年 12 月，中共十一届三中全会胜利召开。会议高度评价了关于真理标准问题的大讨论，坚定否决了"两个凡是"，做出了实行改革开放的伟大决策，实现了中华人民共和国成立以来的伟大历史转折。

思想先导，影响深远

1978 年开展的关于真理标准问题的大讨论，冲破了"两个凡是"的严重束缚，促成了全党和全国人民的思想解放，为中共十一届三中全会的召开做好了思想准备，这是新中国成立以来党的思想发展史上的巨大转变。毋庸置疑，像《实践是检验真理的唯一标准》这样受到国家最高领导层和理论工作者关注进而引发全国大争论的文章实属罕见。

如今，在中国国家博物馆"真理的力量——马克思主义中国化的光辉历程"陈列室内，收纳着几张普普通通的原稿纸，纸面虽已泛黄，但字迹和修改痕迹却依然清晰可见。它静静地躺在墙边的一个展柜里，诉说着它和"拨乱反正""改革开放"的中国故事。

一个人，一介平民，勇担使命，成为历史的书写者和见证者；几张纸，一篇报道，激浪千层，传承着国家记忆，赓续着红色血脉。

上海市徐汇中学　朱幸福

53

陆家嘴：浦东开发开放的缩影

　　明朝永乐年间，上海地区黄浦江水系形成，江水自南向北与吴淞江相汇后折向东流，在东岸形成了一块凸出的冲积沙滩。人们在此生息劳作，经年累月，并赋予了这片冲积沙滩"浦东"的称呼。据浦东《陆氏宗谱》记录，元末唐代诗人陆龟蒙的第十三代孙陆子顺从吴江迁至上海县，陆氏从此在此定居。陆氏后人陆深曾以"二甲第一名"被赐"进士及第"，后回到浦东老家兴建祖茔，建造了私家花园"后乐园"。上海地名习惯以河道取名，河道转弯时形成一边凹面，称为"湾"；对岸即为凸面，称为"嘴"。因陆深地位显赫，且"后乐园"与陆氏祖茔皆位于黄浦江河湾凸出的一边，故而该地世称"陆家嘴"。[1] 自上海开埠直至浦东开发开放前，陆家嘴地区曾是上海出名的危棚简屋区。如今，陆家嘴畔高耸入云的东方明珠广播电视塔、金茂大厦、上海环球金融中心以及上海中心大厦等成为浦东的地标性建筑，陆家嘴成为中国最具影响力的金融中心之一。

---

〔1〕薛理勇. 闲话上海［M］. 上海：上海书店出版社，1996：217—218.

陆家嘴的兴起始于 20 世纪 90 年代。1991 年初，邓小平在上海视察期间指出：

> 上海过去是金融中心，是货币自由兑换的地方，今后也要这样搞。中国在金融方面取得国际地位，首先要靠上海。
>
> 开发浦东，这个影响就大了，不只是浦东的问题，是关系上海发展的问题，是利用上海这个基地发展长江三角洲和长江流域的问题。[1]

同年 4 月，在上海大众汽车有限公司成立 5 周年庆祝大会上，时任国务院总理李鹏表示：

> 中共中央、国务院同意上海市加快浦东地区的开发，在浦东实行经济技术开发区和某些经济特区的政策。[2]

党中央、国务院正式宣布开发开放浦东。9 月，上海市人民政府宣布成立陆家嘴金融贸易区开发公司，陆家嘴地区成为当时中国唯一以"金融贸易"命名的国家级开发区。1992 年 10 月，党的十四大报告提出：

---

〔1〕邓小平. 邓小平文选（第三卷）[M]. 北京：人民出版社，1993：366—367.
〔2〕项松林. 中国对外开放 40 年 [M]. 石家庄：河北人民出版社，2019：110.

以上海浦东开发开放为龙头，进一步开放长江沿岸城市，尽快把上海建成国际经济、金融、贸易中心之一，带动长江三角洲和整个长江流域地区经济的新飞跃。[1]

在党的代表大会报告中具体部署一个城市的经济社会建设，这还是历史上的第一次。[2] 国家在发展战略层面确定了浦东开发开放的具体目标——浦东应在中国改革开放与上海经济发展的总体布局中，发挥与国际经济接轨的核心作用、示范作用和带动作用。

在 1992 年召开的"上海陆家嘴中心地区规划及城市设计国际资讯高级顾问委员会会议"上，以中方理念及方案为主、融合四家外方创意的全新规划出台：陆家嘴中心地区将成为上海中央商务区的重要组成部分，沿江建造一条高度为 200 米的高层建筑群，与浦西外滩遥遥相呼应，核心区域由三幢超高层建筑组成，整个地区的总建筑面积达 400 万平方米。规划还预留了滨江绿地、中央绿地等占地 34% 的绿化系统。这套方案融城市功能、产业布局、建筑美学、绿色生态、交通设施等科学设计于一体，展示出跨世纪超一流的城市规划设计标准。30 多年过去了，昔日的美好蓝图已在浦东开发开放的建设者手中变为现实。[3]

1995 年 6 月，中国人民银行上海分行迁入陆家嘴，标志着陆

---

〔1〕江泽民. 江泽民文选（第一卷）［M］. 北京：人民出版社，2006：230.

〔2〕赵启正. 浦东逻辑——浦东开发与经济全球化［M］. 上海：上海三联书店，2007：76.

〔3〕陆家嘴：从被人遗忘到黄金宝地［J］. 档案春秋，2018（08）：3.

家嘴金融贸易区正式启动。时任浦东新区管委会主任赵启正代表浦东向央行上海分行赠送了一只形象可爱的小白羊，寓意"金融行业的领头羊"，表达了浦东新区对金融业"领头羊"到来的欢迎。此后，中国工商银行、中国建设银行、中国农业银行、国家开发银行以及英国汇丰银行、美国花旗银行等大型中外金融机构纷至沓来。金融资本的服务与保障，极大地推动了浦东各种国家级金融要素市场的形成。1997 年底，上海证券交易所正式迁入浦东。接着，上海期货交易所、房地产交易中心、煤炭交易中心、中国金融期货交易所等十多家重要的金融要素市场进驻浦东，形成了由股票、债券、外汇、商品期货、金融期货、黄金、保险等构成的全国性金融市场体系。[1] 陆家嘴地区全国性及国际化的金融交易、管理、服务体系的不断健全、完善，为上海建设国际金融中心打下了坚实的基础。在寸土寸金的陆家嘴核心地段，舍弃几十亿的土地批租收入，投入 8 亿资金建设生态绿地，建造有"都市绿肺"之称的 10 万平方米陆家嘴中心绿地公园，以绿为主，水景为辅，在高楼林立的"钢筋水泥森林"中实现了经济与生态的相得益彰，大大提升了整个地区的环境品质。陆家嘴中心绿地公园体现了浦东开发规划者的非凡魄力和卓越眼光，堪称浦东开发的大手笔。

　　30 多年来，包括陆家嘴核心区域在内的浦东，在一片农田上建起了一座功能集聚、要素齐全、设施先进的现代化新城，形成

---

〔1〕郭玲. 陆家嘴·改革、开放、创新：每一步都踏准节拍〔J〕. 小康，2020（10）：39.

了高水平的对外开放体系、充满活力的区域创新体系、现代化的产业体系、健全的民生保障体系。[1] 浦东开发开放的生动实践是中国改革开放和社会主义现代化建设的一个缩影。陆家嘴崛起的历程，是中国改革开放在新的历史条件下创造新辉煌的历程，更是在中国特色社会主义理论指引下，从上海实际出发，探索发展新道路、创造新经验的历程。

2020 年，习近平在扎头推进长三角一体化发展座谈会上指出：

> 支持浦东在改革系统集成协同高效、高水平制度型开放、增强配置全球资源能力、提升城市现代化治理水平等方面先行先试、积极探索、创造经验，对上海以及长三角一体化高质量发展乃至我国社会主义现代化建设具有战略意义。

总结历史，展望未来，新时代的陆家嘴、新时代的浦东，正在为全国的深化改革开放探索新路、积累经验、提供示范，为实现第二个百年奋斗目标承担着新的使命。

上海市长征中学　张绍俊

---

[1] 勇当新时代改革开放排头兵——热烈祝贺浦东开发开放三十周年 [N]. 人民日报，2020 - 11 - 12（01）.

54

全球治理体系[*]

"全球治理体系"并非凭空出世，其源流可追溯至 20 世纪中叶。第二次世界大战后，以联合国为核心的全球治理体系正式建立，各国平等地以一国一票的方式来达成有关全球重大问题的决议。与此同时，国际货币基金组织、世界银行、关贸总协定相继诞生，联合国框架下的联合国工业发展组织、粮农组织、世界卫生组织、教科文组织等紧随其后，这些组织在促进世界各国经济、卫生、教育等的现代化和全球化发展方面发挥了重要作用。不可否认，从二战结束到现在的 70 多年是人类历史上的相对和平时期，不少国家在这一阶段实现了经济的高速增长。但是，依然存在着不少问题，有些还十分严峻：南亚、拉美、非洲的绝大多数国家始终停留于低收入水平，发达国家从 2008 年的国际金融危机爆发至今一直处于经济疲软状态。

最近几年，西方国家与非西方国家之间的经济力量对比正在

---

[*]《中外历史纲要》"改革开放以来的巨大成就"一课中"全球治理体系"这一提法使人眼前一亮。"全球治理体系"是近几年国际舞台的热门词汇，如今被写进了历史教科书。

发生显而易见的变化（如下图[1]）。始终以世界老大自居的美国一言不合就"退群"（退出《巴黎协定》、退出联合国教科文组织、退出联合国人权理事会、威胁退出世界卫生组织等）。而作为全球最大的发展中国家，中国已经成为世界经济增长贡献率最大国、吸引外资第一大国和对外投资第二大国、全球第一大出口国、全球第二大进口国，中国与世界高度依存、紧密互动。

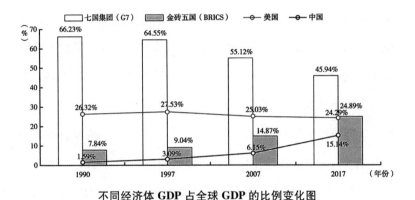

不同经济体 GDP 占全球 GDP 的比例变化图

知名学者施展在《枢纽：3000 年的中国》一书中提到：

中国，在进入开放的世界经济体系后……终于焕发出巨大的力量，成就了难以想象的经济奇迹，深刻地改变了全球的经贸结构，全球政治秩序、经济秩序乃至社会秩序在此过程中出现失衡。中国因其超大规模性，对化解这种失衡有着特殊

---

[1] 薛澜等. 多元国家治理模式下的全球治理——理想与现实 [J]. 政治学研究，2021（3）：74.

的责任；同时，失衡有可能对于全球化造成伤害，中国是全球化的最大受益者，因此对化解失衡也有着深刻的利益关涉。[1]

这不禁使人想到 6 年前的那场全球盛会。

2015 年 11 月 30 日，世界目光聚焦巴黎，气候变化大会如期召开，195 个国家约 1 万名代表参加。各国领导人高度重视，亲自出席会议，并向全世界表明其在应对气候变化挑战方面的意愿和决心。12 月 1 日，大会进入谈判阶段，谈判代表开启了白天黑夜连轴转的模式，从上午 10 点至深夜共召开了大小会议约 30 场，对协议草案的相关细节字斟句酌。经过数日谈判，大会如期提交了巴黎气候协议最终草案。12 月 7 日，大会进入第二阶段，各国部长开始气候协议谈判，并预期在一周时间内集中精力解决 2020 年后气候资金、"共同但有区别的责任"原则落实、行动力度等协议涉及的关键问题。12 月 9 日，大会进入闭幕倒计时。作为最后阶段谈判的基础，当天下午，法国外长、大会主席法比尤斯向各与会国提供了一份精炼简要的大会成果案文。大会原定于 12 月 11 日结束，但在经过 12 天马拉松式的艰苦谈判之后，仍然无法在预定期限内达成协议，大会被迫进入"加时赛"。法比尤斯回忆当时的场景：当他公布巴黎协定的最终文本时，一些国家却还在犹豫，于是，他找到了参会的中国代表团，习近平主席迎难而上化危为机，

---

〔1〕施展. 枢纽：3000 年的中国 [M]. 桂林：广西师范大学出版社，2018：导言 7.

提出各国要求同存异相向而行。经过一个多小时的斡旋，各国代表最终为重大分歧点找到了"着陆区"和解决方案。12 月 12 日下午五点半，容纳数千人的大会场座无虚席，人们焦急等待。直到晚上七点十五分，满面疲惫的法国外长法比尤斯终于坐上主席台敲下手中的绿色小槌——史上第一份覆盖近 200 个国家和地区的全球减排协定终于出台。现场掌声雷动，与会代表欢呼拥抱，这是人类有史以来应对全球气候变化迈出的重要一步。法国前总理拉法兰说："中国的习近平主席是稳定的因素，在全球危机中安稳人心。"

2016 年 4 月 22 日，175 个国家正式签署了《巴黎协定》，然而从协议的签署到正式生效并产生法律约束力还须符合两个标准：一是至少有 55 个《联合国气候变化框架公约》缔约方签署并加入，二是其温室气体排放量至少约占全球总量的 55%。此外，缔约方还须完成相应的国内批准程序。据当时的乐观估计，至少要到 2017 年协定才有可能正式生效。《巴黎协定》的生效再次陷入困局，在此背景下，中国又一次挺身而出。2016 年 9 月，在杭州举办的二十国集团领导人第十一次峰会上，中美两国领导人先后向联合国秘书长潘基文递交了中国和美国气候变化《巴黎协定》批准文书。中美两国的举措为推进《巴黎协定》的早日生效注入了强心剂。在中美两国的推动下，欧盟、印度、巴西等重要组织或国家相继提交批准文书。据巴黎气候大会主席国法国提供的数据，到 11 月 1 日，共有 92 个缔约方批准了《巴黎协定》，其温室气体排放占全球总量的 65.82%，跨过了协定生效所需的两个门槛。[1]
在人类共同应对全球气候变化的努力下，2016 年 11 月 4 日，《巴黎协定》正式生效。

2021 年 11 月 13 日晚，《联合国气候变化框架公约》第二十六次缔约方大会在英国格拉斯哥闭幕。大会达成了《巴黎协定》实施细则的一揽子决议，开启了国际社会全面落实《巴黎协定》的新征程。

从《巴黎协定》的达成、生效到落实，无不展现出中国应对全球气候变化的诚意、决心和耐心，中国为此赢得了国际社会的高度认可。诚如法国国际问题专家戴维·戈塞所言：中国可以调解发达国家和发展中国家之间的分歧，把南方的当务之急和北方的关切联系在一起，对巴黎谈判所有参与方来说，中国的作用是独一无二的。[2]

上海市新中高级中学　谭爱华

---

〔1〕整理自新华社. 让《巴黎协定》精神发扬光大. [EB/OL]. (2016－11－03)[2021－12－20]. http://www.xinhuanet.com//world/2016/11/03/c_1119843431.htm.

〔2〕常武. 应对气候变化 要用好"中国经验"[N]. 北京青年报，2015－12－4.

55

中国高铁的溢出效应

　　高速铁路（简称高铁）是现代社会一种新的运输方式，而中国的高铁速度则代表了目前世界的高铁速度。毫无疑问，中国是当今世界上高速铁路发展最快、系统技术最全、集成能力最强、运营里程最长、运营速度最高、在建规模最大的国家。从运行速度看，京沪高铁运营时速最高为486.1公里，中国南车研制的500公里试验列车试验速度最高为605公里，堪比陆地飞行。从运营里程看，截至2021年底已达3.96万公里，基本覆盖了100万人口及以上的城市，高居世界首位。改革开放40余年来，中国国民经济保持快速增长，基础建设走在世界前列，中国高铁的发展就是一个很有说服力的例证，而且其发展极具显著的溢出效应。

　　首先是有助于实现全体人民的共同富裕。

　　共同富裕是中国特色社会主义的根本原则，其目标是全体人民通过辛勤劳动和相互帮助最终达到丰衣足食的生活水平，这是建立在消除两极分化和贫穷基础上的普遍富裕。改革开放以来，中国经济发展取得巨大成就，但也存在许多结构性问题，如城乡发展不平衡问题等。学者杨天宇等于2020年发表的《人类发展指数视角下中国城乡发展不平衡问题研究》一文指出，自 1990 年以来，中国的城乡发展差距不断扩大，但 2010 年以后情况已经发生逆转。何以见得？据国家统计局的统计显示：中国城乡居民收入比值 1978 年为 2.57∶1，2009 年上升到 3.33∶1，而 2010 年以后开始下降，2021 年下降至 2.5∶1。有研究者认为，高铁建设是城乡发展差距缩小的原因之一。学者余泳泽等于 2019 年发表的《高铁的开通显著地缩小了城乡收入差距吗？——基于异质性劳动力转移视角的解释》一文，基于对中国 287 个地级市的数据分析指出：推进高铁建设确实有助于缓解城乡之间的不平衡问题，尤其是对于二三线城市、中西部地区的城市，这种作用更为明显。可见，高铁建设有促进乡村振兴、精准扶贫等作用，能起到促进全体人民共同富裕的作用。

其次是有助于实现城市建设的绿色发展。

改革开放以来，随着经济社会的飞速发展，中国实现了从"富起来"到"强起来"的历史性飞跃，然而，生态环境并未随之"好起来"，在城市化进程中，越来越多的城市出现了环境污染的"城市病"，恶化的生态环境吞噬着丰饶物质带给人们的获得感和幸福感，人们对于优质的、可持续发展的生态产品的需求日益强烈。"2016 年中国经济生活大调查"的数据显示，有 50.56% 的民众希望有"山青水绿的生态环境"，此诉求位居"全面小康社会"最期待场景的第二位。中共十八大以来，党中央更是立足建设人类命运共同体的理念，把"建设美丽中国"作为现代化目标之一，并将"坚持人与自然和谐共生"纳入新时代坚持和发展中国特色社会主义的基本方略。

高铁作为一项重要的基础设施，为城市的绿色发展带来了难得的契机。学者张明志等撰写的《高铁开通对城市生产体系绿色重构的影响》研究报告，以271个地级及以上城市作为研究样本，得出主要的结论：第一，高铁开通可以通过结构优化、技术进步、对外开放扩大等效应有效降低工业环境的污染，降低城市污染排放，促进城市绿色发展。第二，相较于省会城市，高铁开通对非省会城市的环境污染降低效应更明显。第三，高铁开通可以加速服务业集聚的扩大以及工业集聚的缩减，引导工业过剩人员进入服务业。也就是说，高铁开通可以极大地释放服务业集聚对城市生产率的贡献作用，形成就业从第二产业到第三产业的转移效应，加速淘汰工业落后产能、低效产业，促进产业结构的绿色发展。第四，借助高铁开通的促进作用，城市可以从空间格局和产业格局两个层面重构新时期城市绿色生产体系。比如高铁开通全部使用电力牵引，会倒逼产业结构优化，降低污染型企业的比重。[1]

第三是有助于实现国家之间的互利共赢。

作为创新型国家建设的重大科技突破和自主创新的标志性成果，中国高铁已实施"走出去"战略，即以高铁技术打造现代丝绸之路，形成区域大合作，服务于相关国家和地区的经济增

〔1〕整理自张明志等. 高铁开通对城市生产体系绿色重构的影响［J］. 中国人口·资源与环境，2019（7）：48.

长、社会发展和文化交流，表达中国政府和中国人民以实际行动维护世界和平、促进共同发展、形成共赢格局的诚意。以 2021 年 12 月 3 日正式通车的连接云南昆明与老挝万象的中老铁路为例：这条高铁是"一带一路"倡议提出后，首条以中方为主投资建设、全线采用中国技术标准、使用中国设备并与中国铁路网直接联通的国际铁路。云南省社会科学院副院长、研究员陈利君认为，"中老铁路开通具有战略、政治、经济、社会文化等多方面时代价值，其作为重要基础设施连接中国与老挝乃至东盟，有利于扩大'一带一路'倡议在东南亚的影响力，促进双方经济合作，推动构建中老命运共同体"。于中国而言，中老铁路的开通改变了铁路沿线地区的出行方式，促进了区域的互联互通，吸引了人口、资金等发展要素，提升了城市的资源配置效率，也引导了产业的重新布局与整合。如玉溪市就提出"打造辐射南亚的区域性国际物流枢纽"这一发展目标，普洱市和西双版纳州则结束了不通火车的历史。对于老挝而言，解决了境内无铁路的尴尬局面，提高了地区间的运输效率和水平，为当地创造了大量的就业机会，极大地带动了中老边境地区的经济发展。不仅如此，中老铁路的开通，将由西双版纳至老挝的路程，由原来约 3 小时缩减至约 1 小时；而西双版纳至泰国的路程，也由原来约 12 小时缩减至约 3 小时，由此方便了中国人赴老挝或泰国，带动了旅游业的发展。

"海内存知己，天涯若比邻。"中国高铁扬帆起航走向世界，拉近了中国与诸多国家，尤其是与亚洲近邻的时空距离，既为中国的发展提供了全新而广阔的地缘空间，也带动了沿线国家与地区经济和社会的共同发展。

上海海洋大学附属大团高级中学　钱洪海

第十一篇

古代文明的产生与发展

56

人与自然环境：先贤这么说

受地理和历史条件影响，古代文明表现出明显的多元特征。实际上，这是自然环境与古代人类文明关系的体现。关于自然环境与人类文明的关系，古今先贤如何说？

早在雅斯贝尔斯所说的"轴心时代"，哲人们就对自然环境与人类文明的关系发表过见解。亚里士多德在其《政治学》一书中言及理想城邦的轮廓时，提到了世界各地居住民的秉性：

> 寒冷地区的人民一般精神充足，富于热忱，欧罗巴各族尤甚，但大都绌于技巧而缺少理解；他们因此能长久保持其自由而从未培养好治理他人的才德，所以政治方面的功业总是无足称道。亚细亚的人民多擅长技巧，深于理解，但精神卑弱，热忱不足；因此，他们常常屈从于人而为臣民，甚至沦为奴隶。唯独希腊各种姓，在地理位置上既处于两大陆之间，其秉性也兼有了两者的品质。他们既具热忱，也有理智；精神健旺，所以能永保自由，对

于政治也得到高度的发展。[1]

亚里士多德认为：气候的冷暖在很大程度上影响民族性格及政治制度的发展，进而导致欧洲、亚洲的文明呈现不同特征。

孟德斯鸠也对这一问题作过论述，其见解鲜明独特，甚至被冠以"地理环境决定论"。他在《论法的精神》一书中有专门章节论述自然环境与人类文明的关系，且言辞犀利。如"炎热国家的人民，就像老头子一样怯懦；寒冷国家的人民，则象青年人一样勇敢"[2]。孟德斯鸠还用印度炎热的气候来解释佛教教义的产生，认为印度过度炎热使人萎靡不振，崇尚静止和虚无的信念由此而生。他同时认为土壤会影响居民性格，并进而与民族的政治制度产生因果关联。他说：

一个国家土地优良就自然地产生依赖性。乡村的人是人民的主要部分；他们不很关心他们的自由……因此，土地肥沃的国家常常是"单人统治的政体"，土地不太肥沃的国家常常是"数人统治的政体"；这有时就补救了天然的缺陷。……自由在崎岖难行的多山国家，比在那些得天较厚的国家，更占有重要的地位。多山国家的人民，保存着比较宽和的政体，

〔1〕［古希腊］亚里士多德著，吴寿彭译. 政治学［M］. 北京：商务印书馆，1965：360—361.
〔2〕［法］孟德斯鸠著，张雁深译. 论法的精神（上册）［M］. 北京：商务印书馆，1961：228.

因为他们不那么容易被征服。[1]

　　孟德斯鸠认为，疆域的大小决定一个国家的政治制度，小国适应共和政体，中等国适合君主政体，大国则适宜于君主专制政体。总之，孟德斯鸠认为，气候、土壤、疆域大小等环境因素对一个民族的性格、风俗、道德和精神风貌起重要甚至决定性作用，一个国家制定法律和政治制度时无疑应该考虑这些"理性"因素，而不是神的意志。尽管孟德斯鸠貌似过分夸大了自然环境对人类文明的影响，但他超越了中世纪上帝创造一切的观点，摆脱了宗教神学的束缚，从地理环境的角度探讨人类社会发展的动因和文明特征，这是历史的进步。

　　马克思和恩格斯则对此问题作了反思性批判，为我们思考自然环境与人类文明的关系提供了辩证的视角。一方面，他们告诫人们不能夸大自然环境对人类社会的影响；另一方面，正如恩格斯所警示的，"我们不要过分陶醉于我们人类对自然界的胜利。对于每一次这样的胜利，自然界都对我们进行报复"[2]。马克思和恩格斯主张人对自然的改造必须以尊重自然界的客观发展规律为前提，否则，人类就会遭到自然界的惩罚。马克思在《1844 年经济学

〔1〕〔法〕孟德斯鸠著，张雁深译. 论法的精神（上册）〔M〕. 北京：商务印书馆，1961：279—280.
〔2〕中共中央马克思恩格斯列宁斯大林著作编译局. 马克思恩格斯选集（第三卷）〔M〕. 北京：人民出版社，2012：998.

哲学手稿》中，从劳动实践出发理解人与自然的关系。他说道：

> 从理论领域来说，植物、动物、石头、空气、光等等，一方面作为自然科学的对象，一方面作为艺术的对象，都是人的意识的一部分，是人的精神的无机界，是人必须事先进行加工以便享用和消化的精神食粮。[1]

马克思认为，在人类出现之前，自然界就先于人的意识和人的存在而自然地存在了，自然界是人类生存和发展的物质基础和精神源泉。同时马克思也指出：所谓世界历史不外乎是人通过人的劳动而诞生的过程，是自然界对于人来说的生成过程。他强调，应该把自然界当作人类实践活动的对象，人与自然是相互作用的；自然环境是通过生产方式这一桥梁影响人类历史发展的，即只有在人类的物质生产实践中，自然环境才可能实现对人类文明的影响；在劳动实践中，人类认识自然、改造自然，同时也在不断认识自己：要实现人与自然的和谐发展，就要牢牢抓住自然与人的中介，即生产方式的优化。[2]

马克思还分析了自然环境对人类文明多样性产生的影响。

他指出：不同的生存条件和不同的生产方式就会形成不同的文

〔1〕中共中央马克思恩格斯列宁斯大林著作编译局. 马克思恩格斯选集（第三卷）
　　［M］. 北京：人民出版社，2012：55.
〔2〕整理自张蘇曦等. 论《1844年经济学哲学手稿》中人与自然的关系及其现实意
　　义［J］. 长春理工大学学报（社会科学版），2014（2）：35.

化类型。当人类进入文明阶段时，"不同的公社在各自的自然环境中，找到不同的生产资料和不同的生活资料。因此，它们的生产方式、生活方式和产品，也就各不相同"[1]。

这就是唯物史观对地域文明起源和文化多样性来源的解释。在早期文明阶段，自然环境对生产方式和文明类型的影响特别明显，这是理解多元文明起源的一个基本的角度。但是，如果离开人的生产活动，将气候和土地因素直接与不同文明的差异联系起来，显然忽略了人类文明的上层建筑赖以产生的经济基础，也混淆了作为自然存在的早期人类与文明社会的本质区别。这也就是亚里士多德、孟德斯鸠等人所持"地理环境决定论"的片面性所在。

由此可见，在文明发展的长河中，人类从来没有停止过对人与自然环境关系的思考。今天，"人与自然是生命共同体"的理念已然深入人心。有人说，人类的历史犹如一场精彩的演出，自然环境就是这场演出的大舞台，人类就是舞台上的演员，不同的演员演绎着不同的民族文化与风情。故此，唯愿人与自然能够和衷共济，唯愿自然与人永远和谐共生。

上海外国语大学附属外国语学校　俞仙芳

---

[1] 中共中央马克思恩格斯列宁斯大林著作编译局. 马克思恩格斯全集（第23卷）[M]. 北京：人民出版社，1972：390.

57

"有温度"的雅典奴隶制*

　　古代文明有"明显的多元特征"，比如，早期文明阶段的奴隶制在不同地区因文明类型的差异而呈现出不同特征。说古希腊的雅典奴隶制"有温度"，是指其相较于同时代其他地区的奴隶制，少了一些原始的野蛮色彩，多了一些文明进步的因素，是一种比较"温和"的奴隶制。

　　首先，雅典法律保护奴隶不被任意杀戮或伤害。

　　古希腊著名剧作家欧里庇得斯在《赫卡柏》中写道："在你们中间，对于自由人和奴隶都是一样的，有那关于流血的禁令。"[1]尽管《赫卡柏》是文学作品，但它也反映了一定的社会实际。无独有偶，柏拉图的《法律篇》对雅典法律保护奴隶最基本的生命安全也有类似的表述：

---

* 《中外历史纲要》"文明的产生与早期发展"一课，提到"为争夺土地和资源，一些部落之间爆发战争，被征服者往往成为征服者的奴隶，奴隶制成为人类第一种剥削制度"。古代文明早期的奴隶制普遍是残酷的，但也有不同程度的差异，本篇就古希腊的雅典奴隶制略作补充。

〔1〕罗念生等译. 欧里庇得斯悲剧集（一）［M］. 北京：人民文学出版社，1957：349.

　　如果一个人杀了他自己的奴隶，他必须作自我道德净化。如果他在愤怒中杀了另一个人的奴隶，他必须加倍偿还其主人的损失。

　　如果一个人怕一个无罪的奴隶把他所做的非常坏而不光彩的行为传出去，或者由于某种类似的动机而把他杀了，那么此人必须受到审讯。当一个奴隶在这种情况下死了时，杀人者所受到的审判，就像他杀了一个公民。[1]

由此可见，雅典确实以法律来保护奴隶最基本的生命安全不受奴隶主或其他自由民的随意侵犯。奴隶在生命受到威胁时，还可以采取一系列必要的措施进行规避，这在其他地区的奴隶制社会极为罕见。

其次，雅典奴隶可以从事和自由民一样的职业。

在传统观念中，雅典奴隶从事的多是雅典人所鄙视的"贱业"：诸如农奴、匠人、保洁等职业。但实际上，雅典奴隶从事的不仅仅是"贱业"，用历史学家谢尔曼的话说就是："几乎在每个行业都能看到大量的奴隶跟自由人一起工作。"[2] 也就是说，雅典奴隶还可从事很多和自由民一样的工作。法国古希腊史家格罗茨曾经记载过一个历史细节：希波战争期间，公元前490年，波斯

〔1〕［古希腊］柏拉图著，张智仁等译. 法律篇［M］. 上海：上海人民出版社，2001：300、305—306.
〔2〕［美］丹尼斯·谢尔曼等著，陈恒等译. 全球视野下的西方文明史：从古代城邦到现代都市（上册）［M］. 上海：上海三联书店，2011：70.

帝国皇帝大流士一世率军约 5 万（包括近 400 艘战船）第二次远征希腊，在距雅典东北约 40 公里的马拉松平原登陆。雅典紧急动员全体公民赴马拉松应战，由于兵力不足，雅典军人一职向奴隶开放。战后，雅典为战死的自由民和奴隶同时立碑铭文以示纪念。苏格拉底为之也感慨："不要出卖伺候过我的任何奴隶，让他们继续干活，在到了年纪时，按他们所应得的给以自由。"[1] 可见，雅典的奴隶并不都很"低贱"，他们可以凭借能力和机遇参与自由民所从事的工作，并获得尊重。

再次，雅典奴隶在主人家庭中会得到一定关照。

奴隶就像劳作工具，当这一工具因为年老体衰而无法正常发挥作用时，主人是选择抛弃还是选择保留，很能反映其修养。与其他地区不同，雅典的奴隶在生病、老去之时往往能受到奴隶主家庭的关照。在色诺芬的《经济论》中，有一个名叫霍玛霍斯的人告诫自己的妻子，必须让生病的奴隶得到照顾而不是遗弃；亚里士多德在"临终遗嘱"中则明确要求自己的子嗣："对于那些曾服侍过我的人，没有一个可以卖掉，而应该让他们留下来，当他们达到要求的年龄的时候，我们应当根据他们的服务释放他们。"[2] 由此可见，雅典社会的奴隶主多以养老送终或给予自由的方式回馈昔日侍奉自己的奴隶，这体现出雅典奴隶制有其"人

〔1〕苗力田译. 亚里士多德全集（第十卷）[M]. 北京：中国人民大学出版社，2016：250.

〔2〕[德] 维尔纳·耶格尔著，朱清华译. 亚里士多德：发展史纲要[M]. 北京：人民出版社，2013：4.

道"的一面。

综上，雅典奴隶制可以说是奴隶制大家庭中的一个另类，它除了具有奴隶制的一般特征外，在生命安全、社会地位和家庭生活等方面都显示出与众不同的"温度"，而这种情形也使世界古代文明的多元性显得更加真实。那么，是什么因素促成这种与众不同的呢？

其一是经济成本。雅典城邦繁荣的基础之一是奴隶制经济，但这并不意味着每个雅典家庭都有大量的奴隶可供驱使，维护一个奴隶生存和生活的成本，事实上限制了雅典自由民任意伤害、杀戮奴隶，甚至使用奴隶。古希腊演说家吕西亚斯就曾留下过一段令人难忘的话："我通晓一门可赚取少量收入的手艺，由我本人亲自经营，因为如果把它移交给一名奴隶来做，我就无力承担养活奴隶的费用。（吕西亚斯演说词中提及一位拥有中等财产的公民如此叙述）"[1]

其二是政治制度。雅典民主政治把很多自由民吸引到政坛，这就出现了大量公职以及其他必要职业的缺位，需要奴隶去填补，如政府文秘、警察、狱警、园丁、建筑师等。同时，作为一个城邦国家，小国寡民的特征也决定了在应对重大突发性事件时，雅典的政策会向其所需要的奴隶倾斜，给奴隶以机会，而奴隶如果能够把握机会，甚至建功立业，其获得相应的尊重便是自然而然

〔1〕徐松岩等. 论古典时代雅典奴隶制经济走势［J］. 西南大学学报（社会科学版），2009（6）：174.

的事了。

其三是社会文化。雅典民主政治塑造了古典时代的人际关系类型，这种政治文化也会影响到社会的各个层面，包括公民与奴隶的关系。人非草木，孰能无情，当主人用比较人道的方式对待奴隶时，奴隶也会在情感上予以回馈。两者的互动就显示出"温度"。有尊古代雅典的陶器上刻画了一位妇人跪在两个死去的孩子面前，神情十分痛苦。按照当时雅典的有关规定，妇人只可能是这两个孩子的奶妈，但她痛苦的表情却像母亲，说明她对两个孩子是付出了真爱的，这其实也是古代雅典生活真实性的体现。英国古希腊史家基托在研究雅典奴隶制后也说："奴隶与主人之间的真实友情并不少见。"

古代文明时期的奴隶制普遍是作为一种残酷的奴役制度存在的，雅典奴隶制在特定条件下形成的"温度"是罕见的例外，了解这一特例有助于更全面地把握古代文明的多元特征，更深入地理解特定时空条件对于地区文明特征的塑造。

西安南开高级中学　郭阿男

58

"光荣属于希腊，伟大属于罗马"

在世界文明史上，古代希腊和罗马创造了古典文化的辉煌成就，对欧洲文明乃至人类文明的进步产生了深远影响。正如恩格斯指出的："没有希腊文化和罗马帝国所奠定的基础，也就没有现代的欧洲。"[1] 而就文明自身所言，古希腊和古罗马文明无论在形式上，抑或内容上，都存在着一脉相承的联系，古希腊文化深深影响了古罗马文化，而古罗马在许多方面都继承了古希腊文化。正如著名美学家朱光潜所言："罗马接受希腊古典遗产是顺理成章的事。"[2]

据文献记载和考古发现，古罗马人最早接触希腊文化是在公元前 9 世纪—公元前 8 世纪的伊达拉里亚人统治时期。当时，居住于意大利半岛西北部的伊达拉里亚人与希腊之间存在紧密的贸易与文化往来，他们借用希腊文字拼写本族语言，引入希腊诸神，把希腊的农业技术、建筑雕刻技术、希腊风格的工艺品等带入意

---

[1] 中共中央马克思恩格斯列宁斯大林著作编译局. 马克思恩格斯选集（第三卷）[M]. 北京：人民出版社，2012：561.
[2] 朱光潜. 西方美学史 [M]. 北京：中华书局，2013：110.

大利半岛，而居于意大利半岛中部台伯河畔的罗马人则有机会通过伊达拉里亚人接触到希腊文化。此外，大殖民时代的希腊人于数百年间在意大利半岛和西西里岛建立了几十个希腊殖民地，也让罗马人有机会从邻近的希腊殖民城邦接触希腊文化。在这一阶段，罗马人习得了希腊字母，后来将其演变为拉丁字母，还将希腊宗教中的诸神改换名称变成了罗马人自己的神。

古代罗马文明与古代希腊文明的真正衔接是从公元前 3 世纪开始的。此时的罗马早已摆脱了伊达拉里亚人的统治而进入到共和国时期，其经由对内改革和对外扩张，俨然成为地中海地区的强国，而盛极一时的亚历山大帝国已解体百年。尽管如此，亚历山大东征开启的东西文明融合的希腊化时代对地中海世界还是产生了深远的影响。

公元前 146 年是一个极为重要的年份。经历了百余年战争（三次布匿战争和四次马其顿战争），罗马不仅战胜北非迦太基确立了地中海世界的霸权，更是征服了希腊世界的马其顿王国并将其变为罗马共和国的一个行省。希腊文化开始大规模传入意大利：大批受过良好教育的希腊人被作为奴隶带到罗马，充当家庭教师、建筑师、乐师等；众多希腊艺术品被作为战利品运到罗马；各类文学、哲学、科技著作也源源不断流入罗马并被翻译成拉丁文。战争"巨人"与文化"矮子"的落差，使罗马人表现出了对希腊文化的无比痴迷与向往。

在哲学领域，以西塞罗为首的罗马上层社会及知识分子全盘接受希腊哲学，西塞罗用生动的拉丁语翻译了柏拉图、色诺芬等人的著作并将希腊哲学通俗化，同时将希腊各派哲学中的可取部分进行调和，形成罗马哲学的折中主义。在史学领域，罗马继承了希腊的史学传统。西塞罗用希腊语书写他任执政官时期的历史；居住在罗马的希腊人阿庇安以纪事本末体及希腊文撰写的《罗马史》，对后世影响久远；而帝国时期的史学家阿里安在撰写史书时则完全继承希腊古典史学家色诺芬的史学思想，被誉为"新色诺芬"。在建筑领域，罗马人极为重视希腊的建筑形式，想方设法让每一个建筑呈现希腊风格，如万神殿就是将罗马式穹顶与希腊式门廊及长方形殿堂相结合的庙宇建筑；时常上演希腊戏剧的罗马圆形大剧场也采用了希腊式半圆观众席位的设计。此外，罗马在文学、艺术、演说、科学、烹饪、服饰、观念等方面，也留下了清晰的希腊文化印记。至公元 2 世纪晚期，希腊语已成为罗马的第二语言。

需要指出的是，罗马文明并非全盘复制希腊文明。随着时间的推移，罗马人开始用冷静的眼光重新审视希腊文化，进而在保留自身文化特性和学习希腊文化的基础上，创造出独具一格、恢宏大气、沉稳务实的古罗马文明。在政治方面，罗马人发现希腊好空谈道德伦理，其"理想国"学说过于完美却无法实践，因此罗马人基于希腊的政治学、伦理学创造出一整套高效务实的国家机器运作机制。在法律方面，为终止贵族任意解释习惯法侵犯平民的利益，罗马人在派出代表团前往希腊学习后，制定出了人类历史上里程碑式的成文法典《十二铜表法》;之后罗马法学家撰写了许多实践性、操作性更强的法学著作,为后世留下了丰厚的遗产。罗马法在实践中不断补充完善,其所开创的陪审制度、律师制度、法人制度、成文法等,成为近代欧洲大陆法系的法制思想及其实践的渊源和基础。在自然科学方面,罗马人体现出实用科学的理性精神,在农学、建筑、医学、测绘、军事等实用科学技术上创造了辉煌的成就。

无疑,罗马文化在继承希腊文化的同时,保留了自身的独特性和民族性,从而形成了与希腊文明并驾齐驱、独树一帜的罗马文明。而两种文明的传承关系归根结底源于希腊和罗马文化的同根同源,相似的社会制度和价值标准催生了深层次的文化精神共鸣,希腊文化的内在实质融入了个性鲜明的罗马文化,而罗马对其加以继承发扬并又一次(前次是亚历山大帝国的扩张)向世界传播了希腊文化,从而形成西方文明之源——古希腊罗马文明,也为后来的文艺复兴运动提供了丰厚的文化积淀。

"光荣属于希腊,伟大属于罗马。"[1]诗人爱伦坡如是说。

上海市进才中学北校　高之慧

---

[1] 两句诗出自爱伦坡的《致海伦》,被认为是"绝佳的误译",亦可谓译者的再创造。

59
一个强大帝国的软肋

　　罗马帝国，一个地域横跨欧亚非大陆、领土曾达 1 000 万平方公里、人口接近 1 亿的庞然大物，却在 3 世纪之后陷入危机，4 世纪末走向分裂，5 世纪后期为外族所灭。这个强大的帝国何以江河日下、分崩离析？美国历史学家马文·佩里的观点代表了多数学者的普遍共识："没有任何一种单一的解释足以说明罗马衰落的原因；是多种力量的共同作用导致了西罗马帝国的灭亡。"[1]

　　其一，从政治体制看，罗马帝国缺乏统一的统治基础。

　　罗马帝国是在不断对外扩张的过程中依靠强大的武力而建立起来的军事大帝国。在征服地中海世界之初，罗马并未对广大行省建立起真正有效的统治，更谈不上建立中央集权。正因如此，帝国境内的各个地区，无论是经济基础，抑或是政治制度，都存在巨大的差异，始终未能完全融合，如地中海沿岸以商业闻名、东方的埃及以农业著称，而帝国西部和北部的经济相对落后。加之罗马帝国的地缘形态多海洋环绕、山脉阻挡、海峡隔绝、岛屿

---

[1]［美］马文·佩里著，胡万里等译. 西方文明史（上卷）［M］. 北京：商务印书馆，1993：210.

分立，易于以地理为边界而演化为不同经济形态、思维方式、文化特征与地方认同的区域政体。皇帝和元老院名义上是帝国的统治者，但实际控制范围仅限于罗马及附近地区。帝国内部的各个行省都保持着半独立状态，拥有自己的议会、首府和军队。如此巨大的经济、民族和文化差异，单靠军事征服不能彻底消除，强行整合难以消弭导致分裂的巨大张力。

其二，从经济制度看，奴隶制度衰落带来巨大的冲击。

众所周知，罗马帝国是建立在奴隶制经济基础之上的。帝国前期，从对外战争中捕获的大量奴隶，被广泛运用于各个行业，由此促进了帝国经济的繁荣、政治的稳固和国力的强盛。可以说，因为有了充足的劳动力补给，才为罗马帝国打下了坚实的经济基础。然而，也正是这样一个将罗马帝国推向霸主地位的奴隶制度，最终间接导致了罗马帝国的灭亡。帝国后期，由于对外战争的减少，战俘来源严重匮乏。而贵族阶层对于奴隶劳动的严重依赖，造成了生产的衰退和经济的崩溃。加之奴隶主对奴隶的大肆盘剥与压榨，激化了社会矛盾，从而给蛮族入侵提供了可乘之机。而奴隶生产积极性与生产效率低下，致使奴隶制度成为阻碍生产力发展的桎梏，成为罗马帝国崩溃的一大根源。

其三，从精神文化看，骄奢淫逸的社会风气侵蚀罗马。

罗马从台伯河畔的小村落发展到横跨欧亚非的大帝国，依靠的是爱国、勇敢、忠诚、守纪、尚武等古代罗马民族的传统美德，它是罗马民族崛起的精神动力，也是罗马国家巩固和发展的精神支柱。然而，对外征服战争不仅给罗马人带来了大量的财富、土地以及战俘，使罗马奴隶制经济迅速发展，也使罗马人开始变得骄奢淫逸、贪图享乐、追逐金钱，失去了原本简单朴素、吃苦耐劳、尽忠职守的罗马精神。趋于消极的社会风气不可避免地影响着军队，军队人数和军队战斗力断崖式下跌。正如爱德华·吉本在《罗马帝国衰亡史》一书中所说：

> 长期的和平和单一的罗马人的统治慢慢向帝国的活力中注入了隐蔽的毒素。人的头脑渐渐都降到了同一水平，天才的火花渐次熄灭，甚至连尚武精神也烟消云散了。
>
> 人民的勤奋在无尽无休的压迫之下一再受到打击，终至完全消除。
>
> 繁荣使腐败的条件趋于成熟；毁灭的原因随着领土的扩张而不断增加。
>
> 他们很快也便将发现罗马帝国已处于衰亡之中了。[1]

其四，从军事角度看，军人干政和军队的蛮族化加剧了混乱。

为解决兵源问题，罗马军事家和政治家盖乌斯·马略进行了军事改革，以募兵制代替公民兵制。马略的军事改革解决了兵源枯竭的问题，但也使原有的公民兵变成了长期服役的职业

---

[1]［英］爱德华·吉本著，黄宜恩等译. 罗马帝国衰亡史（D. M. 洛节编本）［M］. 北京：商务印书馆，1997：上册55、153，下册138、153—154.

兵，遂造成军人跋扈、军事将领权力不断扩大的局面，为军事独裁政治的产生提供了条件。而那些军阀出身的皇帝为巩固自己的统治，给予军队大量的财富和特权，这无疑又激发了军事将领的政治野心。帝国后期，军队哗变反叛、篡位弑君已然司空见惯，帝国政局更加混乱。此外，由于军队数量和战斗力的急剧下降，为了维系庞大的帝国，抵御蛮族的入侵，军队开始大量招募境内蛮族。勇猛的蛮族确实提升了罗马军队的战斗力，但军队蛮族化带来的后果却是致命的。蛮族军队本质上是雇佣军，只向金钱宣誓与效忠，对国家和君主缺乏忠诚度和责任感。蛮族军队与边境蛮族亦敌亦友的关系，也进一步加剧了罗马帝国的边疆危机。

最后，从外部环境看，蛮族的入侵加速了帝国的衰亡。

在罗马帝国内部危机四伏的同时，其外部环境也岌岌可危，蛮族入侵加速了帝国的衰落，成为帝国灭亡的直接原因。罗马与边境的蛮族部落业已争斗了几个世纪。当帝国强盛之时，其强大的军事实力、强悍的战斗作风、精良的军事装备，迫使蛮族俯首称臣；当帝国境内诸多矛盾不断加剧、军事力量日益孱弱之时，强悍的蛮族则蠢蠢欲动，尤其对帝国分裂后的西罗马帝国冲击甚大。公元410年，西哥特人攻陷并洗劫了罗马城。之后的数十年里，帝国始终处于蛮族的铁蹄之下。公元455年，汪达尔人攻陷了罗马城，又将其洗劫一空。在人民起义和蛮族入侵的双重打击下，西罗马皇帝罗慕洛成为蛮族控制下的傀儡，西罗马帝国很快走向了灭亡。476 年，昔日罗马的疆土成了蛮族的牧场，西欧诸国的雏形在罗马曾经的土地上开始孕育。

综而观之，各种因素互为因果、相互作用，加速了罗马帝国的衰亡。但一个强大帝国的软肋，或许还不止这些。除了政治、经济、文化、军事等视角的解读，当代学者还从宗教、人口、种族、自然灾害等视角多方位地去探寻西罗马帝国衰亡的原因，这是一个延续数千年且至今仍吸引众多学者的史学命题。

上海市复兴高级中学 　徐　宁

60

"天主对人类残酷到了极点"

　　"天主对人类残酷到了极点"[1]，这是意大利人文主义者、文艺复兴运动先驱薄伽丘在其名著《十日谈》中对黑死病造成的灾难惨状发出的沉痛惊呼！

　　14世纪四五十年代是欧洲历史上一个极为悲惨的时期。1347年至1353年，一场鼠疫横扫整个欧洲，夺走了2 500万欧洲人的性命，占当时欧洲总人口的1/3，这场鼠疫在许多文献中被记作"黑死病"。

　　这场黑死病起源于中亚，最终几乎波及欧洲所有的国家和地区。1347年蒙古军攻打黑海港口城市卡法（今乌克兰城市费奥多西亚），将疫情传入，之后便由亚欧的商人传至全欧：当年9月抵达意大利南部的港口城市墨西拿；11月经水路传至北部的热那亚以及法国地中海港口城市马赛；1348年1月波及威尼斯、比萨；3月影响至意大利工商、文化重镇佛罗伦萨；之后又抵达维也纳；在法国则以马赛为起点横扫了从普罗旺斯到诺曼底的整个国家，8

---

[1]［意］薄伽丘著，方平等译. 十日谈［M］. 上海：上海译文出版社，1980：17.

月占领巴黎；同月伦敦陷落，次年整个不列颠被征服；1349 年初黑死病又从法国东北部越过莱茵河，5 月到达巴塞尔，8 月到达法兰克福，11 月到达科隆；1350 年又至汉堡、不来梅、但泽等；其后转向北欧和东欧；1352 年至 1353 年最终波及了俄罗斯。

在这场大瘟疫中，欧洲只有极少数国家，如波兰、比利时等得以幸免。而意大利和法国是受灾最为严重的两个国家。意大利的佛罗伦萨则是受灾最重的城市，80%的人口在瘟疫中死去。在亲历者薄伽丘的《十日谈》中，佛罗伦萨简直是人间地狱：行人在街上走着走着突然倒地而亡；待在家里的人孤独地死去，在尸臭被人闻到前，无人知晓；每天、每小时大批尸体被运到城外；奶牛在城里的大街上乱逛，却见不到人的踪影……[1]这一切都是黑死病肆虐欧洲的真实景象。而在威尼斯，人们即便率先采取了最明智的隔离措施：不准有疫情船只的船员登陆，船员必须在船上隔离40 天。但当时并没有人认识到，老鼠才是这场瘟疫的元凶。纵然船员被妥善隔离，但船上的老鼠却四处流窜至威尼斯城。

黑死病对中世纪欧洲社会的经济、政治、文化、宗教、科技等多个方面造成了剧烈的冲击和影响。

在经济方面，黑死病使农业劳动力严重短缺，农奴制庄园衰落，客观上推动了欧洲商品经济的发展。

以英国为例，黑死病爆发时的英国是个典型的农业国，因为

---

[1] 李妍. 拯救欧洲 [M]. 济南：山东大学出版社，2014：70.

人口大量减少，导致劳动力严重短缺。在 1349 年秋季的收割时节，领主需要用两倍的工资才能雇到足够的劳动力。黑死病过后，英国由原先地少人多转为地多人少的局面，其农奴制逐渐消亡。原来的农奴大都成了自耕农，他们发现种植谷物投入多获利少，便放弃了经营农田，将原先的土地转而用来养羊，养羊业由此逐渐兴起。在很大程度上，恰是黑死病使欧洲的封建领主逐渐放弃了庄园制农业，转而改营商业性畜牧业，从而促进了资本原始积累，使欧洲逐渐迈入商品经济时代。

政治方面，黑死病使领主阶级没落，市民阶级成为社会的主导力量，改变了原有的社会政治结构。

相较于将财富沉淀于土地而损失严重的封建领主，城市里的商人和金融家较快从灾难中恢复过来，他们凭借雄厚的实力，抓住城市发展的契机，迅速积聚财富，许多人由此平步青云，开始进入国家各部门并担任重要职务，成为政府的主要决策人。就社会地位而言，商人和金融家逐渐超越贵族领主，成为欧洲从中世纪走入近代社会的先锋。故而，黑死病改变了欧洲旧有的社会政治结构，促进了资本主义的萌生和发展。

文化方面，黑死病期间，欧洲文学作品对社会的审视激发了人文主义精神，人们开始打破对上帝的笃信盲从，质疑教会的思想禁锢，从而为欧洲的思想解放提供了契机。

由于中世纪医疗卫生条件落后，欧洲人面对黑死病基本束手无策，整个欧洲陷入一片恐慌，绝望的欧洲人甚至以为世界末日即将来临。他们以为唯一能够拯救自己的便是上帝，于是他们不断祈祷，但因黑死病而致死者仍然有增无减，所谓的上帝根本拯救不了地上信徒的生老病死。故此，作为上帝代言人的教皇和教会丧失了权威，上帝万能论的信念随之动摇。这正是上文薄伽丘"沉痛呼号"的缘由所在！故此，强调人的思想解放与主观能动性的人文主义思潮开始在欧洲逐渐兴起。同时，黑死病促使人们重新审视现实生活，对人生进行深入思考，一些文学作品中开始出现中世纪不曾有过的人文主义、自由主义精神。此类文学作品的代表作除了薄伽丘的《十日谈》，还有莎士比亚的传世作品《麦克白》《李尔王》等。人们开始反思上帝及人生，质疑教会的思想禁锢，这为欧洲的思想解放提供了契机。

科学技术方面，黑死病刺激了科学探索活动，推动了新兴技术的发展。

例如，牛顿在黑死病流行期间创立了二项式定理，发明了微积分以及反射式望远镜，发现了日光的七色光谱并创立了光的微粒说，确立了牛顿第一、第二定律和万有引力定律的基本思想，奠定了近代经典物理学体系的基础。黑死病导致的人口锐减以及劳动力成本的提高也成为生产技术发展的刺激性因素。中世纪欧洲活字印刷术的发明，便是一个通过技术节省劳动力的例子。例如，谷登堡在1453年发明了金属活字印刷术，这项新技术的应用不仅使人们以前所未有的精度与速度复制书本，而且还大大节约了人力，降低了成本。

　　综上所述，黑死病肆虐过后，欧洲文明走上了一条不同寻常的发展道路，黑死病为原来看似非常艰难的社会转型提供了契机。这场灾难深重的疫病，在一定程度上动摇了天主教的神圣性，推进了近代科学技术的发展，也为文艺复兴、宗教改革乃至启蒙运动开启了思想之门，从而深刻地改变了欧洲文明发展的方向与路径。"黑死病以可怕却有效的方式起到催化剂的作用加速了这一转化过程，使欧洲步出了灾难的阴影……促使近现代欧洲文化的形成，成为黎明前一段最黑暗的时光。"[1] 故此，有些西方学者认为，黑死病是"中世纪中期与晚期的分水岭"，甚至"标志着中世纪的结束"。

上海市青浦高级中学　钱轶娜

〔1〕李荷. 灾难中的转变：黑死病对欧洲文化的影响〔J〕. 中国人民大学学报，2004（01）：155.

61

教权"变形记"[1]

392 年，基督教成为罗马帝国的国教，教会的地位和势力开始擢升。476 年，西罗马帝国轰然倒地，在废墟与动荡之间，迫切需要建立一种新的秩序。基督教趁欧洲分裂割据、日耳曼王权尚未完全控制西欧之际，扩张势力，终于成为欧洲疆界的守卫者、信仰帝国的创建者。纵观长达千余年的西欧中世纪社会，教权与王权之争经历了一个此消彼长的过程，最初是教权从属于王权，继之教权凌驾于王权之上，而后教权走向衰落，王权崛起。

公元 5—10 世纪是教权的成长期。

496 年，法兰克国王克洛维接受洗礼，在十字架下涂抹圣油，皈依基督教。显然，克洛维试图借助宗教的力量来维护新生的法兰克政权，而教会也同样寄望于这个政权以维持其在欧洲的社会政治地位。754 年，教皇斯蒂芬二世为法兰克的新国王丕平三世戴上王冠，授予其象征王权的权杖并宣布其为上帝选定的君王，从此，教皇在国王加冕仪式中扮演着重要角色。而国王则大力宣扬

---

[1]《变形记》是奥地利作家卡夫卡的中篇小说名作，讲一个旅行推销员如何被社会挤压变形的故事。本文借用此名无意类比什么，只是取其一般词义而已。

君权神授，以论证其权力的合法性。756 年的"丕平献土"，赠予教皇国土和广泛的世俗权力，甚至包括废黜君主的特权。查理曼[1]统治时期教会权益进一步提升，771 年起，查理曼多次帮助与罗马大贵族不和的教皇利奥三世，扮演了教会保护人的角色。而此时，仅拥有蛮族国王称号已不能适应查理曼统治的需要。800 年，利奥三世在圣彼得大教堂为查理曼主持了罗马皇帝的加冕仪式，宣布其为"罗马人的皇帝"，由此查理曼成为罗马帝国的继承人和基督教世界的保护者，查理曼帝国奠定了西欧教俗双重统治的体制。

11—13 世纪是教权的鼎盛期。

在古代西欧向中古西欧转型的过程中，封君封臣制度逐渐发展起来，8 世纪上半叶的"采邑改革"进一步加强了这一制度，至 11 世纪前后，封君封臣制度在西欧社会得以基本确立。在此制度下，国王仅是一个地区的最高领主，王权不张，王国分裂，各级封建主势力坐大，统治权力相对分散，这就给教权的膨胀提供了可乘之机，控制和支配世俗政治成为这一时期教会的主要目的。而此时的教权发展到足以与世俗王权相抗衡的地步，中世纪西欧特有的教俗二元格局基本形成。基督教作为中世纪西欧人的唯一信仰，通过宣教深刻影响并控制着人们的世俗生活，诸如出生时的洗礼、成年时的坚信礼、结婚时的婚礼、临死前的圣礼（即临

---

[1] 查理曼，或称"查理大帝"，是欧洲中世纪早期法兰克王国的国王（768—814 年在位）。查理曼的"曼"字由拉丁语"伟大的"演变而来，意为"大帝"。

终涂膏礼），直至去世后的葬礼等。此外，基督教还占据着中世纪西欧意识形态的主导地位，基督教文化深刻影响着整个时代的精神文化。对于基督教以外的世界，从11世纪末至13世纪末，教会发动了持续近200年、所谓从异教徒手中收复失地的十字军东征，此时的基督教会成为万流归宗的国际中心。然而，"天无二日，土无二王，家无二主，尊无二上"[1]，随着王权的强化和教权的鼎盛，教权与王权的对抗达到顶峰。虽然1054年基督教分裂成罗马公教（天主教）和希腊正教（东正教）两大宗，但教会的地位未能动摇。罗马教皇认为自己拥有至高无上的权威，而国王则认定自己才是国家的最高统治者，教权与王权之争此起彼伏，双方互有胜负。如11世纪，教皇格列高利七世借主教授职权之争让神圣罗马帝国皇帝亨利四世蒙受"卡诺莎之辱"，此后，亨利四世又卷土重来，率军进占罗马，格列高利七世仓皇出逃，在孤寂中客死他乡；12世纪，英格兰国王亨利二世和坎特伯雷大主教多次发生争执，最终以坎特伯雷遇刺身亡告终；神圣罗马帝国皇帝"红胡子"腓特烈·巴巴罗萨在位期间与多任教皇发生公开冲突；等等。

公元13—15世纪是教权的衰落期。

11世纪起，西欧城市逐渐复兴，商品经济日趋活跃，市民阶层逐步壮大。出于维护自身利益的需要，市民阶层支持加强王权，在其助力之下，英法等国王权逐步得到加强，而教权则呈现江河

---

[1] 胡平生等译注. 礼记 [M]. 北京：中华书局，2017：986.

日下之势。13世纪末，持续了近200年的十字军东征以失败而告终，被称为"宗教旗帜下的掠夺性远征"使教会威望一落千丈。14世纪初，因为征税权，法王腓力四世与教皇卜尼法斯八世再起争端，卜尼法斯八世发布教权至上的著名通谕，而腓力四世则联合罗马贵族软禁了卜尼法斯八世，并将教廷从罗马移至法国南部小城阿维尼翁，新教皇克莱芒五世成为"阿维尼翁之囚"，受制于法国王室，并通谕承认世俗国王是由上帝直接设立的。14世纪，黑死病席卷欧洲，当人们寄望于万能上帝的拯救时，教会却将这场灾难解读为神明对人类的惩罚，由此人们对基督教的态度从虔诚信仰转化为失望不满，并开始重新思考宗教的意义。1377年，虽然教廷重回罗马，但天主教会又出现了严重分裂，从1378至1417年的40年间，甚至出现了三个教皇鼎立的局面，天主教会的大分裂又一次伤及教权，此后教会开始依附于世俗政权。

中世纪后期，随着西欧资本主义生产关系的发展和专制王权的强化，民族国家逐渐形成，欧洲的政治格局发生重大变化。在新时代来临之时，曾经控制精神世界、干预世俗生活的罗马教会日益式微，从世俗权力中隐退。而基督教在卸去沉重的神权外衣之后，其至善博爱的精神，反而历经岁月的磨砺愈发隽永。

上海市新中高级中学　谭爱华

62

阿拉伯百年翻译运动：穿过沉寂的中世纪

阿拔斯王朝时期的阿拉伯帝国文化繁荣，原因之一在于广泛翻译古代波斯、古代印度、古希腊和古罗马的文献，融合东西方文化，在文学、艺术、科学和思想等领域取得重要成就。此处的"翻译"二字非比寻常，实际上是指历史上著名的"阿拉伯百年翻译运动"，亦简称"翻译运动"。中世纪初期，由于蛮族入侵和战乱对西欧文化的破坏，希腊、罗马的文献、典藏蒙受重大损失，在西欧地区近乎绝迹。后来正是通过阿拉伯百年翻译运动，中古时期的欧洲国家才得以从阿拉伯帝国保存的文献中重新了解古希腊、古罗马文化，以及波斯、印度等东方文化，并在此基础上接续了欧洲文化源流，掀起文艺复兴运动。[1]

这场阿拉伯翻译运动有如下五大特征：

其一，多重原因为动力。

首先是政治方面的原因。作为横跨欧亚非三洲的阿拉伯帝国，历代哈里发都认为有必要对帝国境内的学术、宗教、制度、文化

---

[1] 整理自王斯德主编，李海峰等著. 世界通史（第三版）：第一编·古代文明与地域性历史——1500年以前的世界 [M]. 上海：华东师范大学出版社，2020：320.

等进行综合与统一，尤其是阿拔斯王朝的统治者意识到，要统治境内各等人群就必须学习和了解异质文化。同时，统治着广袤地区的阿拉伯人也需要用优秀的古典文化来武装自己。其次是宗教方面的原因。阿拉伯帝国范围内存在多种宗教，不少人对伊斯兰教的信奉仅流于表面，因此有必要通过文化的交流使伊斯兰教的文化内涵得到丰富，以获得更多人的认可。此外，还有其他各种有利于文化和学术活动的因素，如阿拉伯人自身的地缘文化优势、沟通东西方的历史际遇、古代伊斯兰教的宽容和尚学、商业传统下的开阔视野、统一的阿拉伯语、造纸术的引进等，这些因素成就了翻译运动的繁荣与发展。

其二，时间跨度逾百年。

阿拉伯帝国发起的这场翻译古代东西方文化典籍的学术运动，肇始于倭马亚王朝时期（661—750 年，白衣大食），高潮则是在阿拔斯王朝时代（750—1258 年，黑衣大食），迤逦数个世纪。而之所以被称作"百年"，是因为它的鼎盛期在阿拔斯帝国时代持续了约 100 年的时间，即约公元 830 年至 930 年间。其中，具体可以分为三个发展阶段：第一阶段是翻译运动的初始阶段，从哈里发曼苏尔时代（754—775 年）持续到拉希德时代（786—809 年）；第二阶段是翻译运动的兴盛时期，从哈里发麦蒙时代（813—833 年）持续到 10 世纪末；第三阶段是翻译运动的尾声，从 10 世纪末到 11 世纪中叶。

其三，学术机构起作用。

主持这场翻译运动的学术机构是位于麦蒙时代的首都巴格达的国家级综合性学术机构智慧宫。约在 830 年成立的智慧宫承担了翻译局、图书馆、科学院等多种功能。翻译运动期间，智慧宫重金聘请了各地不同民族、不同宗教信仰的近百位著名学者和翻译家，他们经常举行各种学科的学术报告会和辩论会。[1] 出乎现代人意料的是，智慧宫还时常进行有关宗教的争论，甚至探讨伊斯兰教和其他宗教孰优孰劣的问题，这反映了当时阿拉伯世界的宗教宽容态度。翻译运动的文献来源也十分广泛，包括希腊语文献、巴列维语文献、波斯语文献、希伯来语文献等，还包含景教等不同宗教的文献。智慧宫还是培养人才的中心，这里设置了天文台、医学学校、天文学学校等。此外，智慧宫人员的任命也体现了唯才是举的用人标准，比如第一任馆长马塞维就是一名基督教徒。

其四，硕果累累不胜数。

阿拉伯百年翻译运动翻译了希腊语著作 100 多部，波斯语著作约 20 部，印度语著作约 30 部，奈伯特语著作约 20 部；从古叙利亚语、希伯来语翻译过来的文学、艺术和科技著作也有几十部。译著中有阿基米德的《论球与圆柱》《圆的测定》《论平面板的平衡》《论浮体》等；欧几里得的《几何原理》《数据》《现象》《光学》等；托勒密的《天文大集》《地理学》《光学》等；阿波罗尼罗斯的《圆锥曲线》《比例截割》《有限极数》等；毕达哥拉斯的

---

[1] 有观点认为，"文艺复兴三杰"之一的拉斐尔为梵蒂冈教宗居室创作的大型壁画《雅典学院》，其原型是阿拉伯帝国的"智慧宫"。

《金色格言》；奥古斯丁的《论音乐》；盖伦的《解剖学》《小技》；还有希波克拉底的全部著作；亚里士多德的《逻辑学》《物理学》《伦理学》《政治学》《形而上学》等；以及柏拉图的《国家篇》《智者篇》《辩解篇》《政治家篇》等，不一而足。

其五，学术贡献传后世。

首先，阿拉伯人在直译原著的基础上，做了大量的校勘、注释、质疑、补正、摘要和评论等工作。其次，他们确立了各学科的阿拉伯语名词、术语、概念、范畴体系，采用了音译和意译相结合的方式进行翻译。再次，除对大量名著予以全译外，还对一些著作进行了选译、节译、摘译、译编和改编。此外，对一些著作因多次转译而被曲解或失传的部分，经校勘改译而恢复其本来的面目。同时，在译述的基础上，阿拉伯人就各学科研究所取得的新资料，撰写了大量新的学术著作，阐发新的创见。还有，这场翻译运动开创了集体协作译述的先例，但凡大部头的著作皆由多人分工译述和注释，有些著作甚至经几代人初译、重译而完成。

由此可见，阿拉伯民族就像坚忍笃诚的沙漠之舟——驼队一样，背负着传承文化的重任，在热情和智慧的驱使下，在古老的驼铃声中，百年翻译运动穿过沉寂的中世纪，走向充满光明与希望的近代。在欧洲文艺复兴时代，意大利佛罗伦萨、威尼斯人把大批译成阿拉伯文的古典文本又译成拉丁文，大批亚里士多德和古希腊著作通过阿拉伯人和阿拉伯文转渡欧洲，为欧洲的文艺复兴运动奠定了思想基础。可以说，没有阿拉伯百年翻译运动，就不会有欧洲近代的文艺复兴。

上海市朱家角中学　沈清波

63

在传承与交融中发展的印度文化

　　印度，一个熟悉而又陌生的国度，作为古代东方文明的代表之一，我们总能说出有关印度的那些事儿，诸如吠陀时代的种姓制度、列国时代的佛教等。然而，一个有趣的现象是，佛教产生于印度，但并非印度人信奉的主要宗教，其影响力远逊于印度教，甚至不如后来由阿拉伯传入印度的伊斯兰教。那么，何为印度教？伊斯兰教在印度的发展又受到哪些因素的影响？这就不得不提及印度中古时期的两个重要政权：笈多帝国和德里苏丹国。

　　笈多帝国起源于恒河中下游的摩揭陀地区，从4世纪初开始，历经几代有为君主的统治，国力日渐强盛，其版图几乎囊括以恒河流域为中心的北印度地区。然而5世纪中叶开始，笈多帝国由盛转衰，内部纷争不断，外敌入侵致使其一度偏安于恒河中下游，至公元6世纪中期，帝国解体。从时间上看，笈多帝国存在的时间并不长，但是在印度历史上却有着重要地位。

　　首先，笈多帝国统治时期正是印度从奴隶制生产关系向封建生产关系过渡的历史时期。东晋高僧法显曾到访过笈多帝国治下的北印度，撰写了《佛国记》一书，其中有这样一段记载："诸国王、长者、居士，为众僧起精舍供养，供给田宅、园圃、民户、牛犊，铁券书录，后王王相传，无敢废者，至今不绝。"[1] 这段记载讲述了笈多帝国采取将民户与土地一同赐予寺院的措施，这与封建制度下的采邑非常相似，很大程度上造成了印度中央集权衰微、地方势力做大的局面，而生产关系的变化自然会影响该时期印度的文化。

众所周知，随着雅利安人入主北印度，由婆罗门教及其教义衍生而来的种姓制度对印度社会产生了深刻影响。从公元前6世纪起，随着民众对种姓制度不满情绪的与日俱增，北印度先后出现了鼓吹"众生平等"的佛教以及强调苦修才能获得解脱的耆那教，二者对婆罗门教产生了巨大冲击。孔雀王朝时期（约公元前332年——约公元前185年）的统治者阿育王定佛教为国教，并推动了佛教在南亚、东南亚的传播。虽然孔雀王朝在阿育王死后渐趋衰落，但以佛教为代表的新兴宗教对婆罗门教的冲击依然在延续。

笈多帝国时期，为适应新兴生产关系的发展以及多元宗教兴起的现实，统治者采取了较为宽容的宗教政策。由此，在融合了婆罗门教、佛教以及包括耆那教在内的诸多民间信仰的基础上，婆罗门教完成了向印度教，即新婆罗门教的转化。印度教继承婆罗门教的教义，仍信仰梵，也认同造业、果报及轮回，故此，印度教一方面既宣扬婆罗门教所倡导的种姓制度，严格等级区分，

---

[1]（晋）法显著，郭鹏注译. 佛国记注译 [M]. 长春：长春出版社，1995：40.

又鼓吹佛教的轮回和业报；另一方面为适应统治阶级的需要，印度教既在上层宣扬享乐主义，为统治者的挥霍寻找依据，又要求下层教徒虔诚进奉神灵，逆来顺受，忍受苦难。有意思的是，"作为三大主神之一的湿婆既是苦行之神，同时又是舞蹈之神，正反映了印度教的这种两重性"[1]。到了 8 世纪后期，婆罗门教改革家商羯罗实施了一系列改革，建立了四个圣地并仿照佛教僧团成立了印度教组织——"十名教团"。正规宗教团体的建立，奠定了现代印度教的雏形。

此后至 13 世纪，从 8 世纪就已进入印度西北地区的伊斯兰教开始快速发展，冲击着印度社会的宗教结构，这是由于信奉伊斯兰教的阿拉伯帝国对与印度相邻的阿富汗地区的深刻影响。13 世纪初，来自阿富汗的穆斯林在德里建立了德里苏丹国，苏丹是典型的伊斯兰称谓。与传统印度政权截然不同的是，德里苏丹国是政教合一的神权国家，苏丹集军权和神权于一身，并将伊斯兰教奉为国教，这就大大加速了伊斯兰教在印度的传播。在传播伊斯兰教的过程中，统治者往往先以武力镇压反对者，再颁布法令禁止非穆斯林担任国家要职，同时豁免穆斯林的税收，双管齐下的结果是印度各阶层人士出于政治权利和经济利益的考量，大量皈依伊斯兰教。同时，由于德里苏丹国统治者来自中亚，在其统治期间，大量中亚的穆斯林移居印度，大大增加了印度人口中穆斯

---

〔1〕沈坚等. 世界通史（第一编）——前工业文明与地域性历史：1500 年以前的世界 ［M］. 上海：华东师范大学出版社，2001：292.

林的比例，其中大部分移民迁至今克什米尔以及东孟加拉等地区，一定程度上对当代南亚次大陆穆斯林人口的分布乃至印度的历史产生了重要的影响。

16世纪初，德里苏丹国被来自中亚突厥化的蒙古贵族帖木儿的后裔巴布尔消灭，莫卧儿帝国取而代之。由于莫卧儿帝国的统治者信奉伊斯兰教，于是伊斯兰教在印度继续传播。那么，我们不禁要问，为何伊斯兰教没有取代印度教成为印度信奉人口最多的宗教？究其原因有三：其一，虽有大量印度人皈依伊斯兰教，但其中多数人是出于政治权利和经济利益的考量，而非真正意义上的信仰皈依，尤其是在生活中，他们依然保留了传统印度教的信仰和习俗；其二，古代印度文明具有延续性、包容性、灵活性和多元性等特点，在此文化背景下要实现宗教定于一尊相对困难；其三，无论是德里苏丹国，还是后来版图更大的莫卧儿帝国，都未能完全征服整个南亚次大陆，印度南部始终保有独立性，这为印度教的保存与发展留下很大的空间。总体而言，无论是婆罗门教到印度教的转型，抑或多教并存，皆由印度特定的历史文化所致。对我们来说，了解古代印度的宗教文化及其历史传承，可以更好地理解现代南亚地区政治、经济、文化的历史渊源。

上海市大同中学　顾博凯

64

古非洲文明撷英

由于历史的原因，非洲贫穷、落后、动荡的形象在世人的心目中根深蒂固；加上不断的军事政变和频繁的自然灾害（如高温、干旱、洪涝）导致的政局动荡、经济崩溃等，更是给非洲的形象造成了诸多负面影响。其实，我们都知道非洲是人类（直立人、智人）的发源地，古代非洲文明也是人类文明史上异彩纷呈的篇章。这里试举数例。

其一，世界上最古老的岩画。非洲岩画是指约始于公元前9000年的非洲岩画艺术，撒哈拉沙漠和南部非洲是发现岩画较多的地区，东非也发现过此类艺术。众所周知，非洲拥有丰富多样的野生动物、自然景观以及肇始于原始人类横跨非洲广袤大草原进行最早探险的漫长人类史。迄今为止，非洲拥有120处世界遗产遗址，其中9处为岩画遗址。世界最大的"推菲尔泉岩画"集中了2 000多幅图画。其中，大多数保存完好的岩画是犀牛、大象、鸵鸟和长颈鹿，以及人和动物的脚印画。

其二，努比亚文明。黑人国王曾统治过古埃及。当今世界闻名的大型博物馆——开罗国家博物馆的"胜利之碑"是保存得最完整的古石碑之一，它记载了始于公元前 715 年古埃及第 25 王朝的创立者佩耶国王的业绩。第 25 王朝也称"库施王朝"，位于当今苏丹地区库施的国王佩耶征服埃及后成为黑人法老，统治着从地中海到埃塞俄比亚的地区，他的成功"使库施在短时间内成了一种世界力量"[1]。库施文明在麦罗埃时期达到高峰，首都麦罗埃有"古代非洲的雅典""古代非洲的伯明翰"之称，麦罗埃古城遗存于 2011 年被列入世界文化遗产名录。

其三，阿克苏姆文明。世界上第一个奉基督教为国教的非洲国家是埃塞俄比亚。以阿克苏姆为代表的埃塞俄比亚文明，从公元 2 世纪末至 4 世纪初一直在阿拉伯半岛南部扩张，又于 4 世纪征服了库施王国，成为版图涵盖埃塞俄比亚北部、苏丹和阿拉伯半岛南部的帝国。阿克苏姆曾在古代国际政治中起着重要作用，东罗马帝国曾与阿克苏姆结好以对抗波斯。此外，拉利贝拉地区的岩石教堂，是 12 至 13 世纪基督教文明在埃塞俄比亚繁荣与发展的非凡产物，被誉为"非洲奇迹"。

其四，诺克文化。以尼日利亚诺克文化为代表的非洲古代赤陶及贝宁铜雕，曾在欧洲引起"艺苑骚动"并激发了 20 世纪早期欧洲艺术的复兴。诺克文化是古代铁器时代文化，约在公元前 500 年至公元 200 年间存在于尼日利亚贝努埃高原，最具代表性的是动物泥塑和赤陶头像。在 19 世纪的殖民征服中，英国军队于 1897 年

---

[1] 李安山. 非洲古代王国 [M]. 北京：北京大学出版社，2011：41.

摧毁了贝宁王国，抢夺了约 2 500 件精美的铜雕艺术品。

其五，三大帝国之辉煌。古代加纳、马里和桑海，曾在西部非洲辉煌了数个世纪。那里不仅存在维系民生的繁忙贸易，也存在刺激帝王争权夺利的黄金资源。那里的人们不仅依靠本土资源生存繁衍，也开发了以跨撒哈拉沙漠长途贸易为主的商业系统，伊斯兰教的引入更是带来了新的生存方式和宗教文化。古代加纳帝国的区域面积远远大于当今加纳，今加纳独立时为表示对古代加纳帝国的崇敬，沿用了这一曾经显赫一时的帝国名称。马里帝国兴起于 13 世纪上半叶，是在灭亡了古代加纳后兴起的另一个西非帝国，其国王曼萨·穆萨是第一位出现在欧洲地图上的非洲帝王，马里独立后沿用其名称也是为了晓示后人继承马里帝国的伟大文明。古代马里的地理疆域也非今马里共和国的版图范围。有个地理名词"萨赫勒"，意为"边缘"，是非洲北部撒哈拉沙漠和中部苏丹草原地区之间的一条 3 800 多公里的走廊地带，从西部大西洋一直延伸到东部非洲之角。马里帝国全盛时期的版图，南起热带雨林，北至撒哈拉沙漠，西抵大西洋海岸，东达豪撒人居住地区，位于"萨赫勒"的西段，而今马里共和国仅是个内陆西非国家。上述 3 个帝国有时也被称为王国，而史学界称其为帝国，主要理由有三：一是它们所统治的区域远比今天相应的非洲国家要大；二是它们都是通过不断征服弱小王国，将其土地、人口和财富并入自己国土而变得强大起来；三是它们都有相当成熟的统治秩序和官僚体系，有各种受制于政治中心的附属国或从属国。

其六，巨石建筑群。今津巴布韦共和国、南非共和国和莫桑比克境内分布着数百处"石头城"遗迹，其中以"大津巴布韦遗址"的规模最大，保存最完整。"津巴布韦"邵纳语意为"石头城"。大津巴布韦遗址位于今津巴布韦共和国南部，被誉为"撒哈拉以南非洲最大史前建筑"，是一个占地约 40 公顷的复合体，包括防御工事、王宫、锥形塔和排水系统，其中最古老的部分建于 8 世纪以前。当时的津巴布韦远在内陆，出产的黄金只能通过东非海岸索法拉市场进行贸易或通过其港口进入西印度洋贸易圈。

其七，斯瓦希里文明。"斯瓦希里"一词在阿拉伯语中是"海岸"的意思，是来自阿拉伯半岛的阿拉伯商人对其落脚的东非沿海地区的概称。斯瓦希里文明是非亚文明交流的产物，除受阿拉伯文化影响外，还汲取了印度等亚洲其他国家文化的成分，在多种语言和文字的基础上形成斯瓦希里语与斯瓦希里文。10—15 世纪的斯瓦希里文明由东非沿海地区的一系列城邦国家组成，是东非城邦的繁荣时代；位于今坦桑尼亚的基尔瓦基斯瓦尼遗址，在公元 13—14 世纪曾是印度洋沿岸城市与非洲海岸各地区之间联系的枢纽。遗址出土了大批中国宋、元、明、清各朝代的古瓷器。基尔瓦基斯瓦尼遗址是研究斯瓦希里文明与中古东非沿海贸易颇具价值的实物证据，于 1981 年入选世界文化遗产名录。

除了以上所述，非洲还有北非的阿拉伯文明、西非的豪萨文明和阿散蒂文明，以及音乐、舞蹈、绘画等艺术，这些都极大丰富了人类文明的宝库。

上海市青浦高级中学　钱轶娜

65

中国古人的非洲印象

  中非友好关系源远流长。那么，中国古人对非洲的印象又如何？

  秦汉时期，中国就与中亚、西亚地区有了民间往来。司马迁在《史记·大宛列传》中提到一个叫"黎轩"的地方，法国汉学家伯希和、日本东洋史学界泰斗白鸟库吉等认为，"黎轩"就是埃及的亚历山大城，但学界并无定论。其后约400年，三国时期的史家鱼豢所著的《魏略》说："大秦国一号黎轩（罗马帝国）……其国在海西……海西有迟散城……"〔1〕西方学者认为，这个"迟散城"就是亚历山大城。〔2〕这说明，大约在两千年前中国对非洲已有些许了解。《汉书》记载，西汉平帝元始二年（公元2年），王莽辅政，曾有"黄支国"进献犀牛。荷兰汉学家戴闻达在《中国人对非洲的发现》一书中说，这个"黄支国"就是今东非的埃塞俄比亚（近来也有学者考证后认为可能在尤卡坦半岛）。而《汉书》中的这条记载，是目前有史可查的中国与非洲正式交往的最

〔1〕（晋）陈寿. 三国志［M］. 北京：中华书局，1959：860.
〔2〕［德］夏德著，朱杰勤译. 大秦国全录［M］. 北京：商务印书馆，1964：68.

早记录。

　　到了唐代，随着陆海丝绸之路的全面繁荣，中国与北非、东非的经济文化交流逐渐增多，有关非洲的记载也变得丰富而清晰起来。在埃及的福斯塔特城（即开罗古城）遗址发掘过程中，考古工作者在城中共发掘出中国陶瓷约 12 000 片，包括从唐代至明代前期各朝代生产的各种陶瓷器皿残片。福斯塔特最初兴起的时间正与唐代相当，上述考古发现足以说明，唐代的陶瓷器已出现于当时埃及人的日常生活中。天宝十年（公元 751 年），唐将高仙芝所部被大食（阿拉伯帝国）败于怛逻斯，部分士卒被俘，其中就有史家杜佑的族侄杜环。杜环在大食等地滞留十余年，曾到过今埃及、苏丹和埃塞俄比亚等地，直至宝应元年（公元 762 年）才从海路回到广州，并根据自己的所见所闻写成《经行记》一书。遗憾的是此书已佚，仅存部分文字（1 775 字）被杜佑引用记载于《通典》和《西戎总序》中。

　　《经行记》共记载十二国：拔汗那国、康国、狮子国、拂菻国、摩邻国、大食国、大秦国、波斯国、石国、碎叶国、末禄国、苫国。其中所记"摩邻国"引发了学界的广泛关注："摩邻国，在勃萨罗国西南，渡大碛行二千里至其国。其人黑，其俗犷，少米麦，无草木，马食干鱼，人餐鹘莽。鹘莽，即波斯枣也。瘴疠特甚，诸国陆行之所经也。"[1] 这个用"干鱼"喂马的摩邻国到底在哪

---

[1]（唐）杜佑. 通典［M］. 北京：中华书局，1988：5266.

里，由于可考资料稀少，学界依然有争论，但经多位学者对杜环的行程、地名的发音的考证，这个摩邻国有可能是北非的摩洛哥[1]，也有人认为是今天肯尼亚的马林迪等地，对此地名学界共有数十种不同意见。[2] 虽然地理位置的确凿性存在争议，但学界基本认定杜环是第一个确曾到达非洲的中国人，是有文字可考的第一个到过非洲的中国学者，《经行记》留下了记载北非的珍贵资料。《经行记》后，唐代志怪小说家段成式的笔记小说《酉阳杂俎》记录了非洲的"拔拔力国"："拔拔力国，在西南海中，不食五谷，食肉而已。……自古不属外国。战用象牙排、野牛角为稍、衣甲、弓矢之器，步兵二十万。大食频讨袭之。"[3] 这个"拔拔力国"就是今索马里的柏培拉。当然，和杜环不同，段成式并未游历非洲，故《酉阳杂俎》亦并非其直接见闻。

宋元时期，海上交通益加发达，中国与非洲的政治、经济、文化交往更为密切。原产自非洲的象牙、犀角、明矾等物资大批流入中国，非洲原产作物高粱、芝麻、西瓜等也成为这一时期中国普通百姓餐桌上的美食。宋神宗熙宁四年（公元 1071 年）和元丰六年（公元 1083 年），层檀国（桑给巴尔）两次遣使访问中国，埃及、摩洛哥的商人也多次来华贸易，史书中关于非洲的记载也多了起来，中国人对非洲的印象逐渐清晰。诸如李石的《续博物

---

[1] 艾周昌. 杜环非洲之行考辨 [J]. 西亚非洲，1995（3）：31—137.
[2] 李安山. 非洲华人社会经济史 [M]. 南京：江苏人民出版社，2019：141.
[3] 张仲裁译注. 酉阳杂俎 [M]. 北京：中华书局，2017：222.

志》、周辉的《清波别志》、周去非的《岭外代答》、赵汝适的《诸蕃志》、陈元靓的《事林广记》、周致中的《异域志》等，都记载了宋元时期中国人的非洲印象。而最具代表性、最具史料价值的则首推汪大渊的《岛夷志略》。汪大渊是元代著名旅行家。1329—1345 年之间，他两次跟随商船出海旅行，游历了东南亚、西亚、北非等地数十个国家，远至非洲的桑给巴尔。汪大渊归国后，写成《岛夷志》，后称《岛夷志略》。书中介绍了层摇罗国（桑给巴尔）、哩伽塔（摩洛哥）、特番利（埃及）等国的山川物产、风土人情，相较于此前各书更为详细。加之汪大渊本人到过层摇罗等国，文字多来自亲历，更加真实可信，也更具史料价值。

及至明代，记载非洲国家的书籍也有好多种，如严从简的《殊域周咨录》、陈仁锡的《皇明世法录》等，而将对外交往推向高潮的则是"郑和下西洋"。郑和七下西洋，其船队曾到达东非，访问了木骨都束（摩加迪沙）、卜剌哇（布腊瓦，今属索马里）、竹步（朱巴，今属索马里），麻林地（马林迪，今属肯尼亚）。在郑和的随从中，有三人的著作流传下来。马欢的《瀛涯胜览》和巩珍的《西洋番国志》主要记载东南亚、南亚、西亚国家，而费信的《星槎胜览》除记载上述国家外，还提到了一个剌撒国。剌撒国今在何处？一说在索马里，一说在埃塞俄比亚，而根据《郑和航海图》，剌撒国则在亚丁湾以东的印度洋沿岸。

上海市松江一中　苗　颖

66

15、16 世纪美洲、非洲和亚洲区域文明发展的差异性[*]

美洲印第安文明

新航路开辟前，美洲分散着印第安人的游牧部落，而中美洲的玛雅人、阿兹特克人和南美洲的印加人是美洲印第安文明的主要代表。16 世纪欧洲人到来之前，曾经繁盛的玛雅文明已经开始衰退。阿兹特克人采取进贡和军事威慑、扩张等方法来维持其联盟，使阿兹特克文明在 16 世纪初进入鼎盛时期，大型祭祀神庙的修建，包括诸多部落的军事联盟的建立便是例证。但以埃尔南·科尔特斯为首的西班牙殖民者到来后，还挑动一些部落对阿兹特克国家反戈一击，加之天花疫病的侵袭，阿兹特克文明迅速走向瓦解。印加帝国实行王权专制与太阳神崇拜，其组织形式要比阿兹特克严密。统治者通过划分政区、任命官员等方式牢牢控制全国。此外，印加统治者还拥有一支 20 万人的常备军队；在被征服

---

*《中外历史纲要》"走向整体的世界"导言中有这样一段话："殖民扩张中断了美洲和非洲原有的社会发展进程，印第安人的文明遭到毁灭性打击，很多非洲人在三角贸易中沦为奴隶，亚洲的古老帝国也受到冲击。"这话说得很是有分寸，殖民扩张下，三大洲的际遇大不相同：美洲印第安文明受到"毁灭性打击"；非洲地区很多人"沦为奴隶"；亚洲帝国则是"受到冲击"。这段话表述了 15、16 世纪殖民扩张下美洲、非洲和亚洲的不同际遇，以及这一时期三大洲区域文明发展的差异性。

的地区强行推广统一的克丘亚语;在全国大修道路,建立以库斯科为中心的交通网,以加强对边远地区的控制。可见,印加文明达到了相当高的发展水平。但印加帝国的统一并非稳定,扩张以及内战给西班牙殖民者带来可乘之机,1532 年,皮萨罗率领 168 名士兵征服了拥有 600 万人口的庞大的印加帝国。[1]

　　一个值得关注的现象是,人们至今未发现玛雅与印加,抑或阿兹特克与印加有过联系。是何原因?观察中南美洲的地形图可以发现,中美洲中部的山系将狭长的中美地峡分成大西洋沿岸和太平洋沿岸两部分;南美洲安第斯山脉纵贯南北,山势险峻。可以推想,古代美洲居民点被无人居住的森林和荒漠分隔开,包围在一个个山谷盆地中,犹如被大海隔开的岛屿,印第安人被分裂成一连串的群落。此外,古代美洲大陆没有马匹,信使只能以跑步的方式来传递消息,可见,印第安各区域的信息交流、物资运输受到极大的阻碍。大体上,美洲各印第安文明彼此处于孤立状态。

　　交流频繁的地区,文明便快速发展;而在交流近乎隔绝的美洲,印第安文明则长期处于较为原始的阶段。所以科尔特斯和皮萨罗配备火枪、马匹和铁质刀剑的仅几百人的探险队,便分别摧毁了阿兹特克和印加文明。印第安文明与欧洲文明的悬殊差距由此可见。

―――――――――

〔1〕整理自〔美〕杰里·本特利等著,魏凤莲等译. 新全球史(第三版)下〔M〕.
　　北京:北京大学出版社,2007:709.

非洲文明

非洲地区有撒哈拉沙漠以北和撒哈拉沙漠以南之分，后者也被称为撒哈拉以南的非洲，那里的班图人很早就掌握了冶铁技术，在金属冶炼上比美洲更为先进。此外，与孤立的美洲印第安文明不同，非洲文明与欧亚大陆文明的交往较为频繁。环印度洋贸易促进了东非地区各城邦的繁荣，在与阿拉伯商人的贸易中，该地区逐渐皈依伊斯兰教。由于广泛使用能够远距离负重前行的骆驼，西非的加纳、马里、桑海与北非建立起了跨撒哈拉沙漠的贸易往来，进而使西非地区逐渐伊斯兰化。其中，马里曾一度是西非地区最强大的国家，曼萨·穆萨统治时期是马里帝国的黄金时代，版图空前辽阔。曼萨·穆萨曾前往麦加朝圣，沿路大肆挥霍黄金，帝国的富庶及王权的鼎盛显赫一时，马里自此声名远扬。

马里之后崛起的桑海帝国也建立起中央集权制的国家。因自然环境的制约以及西非地区国家政权的相对稳固，16 世纪的欧洲殖民者只是在非洲沿海地区建立殖民据点，而未能大规模进入非洲内陆。受制于各种因素，欧洲殖民者甚至很少有颠覆西非国家的念头，因为这会使自身付出惨重的代价。然而，欧洲殖民者为了向美洲殖民地输入劳动力，开始了持续 300 余年的奴隶贸易。他们与当时的非洲政权或部落酋长达成购买奴隶的协议，抓捕大量黑人并运至美洲，将其贩卖为种植园奴隶。奴隶三角贸易不仅使非洲人口大量减少，而且深刻改变了非洲原有的发展轨迹，严重制约了非洲社会的进步，导致非洲与其他地区文明的差距日趋扩大。

亚洲古老帝国

阿拉伯人创立的伊斯兰文明已在西亚、中亚、北非地区落地生根。此后，于 1299 年立国的奥斯曼帝国逐渐站在了伊斯兰世界对抗基督教世界的前沿。通过建立高效的君主专制制度，以及不断的军事扩张，15 世纪的奥斯曼帝国在攻灭拜占庭帝国后，逐渐发展成横跨亚非欧三洲的大帝国。奥斯曼帝国与欧洲、亚洲国家有着广泛的贸易联系，并控制了亚欧之间的商路，一定程度上影响了东西方之间的贸易，成为驱动欧洲人开辟新航路的原因之一。美国史学家斯塔夫里阿诺斯在《全球通史》一书中说道："如果 1500 年前后有人在月球上观察地球，那他对穆斯林世界的印象一定会比对基督教世界的印象要深得多。"[1] 此说还是比较符合史实的。新航路开辟后，欧洲经过 200 多年的发展，才逐渐形成对奥斯曼帝国的一定优势；奥斯曼帝国是 15 至 19 世纪唯一能挑战欧洲国家的伊斯兰势力。而东亚地区的中国、朝鲜、日本等国直至 19 世纪才在武力逼迫下打开国门。可以说，15 世纪末 16 世纪初，欧洲各国对亚洲的庞大帝国并无优势可言，至少优势并不明显。因

---

[1]［美］斯塔夫里阿诺斯著，董书慧等译. 全球通史（第七版）［M］. 北京：北京大学出版社，2005：345.

此，处于早期殖民阶段的欧洲虽然已开始敲击亚洲古老帝国的大门，但还没有形成征服优势。

综上所述，新航路开辟之前，即 15 世纪末，美洲、非洲、亚洲的文明处于不同的发展水平，也具有极大的差异性，解读其差异性和多样性，可以帮助我们理解为何欧洲人的到来会对不同地区产生如此不同的影响。

上海外国语大学附属外国语学校　林镇国

第十三篇

走向整体的世界

67
地理大发现琐议

1492 年 10 月 12 日，哥伦布登上了美洲大陆，这一天后来被定为西班牙国庆日，哥伦布也因此成为地理大发现时代最伟大的航海家，没有之一；而就在此前半个多世纪，中国浩浩荡荡的郑和船队所经过的绝大部分地区和驶过的绝大部分航线，却不属于地理大发现的范畴。

究竟，何谓地理大发现？

对于地理大发现这一概念，历史文本中或是不予界定，或是仅仅指出"哥伦布发现美洲，达·伽马开辟绕非洲到东方的新航路及麦哲伦等人之完成环球航行，是地理大发现的主要内容"[1]。这样便产生了一些疑义：其一，怎样的航海活动才能划入地理大发现的范畴？其二，地理大发现到底包括了哪些航海活动？其三，地理大发现开始于何时又结束于何时？

应该说，早在 15 世纪欧洲人开辟新航路之前，人类的活动范围就已涉及世界的大部分陆地以及近岸海洋。西亚的腓尼基人是

---

[1] 刘祚昌等. 世界史·近代史编（第二版）[M]. 北京: 高等教育出版社，2001: 2.

古代著名的航海民族，他们除了活跃于地中海和黑海海域，还曾穿过被誉为世界尽头的直布罗陀海峡，泛舟大西洋，向北直抵不列颠群岛从事锡矿贸易，向南活跃于西非海岸跟撒哈拉以南的非洲开展交易。除了腓尼基人，古代著名的航海民族还有北非的迦太基人、欧洲的希腊人和罗马人等，他们的航海路线都曾突破地中海区域，抵达遥远的北海、波罗的海、红海以及大西洋等地。这可以从古希腊著名地理学家托勒密绘制的世界地图中窥得端倪——他居然标出了亚洲东部地区。直至 15 世纪，这幅地图仍是欧洲人海外探险的重要参考。

至今，地理大发现这一概念是何人、何时最早提出的，已难以考证。然而，这一概念折射出的欧洲中心观、文明优越论却是显而易见的。在这里，地理大发现的主语是后来处于文明优势地位的欧洲，这意味着文明相对弱势的群体，尤其是原始人群，即便到达了某些无人居住的陆地，或在某些海域进行了首次航行，其航海活动也都不能被称为地理大发现，而只能视为族群迁徙抑或移居的一种形式。这是因为"地理"这一概念本身就是人类文明发展到一定程度时对自身所处世界的一种理性认知，而原始人尚不能抽象出这一概念。但问题是，即便是一些文明已经开化并达到一定程度的民族所进行的航海活动，也未被纳入地理大发现的范畴，如古代希腊人、罗马人开拓的航海路线，以及中国的郑和下西洋等。

明代中国是世界上首屈一指的大国，郑和也不比西方任何一名航海家逊色。但是，若从更着重于"探索未知"的地理大发现视角来看，郑和的航海行为就不得不被摒除在这个范畴之外了。郑和下西洋的活动范围，主要在西太平洋边缘、北印度洋诸岛和沿岸国家。这些地方，自古以来就是人类航海文明的发源地和繁荣区。数个世纪以来，阿拉伯人、印度人、波斯人、埃及人在印度洋上穿梭往来；西太平洋沿岸国家及边缘海岛各国，也早就有着频繁的海上交通。战争、贸易、传教、迁徙等行为，早已使这些地区的人们通过海上活动联系起来。郑和的船队虽然扩大了明王朝的影响，客观上加强了中外联系，但并没有开辟具有重要意义或价值的新航路，也没有确立新的空间联系。

更为重要的是，相较于郑和下西洋，15 世纪欧洲人主导的地理大发现从一开始就带有明显的扩张与征服色彩。"在 15、16 世纪的人们心目中，发现的意思就是使所有的人和所有的民族都并入基督教社会。"[1] 历史学家斯塔夫里阿诺斯甚至用"西欧的扩张"来取代"地理大发现"。[2] 上述论断是有充分依据的。在哥伦布发现美洲后，1495 年，他决定征服伊斯帕尼奥拉岛，于是进行了 9 个月的屠杀，成功建立了西班牙的第一个海外殖民地。印第安人只得背井离乡，逃往深山，而那些未出逃者便沦为奴隶，被迫在种植园、金矿为西班牙人劳作。16 世纪初，曾经辉煌一时的

---

〔1〕[西] 萨尔瓦多·德·马达里亚加著，朱伦译. 哥伦布评传 [M]. 北京：中国社会科学出版社，1991：147.
〔2〕[美] 斯塔夫里阿诺斯著，董书慧等译. 全球通史（第七版）[M]. 北京：北京大学出版社，2005：目录 3.

美洲阿兹特克文明和印加文明，也在西班牙的暴行之下化为废墟。此外，开辟新的商贸航路，既是欧洲人开辟新航路的目的，也是结果。事实证明，新航路开辟后西方殖民者从中获得了巨额利润。1493 年至 1600 年，葡萄牙殖民者从非洲掠走黄金 27.6 万公斤；1545 年至 1560 年，西班牙平均每年从美洲运回黄金 5 500 公斤，白银 24.6 万公斤。[1]

　　总而言之，尽管对地理大发现概念的界定并不尽如人意，但若以"探索"，以及所谓对世界的"重塑"作为衡量标准，15 世纪的欧洲人的确走在了时代前列。当然，地理大发现还不应仅限于海洋，新航路开辟所带来的陆上探险，以及人类对更广大水域的探索，都可视为地理大发现。另外，"发现"还不仅在于找到新的水域或陆地，通过探索而否定某种结论也不失为伟大的成就。例如，从 1772 年到 1775 年，英国探险家库克率领两艘船完成了中南半球水域的环球航行，首次穿越南极圈。尽管这次探索是他 3 次远航中取得成绩最小的，仅发现一个小岛——诺福克，但这一发现最终否定了在非洲和南美洲之间的南太平洋水域存在一块广阔的南方大陆的可能性，从而廓清了人们对这一区域的认识。

上海外国语大学附属浦东外国语学校　李　慧

---

[1] 整理自朱寰. 世界上古中古史（下册）[M]. 北京：高等教育出版社，1986：255—257.

68

物种交换带动全球联系 *

20 世纪 70 年代，美国历史学家艾弗瑞·克罗斯比曾提出"哥伦布大交换"的概念，认为哥伦布在 1492 年抵达美洲之后，不仅引发了跨越大陆大洋的人口、商品、文化、制度等的交流，还带来了一种生态环境上的交换，包括物种、疾病（含微生物）、生态体系等。全球物种交换，主要是伴随全球贸易和殖民活动而展开的，它和商品流动、殖民扩张的进程相互交织。

对于欧洲国家来说，全球物种交换可以作为实现资本原始积累的一种途径。如新航路开辟后，来自中国的茶叶加快入欧，英式下午茶成为欧洲上流社会的风尚。当时欧洲的甜味剂只有蜂蜜，蔗糖与亚洲的香料对欧洲人来说皆为极其贵重的调味品，这就直接导致了对蔗糖需求量的增加。为满足这一需求，葡萄牙人决定将甘蔗引进巴西。"甘蔗是不折不扣的国际性作物，结合了亚洲植

---

* 《中外历史纲要》"全球联系的初步建立与世界格局的演变"一课，最引人关注也是最令人欣喜的一处变化是谈到了全球人口迁徙带动的"全球物种交换"。诸如"今天世界的植物食品中，约有 1/3 的品种源自美洲""人口和动物的全球流动也导致了各种疾病的传播"等，还设置了"思考点"："全球物种大交换对历史的发展带来了怎样的影响？"毫无疑问，课文对新航路开辟之于人文地理格局和全球生态环境重塑的影响表现出高度的重视。

物、欧洲资本、非洲劳动力、美洲土壤，是不折不扣的国际性作物。"[1] 美洲种植园选种的经济作物既有本地物种，如烟草、可可，也有外来物种，如甘蔗、咖啡，其共同点是具有较高的经济利用价值，可以成为世界市场中的盈利商品。应该说，物种交换在旧大陆自古有之，古代丝绸之路上主要进行的就是动植物的交换。但哥伦布之后，物种交换的特殊性在于，它与资本主义的全球扩张紧密结合，从而成为全球联系的纽带之一。

不可否认，物种交换也是为了适应殖民活动的需求。因为在殖民开发的初始阶段，人们常常遇到食物短缺的难题。这并非由于殖民地物产不丰，而是殖民者水土不服。毕竟，把新物种变成日常食物是要匹配文化特性和饮食习惯的。比如欧洲人最初对土豆并不"友好"。美国人迈克尔·波伦曾在《植物的欲望》一书中描述 3 个世纪前欧洲人对土豆的看法："小麦是向上指，指向太阳和文明；马铃薯却是向下指，它是地府的，在地下看不见地长成它那些没有区别的褐色块茎，懒散地长出一些藤叶趴在地面上。"[2] 这就难怪，涉足美洲的西班牙移民宁可每人"一天只吃一碗豌豆汤，五个人吃一个鸡蛋"[3]，也不碰土豆。哥伦布要求

〔1〕［美］彭慕兰等著，黄中宪等译. 贸易打造的世界——社会、文化与世界经济［M］. 西安：陕西师范大学出版社，2008：113.
〔2〕［美］迈克尔·波伦著，王毅译. 植物的欲望——植物眼中的世界［M］. 上海：上海人民出版社，2005：211.
〔3〕［德］保罗·维尔纳·朗格著，张连瀛等译. 哥伦布传［M］. 北京：新华出版社，1986：165.

西班牙国王增援食物，等到欧洲的谷物、水果、蔬菜等运过来，物种交换便完成了。

物种交换带动全球联系是一个多边互动的过程。由于交换的发起者是欧洲殖民者和商人，起初也是按照他们的意愿选择交换的物种，以服务他们的利益，因此，这存在明显的不对称性。然而实际发生的交换却远远超出了人们的意愿。欧洲人把美洲的植物、食品带到世界各地，却迫于美洲驯化的动物严重不足，只得把旧大陆的牲畜源源不断地输入美洲，因而造成了物种的重新分布。此外，欧洲移民及其牲畜进入美洲后，其携带的病菌对生活在封闭世界的印第安人来说可是致命的新物种，由于免疫力缺乏等原因，美洲原住民的人口因此锐减。但"作为回报，美洲印第安人把梅毒传播给了旧大陆，虽然梅毒的发源地是否在美洲还不确定"[1]。不管怎么说，物种交换既是人类的选择之举，也是无奈之举；更有一些乏善或罪恶之举不请自来，搅动了世界的安宁。

全球物种交换毫无疑问给人类带来了福祉，如全球贸易新格局的出现、人类物质生活的丰富性得到提高、高产作物发挥救荒作用等。但福祉背后也隐藏灾祸，其一是加剧了资本的全球剥削和种族奴役。如"蔗糖催生奴隶贸易"的观点认为，当欧洲国家在美洲殖民地大肆兴建甘蔗种植园时，产生了劳动力的短缺，由此黑奴贸易应运而生，加勒比海地区以及南美地区的甘蔗种植园

〔1〕［美］威廉·麦克尼尔著，施诚等译. 世界史：从史前到 21 世纪全球文明的互动［M］. 北京：中信出版社，2013：278.

也成了黑奴地狱。其二是冲击了全球的自然环境与生态体系。美国历史学家查尔斯·曼恩在其《1493：物种大交换开创的世界史》中讲过这样一个故事，概而述之：英国人在北美接触到烟草，随后把它带回欧洲，抽烟遂成为欧洲的时尚。为了运回更多烟草，船员使用了压舱石，而后不少就被扔在了美洲，石头附带的泥土藏有英国蚯蚓，树林落叶便成了它们的食物，而这些落叶原本是森林植被的养分来源，于是很多植物则遭遇灭顶之灾……

物种交换带动全球联系，本质上是全球化的过程。虽然，面对陌生世界、陌生环境、陌生物种，人类的选择谈不上文明与理性，人类对自己行为造成的影响也根本无法完全掌控。但物种交换扩大了人类活动的空间，开阔了人类认识世界的视野，追加了人类改造世界的手段，这些因素则进一步助力世界从分散走向整体。

上海市控江中学　顾　炜

69

全球商贸套利体系的形成

15、16 世纪新航路的开辟将世界连成一个整体，对世界历史发展产生了深远影响。从全球商贸的发展来看，新航路的开辟使人类第一次建立起了跨越大陆和海洋的全球性联系。马克思说："世界贸易和世界市场在 16 世纪揭开了资本的现代生活史。"[1]这里的"现代生活史"主要是指全球商贸套利体系的形成。处于亚欧大陆边缘的欧洲是全球交换网络的创造者，他们在世界范围的商品货物流动中发现并创造了许多全球套利的新机会，发掘出全球贸易体系的巨大商业潜力：在世界某个地区买入廉价货物，在世界的另一个地区高价卖出，实现"古典经济学之父"、英国人亚当·斯密所说的"一切商业利益的原则都是尽可能贱买贵卖"[2]。

在传统的印度洋贸易体系中，葡萄牙人处于印度洋网络的要冲，如他们在东非海岸的基卢瓦、印度的果阿以及东印度群岛的马六甲建立贸易据点，垄断欧亚胡椒贸易。至 17 世纪，总部设于

---

〔1〕中共中央马克思恩格斯列宁斯大林著作编译局. 马克思恩格斯选集（第五卷）[M]. 北京：人民出版社，2009：171.
〔2〕中央电视台《大国崛起》节目组. 大国崛起·英国 [M]. 北京：中国民主法制出版社，2006：148.

东南亚巴达维亚（今印度尼西亚的雅加达）的世界第一个大型贸易公司——荷兰东印度公司，打破了葡萄牙人的胡椒贸易垄断地位，并将其驱逐出印度洋贸易体系，而英国则在印度取代了葡萄牙。

在新兴的太平洋贸易中，西班牙人获利丰厚，西班牙比索成为世界最早的全球货币，支配全球套利体系，究其原因，则与南美洲的银矿开采、中国明朝的商品经济繁荣等密切相关。西班牙人在征服了印加帝国后，于16世纪40年代在波托西（今玻利维亚境内）发现了一座相当规模的银山，于是他们采用印加帝国传统的强迫劳动制，即米达制，迫使土著居民参加劳动，后来又使用非洲奴隶来开采银矿，大量白银被铸成西班牙比索，为世界第一个全球金融网络的创建提供了通货条件。与此同时，中国的银价是欧洲（原产自美洲）的两倍，而中国的丝绸和瓷器相比欧洲同类产品价格更便宜、质量更好。巨大的银价差及丝价差为西欧等国提供了双向套利、获取超额利润的机会，并推动了全球交换体系的运转。据估计，在1500年到1800年间，美洲开采白银的75%都流入了中国。

在另一个新的贸易体系——大西洋贸易体系中，欧洲人也找到了套利的产品——蔗糖。15世纪，采用奴隶制的甘蔗种植园已出现在地中海的塞浦路斯、克里特岛以及西西里岛等地，为后来欧洲殖民者开发美洲提供了模板。哥伦布第二次航行至美洲时，将甘蔗带入位于加勒比海的圣多明各，甘蔗种植园的经营方式也就此从欧洲输入到加勒比海地区以及美洲其他地区。美洲种植园的主要产品蔗糖或被酿制成朗姆酒，或作为甜味剂在欧洲快速发展的各个城市中销售。欧洲商人、投资者、种植园主以及非洲的奴隶贩子都从中获得了丰厚利润。在蔗糖成为套利产品后，种植园又将种植物种扩大到烟草、棉花等经济作物，由此，欧洲、非洲海岸、加勒比海和北美殖民地之间形成了有利可图的三角贸易体系。

总之，至 16 世纪，印度洋贸易体系、太平洋贸易体系和大西洋贸易体系联结成世界贸易整体，全球财富的形式、流向以及创造方式等出现了深刻变化。在这一过程中，大西洋贸易体系最终成为全球贸易的中心，欧洲成为世界各地新物新事的汇聚地，欧洲也由此变得富足起来。

值得一提的是，全球商贸套利体系使更多种类的物资成为有利可图的商品，地球更多资源的价值为人类所认识，进而引发了人类的发掘、开采、争夺和控制，而这正是欧洲殖民掠夺与新航路开辟同时而来的重要原因。在殖民掠夺过程中，一个重要的现象是，非洲、欧亚大陆的疾病向美洲的单向传播，天花、麻疹和斑疹伤寒等成为对这些疾病缺乏免疫力的美洲人的主要杀手。[1]由此，中美洲人口的数量在 16 世纪下降了 90%—95%，南美洲安第斯地区的人口下降了 70%。随着人口的锐减，中美洲及以南地

---

[1] 整理自 [美] 阿尔弗雷德·克罗斯比著，郑明萱译. 哥伦布大交换：1492 年以后的生物影响和文化冲击 [M]. 北京：中信出版社，2018：32—33、37.

区原来的社会、政治和宗教逐渐消失，这为欧洲殖民者清理出了足够的空间，便于他们将自己的农业、宗教、文化、生活方式以及政府模式植入美洲，进而构建以欧洲为模板、受欧洲控制及影响的社会。这种现象最初出现于美洲，后来又延伸到澳大利亚、新西兰等地区。

全球商贸套利体系使原本长期处于亚欧大陆边缘、不为世人瞩目的欧洲成为世界的中心，并在海路可达范围内影响着人类社会。同时，这种外部地位的变化和力量的增强又反作用于其内部社会各方面的嬗变：一是在思想文化方面，美洲及其不为人知的民族、文化、宗教和农作物的发现，潜移默化而又深刻影响着欧洲人的传统信仰与知识结构，怀疑传统、主张通过调查和观察获得知识等逐渐成为欧洲人的信仰，并成为近代欧洲科学革命与技术创新的重要因素之一；二是在经济政治方面，全球商贸套利体系带来的丰厚利润，使商业受到统治者、银行家的极大关注，西欧各国政府普遍采取重商主义政策，并逐渐创立了证券股份制、银行金融体系等资本主义经济制度，由此促进了资本主义的深入发展，也推动了欧洲社会结构与政治体制的全面转型。

上海市市北中学　罗　明

70

文艺复兴根植于中世纪土壤

文艺复兴和中世纪不可分割。

首先，中世纪城市复兴和商品经济发展是文艺复兴的经济基础。

中世纪城市作为工商业中心，市民主要从事制造业或者商业，他们过着截然不同于农村居民的生活，由此逐渐产生了新的生活方式、生活态度和价值观念，金钱和财富的重要性凸显，人们的身份和地位也由此而确定。同时城市居民在与封建领主的斗争中逐渐获得城市的"自治权"。于是，市民"可以竞选市长、议员、法官等，可以组织自己的市政府、建立自己的法庭甚至组建自己的军队"[1]。中世纪西欧商业贸易主要集中于地中海，而地中海又以意大利的城邦国家为中心，如威尼斯共和国（始建于公元687年，1797年被拿破仑所灭），意大利由此而积累了大量财富。丰厚的物质、生产方式的转型、经济活动的活跃以及城市自治的开展，带来了生活态度、价值观念的变化，这些最终导致文化艺术的新

---

〔1〕钱乘旦. 西方那一块土：钱乘旦讲西方文化通论［M］. 北京：北京大学出版社，2015：152.

生，人们逐渐在思想观念上走出中世纪。

其次，中世纪基督教会客观上推动了文艺复兴运动的兴起。

具体而言，第一，公元 9、10 世纪，欧洲各教区兴办教会学校，毫无疑问，在教会学校中，神学教育居于首位。但至 10、11 世纪，"七艺"逐渐吸收了古希腊、古罗马的知识，被纳入课程范围，甚至有关神学的教材中也出现了古典时代的主要人物，如维吉尔、贺拉斯、西塞罗等人的作品。于是，在基督教主导的教育中，古典文化的种子已悄然埋下，合法存在，潜滋暗长，自然延续。教会学校的另一成果是经院哲学。经院哲学也强调理性，即通过抽象的、烦琐的辩证方法来论证神学的教义，为宗教神学服务，如托马斯·阿奎那所言"用理性来证明上帝的存在是完全有可能的"[1]，这种辩证的思维方法为人类理性精神的萌生打开了一扇窗。理性从对基督教的绝对信仰中挣脱出来，并逐渐根植于人们对世俗社会生活的思考中。辩证思维和理性精神使中世纪人们的头脑渐趋冷静、理智、科学，不再盲目且狂热地全盘接受教会宣扬的教义。

第二，中世纪教会培植的另一朵文化奇葩是大学。大学教育虽以神学为主，但世俗学科也逐渐取得一席之地，医学、法学、人文学发展迅速。只要不与教会信条公开抵触，各种思想都可得到宣讲与传播。这种较为宽松的学术气氛，促进了自由的思考，

---

[1] 张卿等. 托马斯·阿奎那上帝观的地位与影响 [J]. 湖北大学学报（哲学社会科学版），2015（5）：86.

启迪了思辨的学风。由此，大学培养出众多独立学习与思考的教师、学者，如德西德里乌斯·伊拉斯谟、乌尔利希·冯·胡登、弗兰西斯·培根、托马斯·莫尔等，他们渐渐摆脱宗教和政治的束缚，对欧洲近代文化的构建产生了重大影响。可见，人文主义和科学思潮在中世纪的大学里被悄然孕育，培养出了具有人文主义情怀和科学精神的大师。

第三，中世纪基督教会对图书不遗余力地搜集、整理和保藏，使很多古代文化典籍历经动荡、纷争、变迁的中世纪而得以存留。教皇尼古拉五世为了建立教廷图书馆，派遣众多学者赴雅典、君士坦丁堡以及英吉利、法兰西等地，全力收集古典手稿，并设立翻译、抄写和编纂中心。教皇利奥十世也曾派人到瑞士、丹麦、波罗的海沿岸各地搜集古籍。于是，古希腊、古罗马的文学、哲学著作，如《荷马史诗》、希罗多德和亚里士多德等名家的作品，以及各类宗教和神学著作，如不同版本的《圣经》和福音书等被保存下来。当越来越多的人开始从宗教笃信和盲从中挣脱出来，这些尘封已久的古典著作便成了他们的精神养料。

第四，教会还为社会文化活动提供资金和场所，在客观上推动了人文主义思想的传播。文艺复兴时期，人文主义者大多并不富裕。教皇尼古拉五世曾经资助"复兴和普及古典文化的领袖"弗朗西斯科·费勒福翻译《荷马史诗》；奖励翻译希腊历史和地理学家斯特拉伯《地理》一书的盖里诺1 500佛罗林；奖励把波利比乌斯的作品译成拉丁文的佩脱罗500金币。此外，文艺复兴中的许多文化活动也依托宫廷、教廷与修道院展开。教会是艺术家的主要雇主与艺术作品的主要欣赏者，比如，米开朗琪罗的《末日审判》是为罗马梵蒂冈西斯廷礼拜堂创作的祭坛壁画；朱利乌斯二世和利奥十世两位教皇对拉斐尔青睐有加，为他提供在梵蒂冈签署大厅创作壁画的绝好场所，使他一举跨入了艺术大师的行列。

毋庸置疑，教会发展教育是以服务宗教为目的的，但基督教会显然没有料到，自己所极力推崇的文化教育渐渐滑出了预想的轨道，进而冲破藩篱，产生了中世纪大学、经院哲学，倡导了理性精神，继承了古典文明，最终孕育了文艺复兴这一历史运动。

值得一提的是，从历史的空间看，在今天的意大利城市中，古代文化遗址随处可见。那些古典建筑的残垣断壁、残缺不全的半身雕像无不诉说着罗马昔日的辉煌，它提醒着意大利人不断回望过去，追念往日荣光。"时来天地皆合力"，文艺复兴的兴起是日益壮大的城市经济、"无心插柳"的教廷作为和古朴壮观的古代遗迹等众多因素，在中世纪欧洲这片土壤中不断聚合而最终汇成强大合力的结果。历史是一条不能割断的河流，文艺复兴萌生于中世纪晚期的14—16世纪，其生命之根深深扎于中世纪的土壤中，而其源头则可以追溯至遥远的古典时代，这就是源远流长的历史之河。

上海市新中高级中学　谭爱华

71

赎罪券散记

1517 年的万圣节，神学教授马丁·路德在维登堡大学的卡斯腾教堂，贴出了用拉丁文撰写的《九十五条论纲》，这篇雄文的另一个名称是《关于赎罪券效能的辩论》。那么，赎罪券究竟是怎么回事？

这里首先要涉及赎罪券的理论信条、实施主体和赎罪方法。

在基督教的教义里，自从人类的祖先在伊甸园偷吃了禁果，人类便与生俱来沾上了"原罪"。以后一旦违反教规，比如未及时忏悔、周五吃肉等，都是罪上加罪。总之但凡入教，生活中处处有罪，罪恶感时时袭来。教义又说，上帝之子耶稣被钉死在十字架上是替人赎罪，只有虔信耶稣才可赎罪得救，若不肯赎罪，将来就会被打入万劫不复的地狱，为此中世纪教廷和教会还通过各种宗教故事、视觉艺术来加深人们对地狱的恐惧。经过教会上千年的宣传，"赎罪"已经成了欧洲基督徒一种根深蒂固的思想意识。

人有罪，该由谁来救赎、赦免？《新约·约翰福音》说得很清楚，主宰权在复活的耶稣手中。可谁也没亲眼见过耶稣呀！所以赦罪权最终落到耶稣门徒圣彼得的继承人天主教会手里。罗马教廷宣称，耶稣以及后来殉教圣徒的血，救赎人类的罪孽绰绰有余，积累下来形成"圣公善库"，由罗马教皇代表的天主教会执掌，代表上帝行使赦罪权，从而开启从炼狱到天堂的大门。

如何才能获得教廷的赦罪？就是获得一张由教廷发行的赎罪券作为凭证。赎罪券最初是免费发放的。为了激发十字军的斗志，11世纪时的教皇乌尔班一世减免了战士的罪罚，并颁发赎罪券。后来教廷发现这东西颇受欢迎，于是宣称可以将人的功德折算成金币，用以购买赎罪券。教皇本笃十二世当政时（1334—1342年），还公开制定了"赦罪价目表"，比如为杀人赎罪开价8个金币。从那以后，赎罪券变成了通向天堂之门的钥匙。所谓"金银入库，灵魂起舞"，用教会的话来说就是："没有什么罪孽是一张赎罪券不能解决的，如果有，那就两张。"

"买券赎罪"的逻辑就这么"顺畅"地形成了。但问题是，如此明显的骗钱术为何没人站出来揭露？一是慑于教会的淫威。在宗教改革前，质疑教会的说辞基本是死罪，将惨遭污名或火刑伺候，代表人物如哥白尼、布鲁诺。二是基督徒的生命轨迹与教会紧紧捆绑。若被教会排斥，从摇篮到坟墓的所有生活都将举步维艰。三是赎罪方式相对简单也契合了社会心理。忏悔祷告、禁欲受苦、自我鞭笞、施舍行善、捐款教会、罗马朝圣、参加十字军东征……这些原有的赎罪方式有些需要长期煎熬，有些成本高昂，有些折磨肉体、精神甚至牺牲生命。相对而言，购买赎罪券是最简便易行的了。

至 1517 年，来自美第奇家族的教皇利奥十世又推出一种特别的赎罪券，购买新款赎罪券的人，不仅能获得"完全的赎罪和所有罪孽的宽恕"，而且"未来犯下的罪孽也可以优先赎罪"。要知道，以往赎罪券只能赎买一定年限的炼狱受刑，现在是终生受用，这种"创举"当然产生了轰动效应。而其背后的原因却是，挥霍成性的教皇在修建圣彼得大教堂时遇到了财政困难，连卖教职、借高利贷等都无济于事，只好在赎罪券上玩起了花样。

然而时间已是 16 世纪，今非昔比。经过黑死病的冲击、文艺复兴的洗礼和自然科学的启蒙，欧洲人已经萌生突破罗马教会精神束缚的要求。教廷、教会的堕落有目共睹，教皇的丑闻不断爆出并持续发酵，这些都在削弱教廷公信力的同时挑战信徒的承受底线。早在 15 世纪，一个枢机主教就曾提出忠告："种种恶性引起了人们对于一切教会神职人员的仇恨，如果不予以纠正，我担心世俗人将效法胡司的先例，攻击教士的所作所为。"[1] 而此时印刷术已在欧洲流行，《圣经》的获取、进步书籍的阅读变得容易，教会的愚民政策难以为继。更有甚者，随着资本主义萌芽的产生和民族国家的形成，市民阶级不堪教廷盘剥、上升的王权无法容忍教权凌驾等，都对教廷发出了威慑信号。

而在德意志，这一切在现实中表现得尤为突出，世俗力量和

---

[1] 刘祚昌等. 世界史·近代史编（上卷）（第二版）[M]. 北京：高等教育出版社，2011：32.

教会的矛盾也更为激烈。四分五裂的德意志使罗马教廷有恃无恐地在那里行使特权、搜刮钱财，德意志还因此得了"教皇的奶牛"称号。为筹措资金修教堂，教皇利奥十世把美因兹大主教的职位卖给了来自德意志霍亨索伦家族23岁的阿尔伯特，并授予其在所辖3个教区的赎罪券销售权。无耻透顶的赎罪券销售伎俩，激起了德意志人对罗马教廷的更大的愤怒。由此，维登堡大学的神学教授马丁·路德挺身而出，痛斥教廷推销赎罪券的欺骗行为：在与教皇特使的公开辩论中获胜、当众烧毁教皇敕谕、提出"因信称义"的观点、接连发表"宗教改革三大论著"、到修道院营救修女、用德语翻译《圣经》——马丁·路德的行为似乎越"出格"就越能赢得民心。以至教皇使者惊呼："十分之九的德国人欢呼'路德'！剩下十分之一的人高喊'罗马教廷该死！'"[1]

可能连马丁·路德自己也没想到，一篇论文竟然引发连锁反应，进而演变成欧洲宗教界的一场地震。虽然利奥十世到去世都未能等到圣彼得大教堂修建工程竣工，但他却把赎罪券变成了点燃欧洲宗教改革的导火索，致使罗马教廷的神权统治岌岌可危。

上海市控江中学　顾　炜

---

〔1〕孙炳辉等. 德国史纲［M］. 上海：华东师范大学出版社，1995：19.

72
对比之下，何者为佳

　　1792 年，充满激情的法兰西人迎来大革命的新一轮高潮：雅各宾派领导人民掀起反君主运动，于 8 月拘禁国王路易十六和王后玛丽·安托瓦内特，号召打倒波旁王朝。9 月，法国人打败反法同盟干涉军，宣布成立法兰西第一共和国。而同一时期，在英吉利海峡对岸的英国，漫画家托马斯·罗兰森创作了一幅耐人寻味的讽刺漫画，题目是"对比之下，何者为佳"。

托马斯·罗兰森漫画：对比之下，何者为佳

　　漫画由两个并列的圆形大奖章构成，分别刻着"英国自由"和"法国自由"的字样。左边，身着红衣者是英国的女性象征——不列颠娜，她手持《大宪章》和代表正义的天平，高贵的英格兰雄狮安详地匍匐在她脚边。右边，一个法国美杜莎，手持三叉戟，上面插着一颗心脏和一个被砍下的头颅，脚踩一具无头死尸，背景处是一人被吊死在灯柱上。作者的用意很明显：源自《大宪章》的英国自由代表正义、繁荣和稳定；追寻自由的法国革命则意味着苦难、不公和毁灭。何者为佳，一目了然。

　　17 世纪，英国以"不流血"的"光荣革命"实现制度转型，为后人津津乐道，而法国革命进程曲折、代价巨大，乍看之下，托马斯·罗兰森的漫画不无道理。然而，仔细分析，不难发现其谬误所在。1792 年的英国，取得资产阶级革命的胜利并确立君主立宪政体已逾百年，工业革命也已悄然进行了数十年，正逐步迈向工业社会，呈现出政治稳定、经济发展的良好态势。而同期的法国则处于革命爆发的第 4 年，生死攸关、前途未卜。作者以英国革命的结果来比肩法国革命的过程，历史比照的关键点不对称，难以令人信服。回顾历史，持续近半个世纪的英国革命，经历了两次内战、处死暴君、克伦威尔专制、斯图亚特王朝复辟等，革命过程同样充满血雨腥风，即便是以"不流血"著称的"光荣革命"，其议会控制政权也是建立在以武力为后盾的基础上，"流血"的可能性并非完全没有。由此可见，作者极力美化英国、诋毁法国的主观意图是明显的。

耐人寻味的是，漫画发表后被大量复制、宣传，这是为何？反观法国革命爆发的前 3 年，英国舆论也在同情之际予以祝贺，因为法国革命所追求的目标和理念，与百年前的英国如出一辙，一些英国人还把法国大革命看成英国自由精神在法国大地上的再现。1789 年 11 月 4 日，英国政治家理查·普莱斯在其撰写的文章中赞扬了法国的立宪政治，认为它体现了三大原则，即人们所能享有的三大权利：在宗教事务中的道德自由权利，抵制滥用职权的权利以及选择自己的统治者、驱除渎职者、为自己设立一个政府的权利。[1] 英国的一些政治团体，如 1688 年革命会、人民之权会、宪政改革会都派代表团到法国议会表示祝贺，还递上成千人签名的祝贺书。可见，英国人看待法国革命，并不存在制度观念上的冲突。

那么，英国反对法国的根本原因又是什么呢？

经过政治革命和正在进行的工业革命，英国已逐步成为欧洲最强大的国家，其拓展海外殖民地的意愿日益迫切，而法国是其海外扩张最强大的对手。从经济上看，法国是当时仅次于英国的大国，对外贸易居欧洲第二，奢侈品的生产和销售更是位居第一。位于大陆上的法国因此以"欧洲老大"自居，岛国英国则对其颇为提防和不满。在海外殖民地的争夺中，两国的斗争更加激烈，战争连绵不断。从"三十年战争"（1618—1648 年）打到"七年

---

〔1〕周锦碳. 略记法国大革命时期第一次反法同盟形成的原因［J］. 史林，1989（2）：71.

战争"（1756—1763 年），从东印度打到加拿大，尽管法国损兵折将，还丢失了大片海外殖民地，但其实力未减，锋芒犹存，甚至在北美独立战争（1775—1783 年）中报了一箭之仇，帮助美国摆脱了英国的殖民统治，使英国损失惨重。由此可见，英国的外交政策——以制约法国为其重要内容，向来有其历史渊源和地缘因素。

漫画问世时，执政的英国首相威廉·庇特就是极力主张孤立、打击法国的典型代表。当然，作为一名政治家，庇特的立场既出于争夺国家利益的需要，也受国内政局变动的影响。1790年，当时担任下院议员的英国著名思想家埃德蒙·柏克发表《法国大革命沉思录》，不遗余力地攻击法国革命，赞扬英国革命。[1] 次年 3 月，曾为美国独立战争摇旗呐喊的托马斯·潘恩在伦敦出版《人权论》，激烈抨击伯克的言论，进而引起英吉利海峡两岸舆论界的震动。在内外因素的共同作用下，英国社会要求进一步推动民主改革的激进运动掀起高潮。由于担心发生社会革命，英国政府以诽谤罪对托马斯·潘恩提起诉讼，而后者当时身在法国，正担任法国国民议会的议员。

如此，我们才会看到，已经建立资产阶级民主政体的英国何以积极地参与组建反法同盟，干涉法国的资产阶级革命。而早在

---

[1]［英］埃德蒙·柏克著，何兆武译. 法国革命论[M]. 北京：商务印书馆，1998。埃德蒙·柏克作为古典自由主义的代表人物，其保守主义的政治立场举世闻名，此书集中表明了这一点，他对法国革命怀有深刻的敌意，始终坚决反对承认法国的革命政权，并要求英国政府对其发动战争。

1792 年 8 月，反法同盟主要领导人庇特就草拟了对法作战檄文。为了围剿法国革命政权，庇特内阁不惜在国内实施大宗贷款、征收重税，即便因此遭到舆论抨击，也要为反法同盟提供经济支援，以至当时法国革命者把一切反动分子都称为"庇特的奸细"。从当时英国所面临的国内、国际局势看，托马斯·罗兰森绘制出这幅漫画，并被一些保守派大量复制、宣传以对外打击法国、对内压制革命，就不难理解了。

上海外国语大学附属浦东外国语学校　李　慧

73

民族主义与德意志统一

　　"三十年战争"后的德意志分裂为 314 个邦和 1 475 个骑士庄园领，也就是说，总共有 1 789 个独立的拥有主权的政权。[1] 虽然共同拥有"德意志神圣罗马帝国"这一称号，但这些邦国各自为政，中央权力几乎荡然无存。德意志诗人席勒为此感叹：

　　德意志?它在哪里？我找不到那块地方！

　　德意志在哪里？这的确是一个困扰德意志人的"历史之问"。

　　德意志的四分五裂，内因在于普鲁士和奥地利两大邦国争夺德意志的霸权；外因则在法俄争夺欧洲的霸权，例如，1806 年，拿破仑就曾在耶拿会战大败普鲁士后，戎装盛服自勃兰登堡门进入普鲁士首都柏林。战败的屈辱使德意志人意识到，为了抵御外来侵略必须建立像法国那样强大、统一的民族国家。哲学家费希特连续发表 13 篇《对德意志民族的演讲》，为复兴德意志而呐喊，

---

〔1〕丁建弘. 德国通史 ［M］. 上海：上海社会科学院出版社，2002：80.

他呼吁德意志人要做"当之无愧的德意志人"，要自强并负起民族责任。费希特用人人能懂的语言抒发且迎合了当时德意志民族的心声。从这个意义上说，是法国大革命催生了德意志的民族主义感情。

1815 年 6 月，耶拿大学成立了德意志大学生协会，要求"建立一个以自由和统一为基础的德意志民族国家"[1]。不久，在海德堡等大学也出现了同样的组织。1817 年 10 月，德意志 12 所大学为纪念马丁·路德宗教改革 300 周年及莱比锡战役 4 周年，在图林根的瓦特堡集会，要求建立统一的德意志国家。1832 年 5 月，3 万人在诺伊施塔特的汉巴赫宫集会，再次提出建立"自由统一的德意志"。这说明德意志的民族意识已经由一种思想变成一种普遍的思潮，进而出现了民族主义。至 19 世纪中期，虽然德国民族统一问题一直没有解决，但民族主义作为一股强大思潮已经极大地震撼和吸引了德意志社会的各阶层，为德意志的统一奠定了思想基础。

普鲁士和奥地利是德意志两个最大的邦，德意志的统一也因此存在两种可能：一种是由普鲁士主导，实行联邦制的小德意志模式；另一种则是由奥地利主导，实行邦联制的大德意志模式。而历史最终选择了普鲁士主导的小德意志模式，一方面是因为拿破仑战争促进了普鲁士的改革运动，所谓"普鲁士道路"促进

---

[1] 萧汉森等. 德国的分裂、统一与国际关系 [M]. 武汉：华中师范大学出版社，1998：28.

了资本主义的长足发展，加之工业革命已扩展到普鲁士，加速了德意志资本主义的发展，为普鲁士统一德意志奠定了物质基础。另一方面是因为奥地利面对现实不得不放弃德意志统一的领导权。相较于德意志人占绝大多数的普鲁士，奥地利则是一个多民族国家，据统计，1840 年，在奥地利的人口构成中，共有640 万日耳曼人、1 482 万斯拉夫人、430.5 万匈牙利人、454.8 万意大利人、156.7 万罗马尼亚人和其他许多较小的民族。如此民族构成，使奥地利害怕德意志民族统一运动会引发本邦非德意志人的民族主义运动。

因此，统一德意志的任务就历史性地落在了普鲁士的身上。作为条顿骑士团的后人，历史上的普鲁士就曾因军队数量众多而被称为"和平时期的兵营"，利用军队达成目的是普鲁士长期以来形成的传统。1862 年9 月30 日，刚被任命为普鲁士首相的俾斯麦走进议会大厅，发表了一段强硬的演讲。他说：

> 当代的重大问题不是通过演说和多数人的决议能够解决的——这正是 1848 年和 1849 年的错误——而是要通过铁和血。[1]

俾斯麦也因此被世人称为"铁血宰相"。俾斯麦的政策并非

---

[1] 邢来顺. 德国通史（第四卷）[M]. 南京：江苏人民出版社，2019：161.

未遭遇时人的抨击，但是俾斯麦深知，只要高举德意志统一的旗帜，其民族主义政策就能得到德意志民族的普遍支持。事实确实如此，1863 年，由于丹麦试图合并德意志的邦国石勒苏益格和荷尔斯泰，整个德意志民族掀起情感的巨澜，俾斯麦利用这一机会，以"为德意志民族利益而战"的口号联合奥地利对丹麦开战，丹麦战败，被迫放弃了合并企图。1866 年，俾斯麦又成功挑起与奥地利的战争并大败奥地利。普奥战争的结果是奥地利被迫从此退出德意志事务，并在 2 年后与匈牙利签订协定，建立二元制君主国——奥匈帝国。1870 年，俾斯麦热望中的普法战争爆发，民族主义的浪潮再次席卷德意志各邦国。符腾姆贝格、黑森和巴登等南德邦国援助普鲁士；巴伐利亚开始时犹豫不决，但在"我们也有一颗德意志人的心"的情感之下也很快参加了对法战争。在民族主义情绪的加持下，普鲁士军队很快击败了法国军队并攻入法国。色当战役法国大败，10 万法军投降，拿破仑三世也当了俘虏，普军继续前进直逼巴黎。1871 年 1 月 18 日，普鲁士国王威廉一世在凡尔赛宫加冕成为德意志帝国皇帝，德意志帝国正式成立。至此，经过三次王朝战争，德意志最终由普鲁士完成了统一的使命。

德国的统一，彰显了德意志民族主义的力量，加之此后其经济实力迅速提升，致使民族主义开始膨胀，并与民族沙文主义的喧嚣相搅和，最终走上了对外侵略扩张的道路。德国挑起了第一次世界大战，并为之付出了惨痛的历史代价。然而一战的失败并未促使德国反省，相反，《凡尔赛和约》的苛刻进一步激发其民族主义情绪。面对经济危机的打击，德国最终选择了法西斯主义和希特勒，"种族优越论"和"生存空间"的口号，使德国再次成为世界大战的发动者。在经历了两次世界大战以及战后非纳粹化运动后，德意志民族痛定思痛，反思极端民族主义的危害及教训，这才有了致力于推动欧洲联合、在欧洲一体化框架下谋求和平发展的新德国。

长沙市长郡中学　周　宽

第十五篇

工业革命与马克思主义的诞生

74

从"工资""煤价"探究英国工业革命的原因

对于"工业革命为何肇始于英国"这一问题，通常会将君主立宪制的确立、圈地运动的发展、海外市场的扩大、生产技术的成熟和自然科学的进步等系列因素罗列出来。这些因素固然重要，但又非常宏观。此处，不妨从微观视角，即工业革命前英国社会独具特色的工人"高工资"和煤炭"低价格"入手，探究英国工业革命的原因。

14世纪，黑死病横扫欧洲，致使人口锐减，直至16世纪中叶，人口规模才有所恢复。与此同时，在海外贸易的带动下，伦敦及西欧其他城市的商业发展迅速。然而由于黑死病导致人口供给下降，雇主们不得不支付高工资以解决对劳动力的需求。中世纪晚期，欧洲各主要城市的建筑工人工资水平差异不大，一个劳动力一天的收入折算成白银约在3.5克。这种劳动力收入均等的局面于16世纪被打破，美洲输入的大量白银引发通货膨胀，欧洲人的工资水平随市场的物价水平同步上涨。其中，西北欧国家工资上涨较为突出，东欧地区的工资涨幅相对有限。至17世纪末，西北欧多数国家工资逐步停止上涨，但伦敦的工资仍一如既往地上扬，18世纪的伦敦已成为全世界工资水平最高的城市。[1]

高工资意味着高成本，这原本是工商业竞争中的不利因素，但因英国坐拥廉价的高效能源，抵消了高工资的劣势，其商品并未降低竞争力。但工资水平的持续上涨，促使英国转向资本驱动型而非劳动力驱动型的生产经营模式，企业家、农场主、商人等热衷于减少雇工、节约人力成本的技术发明以及经营模式，这就为一系列的技术创新提供了巨大的推动力。此外，高收入下的民众拥有更好的经济条件接受教育或技能培训，其读写和计算能力大幅提高，这就为更多新产品、新工具的发明提供了善于技术创新的人力资源。此后近一个世纪的英国，蒸汽技术不断改良，其他门类的机器也纷纷涌现，推动了工业革命的深入发展。

在弥补高工资"先天不足"的过程中，机器生产不断地替代手工劳动，生产组织的新形式——工厂应运而生，生产效率得以提高。然而随着生产规模的不断扩大，市场需求持续增加，机器生产的动力不足等问题随之凸显。为解决这一问题，发明家瓦特在前人研究的基础上，经过屡次改进，试制出复动式蒸汽机。动力技术的革新还将工业革命辐射至其他行业，极大地提升了人们的生活水平。然而，这是否意味着有了技术革命就一定会引发工业革命？事实上，早在1679年，法国物理学家丹尼斯·巴本就已制成蒸汽机模型，1712年，英国发明家纽卡门发明了纽卡门蒸汽

---

[1] 整理自［英］罗伯特·艾伦著，毛立坤译. 近代英国工业革命揭秘：放眼全球的深度透视［M］. 杭州：浙江大学出版社，2012：52.

机，这项发明要比瓦特的改良式蒸汽机早 64 年。可见，单有改良机器的技术革命未必会导致全产业链的工业革命，英国的工业革命还有其他推动因素。

17 世纪之前，英国有着广袤的林地，大部分英国人对煤炭并无兴趣。由于煤炭在燃烧时发出的气味刺鼻，因此无论是上流社会使用的壁炉还是民间的冶铁作坊，大都以木材为基本燃料。尽管英国煤炭资源丰富且价格低廉，但煤炭的市场需求低，因此以耗煤著称的纽卡门蒸汽机也难有用武之地。然而，伦敦城市规模急剧扩大所引起的对木材燃料需求的增长，成了打开英国煤炭市场的钥匙。1520 年，伦敦城的人口由黑死病前的 10 万人降至 5.5 万人，但到了 17—18 世纪和 19 世纪初，伦敦城的人口已分别达到 20 万、50 万和 100 万。人口的爆炸性增长与高工资效应，共同促成伦敦城所在的这块面积相对狭小的区域对燃料产生了极为庞大的需求量。伦敦城的这种燃料需求在空间上相对集中，而木材的供应地却较为分散，由此产生了伦敦城快速扩张带来燃料需求大与木材供应周期长之间的矛盾，并且日益严重。[1]

随着木材的需求量暴增，既有的木材资源已无法支撑这样庞大的消耗量，能源危机由此而生。为摆脱危机，需要有一种全新的能源作为主导燃料，而煤炭在关键时刻"站了出来"。这是英国经济发展史上的一次重大转折，产业界由此开始实施一系列调整，

---

[1] 整理自［英］罗伯特·艾伦著，毛立坤译. 近代英国工业革命揭秘：放眼全球的深度透视［M］. 杭州：浙江大学出版社，2012：132—134.

以适应煤炭充当燃料的新格局。由于英国的煤炭储量极为丰富，且分布广泛、易于开发，其供应量得以迅速增长。据统计，1560至1800年间，英国煤炭产量增长了66倍，新增产量中约有一半销往伦敦城。庞大而旺盛的国内需求为英国煤炭工业的发展提供了强有力的支撑，1800年前后，英国煤炭产量占世界煤炭产量的比例高于其他国家的总和。由此，廉价煤炭资源为机器生产所需要的能源供应提供了一条持久性的发展之路，这对日后英国乃至世界经济的发展产生了重大影响。例如，在改进煤炭开采和运输技术的过程中，蒸汽机和铁路运输车辆等新发明相继登场。可见，市场需求的变化促使英国得天独厚的廉价煤炭发挥着越来越重要的作用，也给蒸汽机重获新生提供了契机。"蒸汽时代"的到来将工业革命推向高潮。

英国社会独具特色的"高工资""低煤价"现象，不仅是工业革命在英国率先发轫的重要条件，也是工业革命初期的成果被简单照搬到其他国家时表现出"水土不服"的原因。直至下一个世纪，英国工程师陆续对以蒸汽机为代表的早期发明成果进行了一系列微观改良，有效降低了相关生产过程中煤炭、劳动力、资本等各类生产要素的消耗，逐步扩大了发明成果的应用范围，工业革命才得以从英国走向世界。

华东师范大学第二附属中学　吴斯琴

75

工业革命为何始于棉纺织业？

英文单词"cotton"中文译为"棉花""棉布"，但在 17 世纪以前，其旧意与今解大相径庭——专指英格兰北部织造的某些粗纺毛织品。工业革命前的英国，毛纺织业长期占据优势地位。那么，为何工业革命始于棉纺而非毛纺织业呢？究其原因有四点。

首先是巨大的市场需求。

相较于传统的毛纺织品，棉纺织品价格低廉。但工业革命前，英国的棉纺织品质量并不好，产品数量也微不足道，根本无法与毛纺织品匹敌，且伦敦等大城市所出售的棉纺织品大多来自印度。随着殖民地贸易，尤其是与印度贸易的发展，英国民众对棉纺织品、绘花或印花织物的需求越来越大。当然，社会风尚的变化也推动了棉织物的流行，"人们看到一些上流人士穿着印度织物，这在前不久，他们的女仆也许认为这种织物对于她们亦嫌过于俗气；印花布得到了进级，那个时候，王后本人也喜欢穿着中国丝绸和日本花布出来见客。还不止此，因为在我们的家里、书斋里、卧室里都充满了这些织物：窗帘、垫子、椅子乃至卧铺本身都是白洋布和印花布"[1]。

其次是生产问题的解决。

18 世纪下半叶，东方已不再是独一无二的棉花种植地，安的列斯（美洲加勒比海中的群岛）和巴西成为新的棉花产地，由于此时印度和中国的棉花输出已无法满足英国人对棉织品的需求，于是美洲的棉花几乎全部运往欧洲各港口，原棉输入的巨流汇集到英国的港口城市利物浦。而在邻近利物浦的兰开夏郡，工业革命的胚芽则悄然萌发。兰开夏邻近利物浦，原料运费便宜，更关键的是，纺纱需要特殊的气候条件，如空气要有相当高的湿度、温差不能太大等，兰开夏郡完全具备这些气候条件：夏季平均温度摄氏 16 度，冬季 4 度，位于曼彻斯特东面和北面的高大丘陵吸纳了绝大部分的雨水，使这里的空气异常湿润，平均相对湿度为 0.82，能够使棉纱异常纤细。

再次是议会禁令的"推波助澜"。

面对棉纺织品咄咄逼人的发展态势，作为英国民族工业的毛纺织工业绝不会坐以待毙。1700 年，英国议会颁布法令，禁止印度、波斯和中国的印花织物输入，凡因违法而被扣押的货物，均予没收、拍卖或再输出。然其结果如何？因为该禁令并未禁止棉布的织造，在资本的强力驱动下，有魄力的中间商仍致力开辟市场，利用公众对棉织物的青睐，开始出售本国生产的棉布。但是

---

〔1〕〔法〕保尔·芒图著，杨人楩等译. 十八世纪产业革命 ［M］. 北京：商务印书馆，1983：154—155.

英国纺工实在是缺乏印度工人灵活的手指和高超的技能，纺出的棉纱粗糙且不结实，于是人们有了织造棉麻混合织品的创意。麻纱相对坚韧，以麻纱为经线、棉纱为纬线，其成品即使不能同印度花布匹敌，至少也能勉强代替棉布。在此背景下，英国本土棉纺织业的工艺也得以不断进步。

最后说说机器的发明为何首先应用于棉纺织工业。

纺织业的两个主要工序是纺和织，两者在生产程序上应是同步进行的，一定时期内生产出来的纱量，应与在同时期内所能产出的织物量相对等。也就是说，织机不该因缺纱而停产，纱厂也不该因纺纱速度快而歇工。但这种平衡后来被凯伊发明的飞梭打破了。原因何在？简单讲，一个工人把梭子从一只手递到另一只手，织布速度及尺寸受制于手臂的长度，因而影响织布的速度。如果想要织出宽大的织物，必须由两个或更多的工人来传递梭子，而要做到衔接自如又并非易事。飞梭的发明有效解决了这一难题。带有飞梭的织机实际上成了自动穿梭的织机——尽管其原动力依然是人力，但它只需一个织工就能高效地织出宽大的织物。

飞梭发明并广泛应用后，棉纱供不应求。据统计，当时工场纺织业发达的曼彻斯特，五六个纺工纺一天的纱，仅能供一个织工织一天的布。棉纱短缺制约了纺织业的发展，必须找到一种与织布速度相当的纺纱新法。曼彻斯特的木工兼织工哈格里夫斯在一次偶然发现中受到启发，经过反复研制，终于设计制造出一架可同时纺 8 个纱锭的新纺机，将纺纱的工作效率提高到原来的 8

倍。他用妻子珍妮的名字命名了这台新纺机。之后的发明，就是在纺机和织机间你追我赶、力求平衡的状态下进行的。直至 1830 年，英国最终完成了纺织业的机械化。至于纺织机器的发明为何首先出现于棉纺织业而非毛纺织业，这是因为棉花比羊毛更有黏合性而少弹性，更易于搓捻和拉长进而成为连续不断的纱。

由上可见，英国棉纺织工业发展的历史有如下三个特点：一是外国货物的输入驱使本土相关产业改进生产技术；二是曾占据优势地位的毛纺织业因专利的限制而故步自封，结果反而促进了棉纺织业的崛起；三是 1700 年议会对棉纺织业的禁令起到了"推波助澜"的作用。

上海市陆行中学　徐敏力

76

"革命的春天已经到来了"

1848 年早春的一天，伦敦一家简陋的印刷厂完成了几百本小册子的印刷。这种小册子只有 23 页，毫不起眼。但正是这薄薄的小册子，深刻改变了其后的人类历史，开创了一种崭新的社会发展道路，这本小册子就是《共产党宣言》。"一个幽灵，共产主义的幽灵，在欧洲大陆徘徊。"它开门见山的一句，便宛若雷音狮子吼，震撼了整个世界。

1847 年 11 月，共产主义者同盟第二次代表大会委托马克思和恩格斯起草一个周详的党纲。马克思与恩格斯认真商讨后，取得一致认识，由马克思执笔写成。《共产党宣言》包括引言和正文四章。引言说明了《共产党宣言》产生的历史背景以及目的任务；第一章"资产者和无产者"论述了马克思主义的阶级斗争学说；第二章"无产者和共产党人"说明了无产阶级政党的性质、特点、目的和任务，以及共产党的理论和纲领；第三章"社会主义的和共产主义的文献"批判了当时流行的各种假社会主义，分析了各种假社会主义流派产生的社会历史条件，并揭露了它们的阶级实质；第四章"共产党人对各种反对党派的态度"则论述了共产党人革命斗争的思想策略。

《共产党宣言》中贯穿始终的基本思想是历史唯物主义，即唯物史观。它告诉人们，生产力决定生产关系，经济基础决定上层建筑，这是人类社会发展的基本规律，也是《共产党宣言》给后人提供的科学的世界观和方法论。由此，英国历史学家赫伯特·乔治·韦尔斯在其《世界史纲》一书中由衷赞叹道："马克思是一个历史观非常强的人，他堪称世界上第一个看出自文明诞生以来一直存在的古老社会阶级正日趋瓦解和重组的人。"[1] 斯塔夫里阿诺斯在《全球通史》中也指出："马克思根据自己的历史研究坚信资本主义将因阶级斗争而被推翻，并被一种新型的社会主义社会代替。"[2]《共产党宣言》面世后，科学理论指导下的社会主义运动宛如狂飙般兴起：

> 马克思和恩格斯的学说开始主导欧洲和全世界的社会主义运动。整个 19 世纪，社会主义政党发展迅速。政党、工会组织、报纸以及教育团体等都在为社会主义事业奔走呼号。[3]

《共产党宣言》使世界为之震撼。那么，中国的情况又如

〔1〕[美] 韦尔斯著，孙丽娟译. 世界史纲 [M]. 北京：北京理工大学出版社，2016：615—616.

〔2〕[美] 斯塔夫里阿诺斯著，吴象婴等译. 全球通史（第七版修订版）[M]. 北京：北京大学出版社，2012：537.

〔3〕[美] 杰里·本特利等著，魏凤莲译. 新全球史（下）[M]. 北京：北京大学出版社，2014：75.

何呢？

中国人知道马克思、恩格斯是在《共产党宣言》出版整整 51 年后。1899 年 2 月，上海的《万国公报》刊发了英国传教士李提摩太翻译的《大同学》，文中提到"其以百工领袖著名者，英人马克思也"（因马克思长期生活于英国，原文作者以为其是英国人）。这是目前查阅到的最早的中文"马克思"的名字。其后梁启超、朱执信、宋教仁、廖仲恺等人先后撰文，介绍《共产党宣言》及共产主义活动，社会主义逐渐和人权思想、进化论一起，成为中国知识分子心中并列的"近世三大文明"。而将马克思主义系统地介绍给国人的，则是无产阶级革命家李大钊的那篇著名的《我的马克思主义观》。正是在这一背景下，《共产党宣言》的中译本问世了。

1920 年的一个深夜，浙江义乌的一间茅屋中，一名 29 岁的青年正在字斟句酌地把这本小册子翻译成方块字。由于太过投入，青年手中拿来充饥的粽子没蘸向桌上的红糖，而是蘸向了旁边的砚台，吃得满口墨汁还浑然不觉。这名青年叫陈望道，他翻译的正是《共产党宣言》。陈望道翻译《共产党宣言》是受《星期评论》杂志的邀约，接到约稿的陈望道立即闭门谢客，夜以继日地翻译日文版《共产党宣言》。为求严谨，他还找来了英文版相互对照。这部不足两万字的译稿，用他自己的话来说是"花费了平时译书的五倍功夫"，结果用了一个多月的时间方告完工。

陈望道翻译的《共产党宣言》，全书共 56 页，小 32 开本，封面为浅红色。这是马克思主义经典著作首次完整地在中国出版，在中国共产主义运动史上产生了巨大影响。中国共产党的早期领导人和党员无一不是这本书的忠实读者，从中汲取了智慧、力量和信仰。正是《共产党宣言》等马克思主义著作催生了中国第一批共产党人。《共产党宣言》中译本出版发行后不久，《中国共产党宣言》便诞生了。《中国共产党宣言》分为共产主义者的理想、共产主义的目的、阶级斗争的最近状态三部分，第一次将马克思主义最重要的纲领性文献——《共产党宣言》的核心思想与俄国社会主义革命与建设的指导思想——列宁主义的核心思想结合在一起[1]，清晰地阐释了《共产党宣言》的基本思想，尤其是宣告了中国要建立无产阶级政党——中国共产党，要通过党组织领导劳苦大众，开展阶级斗争，对促成中国共产党的正式成立起到了思想引领和理论指导作用。1920 年 8 月 17 日，共产国际代表维经斯基在给共产国际的信中说道："中国不仅成立了共产党发起小组，而且正式出版了中文版的《共产党宣言》。中国革命的春天已经到来了。"[2] 从那时到今天，百年已逝，世界已经发生了翻天覆地的巨变，但《共产党宣言》所揭示的基本原理是不朽的，至今依然熠熠生辉。

上海市松江一中　苗　颖

---

〔1〕高放. 从《共产党宣言》到《中国共产党宣言》——兼考证《中国共产党宣言》的作者和译者〔J〕. 中国人民大学学报，2011（3）：9.

〔2〕吴璇. 真理之光照亮中国：《共产党宣言》问世 170 周年〔J〕. 文史天地，2018（6）：6.

77

1848 年革命与马克思主义

　　1848 年革命是个"系列革命",首发地为意大利的西西里,从 1 月至 7 月革命席卷欧洲大陆,除岛国英国以及荷兰、西班牙、俄国等少数国家外,法国、普鲁士、奥地利、匈牙利、意大利等都相继爆发了革命。可以说,1848 年革命是近代欧洲历史上规模最大的革命运动。

　　此次革命是 19 世纪上半叶欧洲社会经济、政治发展的结果。

　　那时,工业革命正在欧洲扩展,大工业生产促进了资本主义的迅速发展,各国资产阶级的经济力量得以加强,但政治上仍处于无权或初掌政权的状态,他们要求进入国家权力中心,自由主义思潮持续高涨。而工人阶级的逐渐壮大,工业化、城市化造成的严重贫困问题导致工人运动频发,社会主义思想广泛流行。奥地利哈布斯堡王朝主导的维也纳体系在制裁法国的基础上,确立了欧洲君主专制统治秩序和国家体系,这就使大部分国家仍旧处于君主专制统治下,或受其他民族的压迫致使民族主义不断高涨。英国工业的高速发展,沉重打击了欧洲大陆国家的制造业,作为制造业中心的欧陆大部分国家的首都因而成了 1848 年革命的爆发地。粮食歉收和马铃薯疫病致使欧洲经济从 1846 年起陷入萧条，底层民众的生活状况持续恶化。各国尤其是德国的大学生数量不断攀升，但就业希望渺茫。各种因素的合力作用，导致民众对政府和体制的不满情绪与日俱增，各种社会矛盾交织且日趋尖锐，终于引燃了 1848 年欧洲革命的烈火。

如果说《共产党宣言》是马克思主义发展史上的里程碑，那么促使马克思、恩格斯从"理论上解释世界"走向"实践上改造世界"的则是 1848 年欧洲革命。马克思、恩格斯不仅直接组织、积极参与了 1848 年德国革命，还从革命中汲取实践养分，验证了马克思主义基本原理的科学内涵。具体而言，主要体现于三个方面。

首先，经济基础决定上层建筑，社会形态的演变由生产力的发展程度决定。关于这一原理，马克思、恩格斯在 1932 出版的《德意志意识形态》一书中进行了阐释：

> 人们用以生产自己的生活资料的方式，首先取决于他们已有的和需要再生产的生活资料本身的特性。[1]

1848 年革命前夕，欧洲普遍性的社会问题就是发展壮大的资产阶级要求获得相应的政治权利，而维尔纳体系确立的统治秩序在某种程度上成为资本主义进一步发展的障碍，这就决定了此次

[1] 中共中央马克思恩格斯列宁斯大林著作编译局. 马克思恩格斯选集（第一卷）[M]. 北京：人民出版社，2012：147.

革命的任务是：

> 消灭封建制度，铲除封建残余，推翻异族压迫，建立统一的民族国家，为资本主义的进一步发展扫清道路。[1]

其次，阶级斗争是人类自出现阶级以来社会发展的直接动力。1848 年革命证明，代表落后社会生产力的阶级不会自动退出历史舞台，先进社会生产力的代表只有同旧势力作毫不妥协的斗争，才能赢得属于自己的权利，人类社会自出现阶级以来就是在这样的阶级斗争推动下不断向前发展的。马克思、恩格斯在《共产党宣言》中介绍了先进社会生产力的代表——资产阶级是如何同旧势力斗争的，即"资产阶级在它已经取得了统治的地方把一切封建的、宗法的和田园诗般的关系都破坏了"[2]。资产阶级取代封建地主阶级的统治，这是生产关系一定要适应生产力发展要求这一客观规律作用的必然结果。

再次，人类社会将实现由民族史逐步向世界史发展的革命性转变。1848 年革命表明，要推翻跨民族性、跨区域性的维也纳体系，就必须突破地方的、民族的局限。这是因为，自新航路开辟以来，随着社会生产力发展、社会化大分工以及普遍的世界性交换的推动，

---

〔1〕韩承文. 一八四八年欧洲革命史［M］. 上海：上海人民出版社，1983：564

〔2〕中共中央马克思恩格斯列宁斯大林著作编译局. 马克思恩格斯选集（第一卷）［M］. 北京：人民出版社，2012：402—403.

人类社会已逐步由封闭的、孤立的民族史向开放的、联系的世界史转变。马克思、恩格斯在《德意志意识形态》中指出:

> 各个相互影响的活动范围在这个发展进程中越是扩大,各民族的原始封闭状态由于日益完善的生产方式、交往以及因交往而自然形成的不同民族之间的分工消灭得越是彻底,历史也就越是成为世界历史。[1]

由于无产阶级的发展壮大和积极参与,1848 年革命虽仍属于资产阶级革命的范畴,但已经具有向无产阶级革命发展的趋势。因此,区别于早期资产阶级革命,1848 年革命在与欧洲的封建残余和专制势力作斗争的同时,工人群众也提出了改变自身社会地位的要求,从而将资产阶级革命推进到资产阶级民主革命阶段。

1848 年革命失败后,马克思、恩格斯撰写了《一八四八年至一八五零年的法兰西阶级斗争》《路易·波拿巴的雾月十八日》等文章和著作,科学、系统、全面地总结了 1848 年革命,尤其是法兰西和德意志的经验教训,丰富了马克思主义关于资产阶级民主革命和无产阶级革命的理论。马克思、恩格斯指出:

> 民主派小资产者只不过希望实现了上述要求便赶快结束

〔1〕中共中央马克思恩格斯列宁斯大林著作编译局. 马克思恩格斯选集(第一卷)〔M〕. 北京:人民出版社,2012:168.

革命，而我们（即无产阶级）的利益和我们的任务却是要不断革命……直到无产阶级夺得国家政权，直到无产者的联合不仅在一个国家内，而且在世界一切举足轻重的国家内都发展到使这些国家的无产者之间的竞争停止，至少是发展到使那些有决定意义的生产力集中到了无产者手中。[1]

由此可见，1848 年革命在马克思主义发展史上具有重要的理论和实践意义。

华东师范大学第一附属中学　向胜翔

---

[1] 吴璇. 真理之光照亮中国:《共产党宣言》问世 170 周年［J］. 文史天地，2018（6）：557.

第十六篇

世界殖民体系与亚非拉民族独立运动

78

黑奴贸易的罪恶之手

新航路开辟后，欧洲殖民者在美洲奴役、屠杀印第安人，造成印第安人大量死亡。为了弥补劳动力不足，他们从非洲贩入黑人奴隶，从事臭名昭著的黑奴贸易。黑奴贸易大致分为三个阶段：15 世纪中叶至 16 世纪 80 年代为初始阶段，以海盗式掠卖为主要特征；16 世纪 80 年代至 18 世纪下半叶是以奴隶专卖组织垄断为中心的全盛时期；18 世纪末至 19 世纪末是以奴隶走私为特点的所谓的"禁止"奴隶贸易时期。据不完全统计，仅贩运至美洲的非洲奴隶数量就从 16 世纪的 27 万猛增到 18 世纪的 600 万。这场持续时间长、涉及范围广、贩卖规模大的罪恶贸易，其参与者究竟是些什么人？

首先，黑奴贸易的主要参与者是欧美白人奴隶贩子，他们是罪恶的始作俑者。

最先从事黑奴贸易的是葡萄牙人和西班牙人。1441 年，葡萄牙人在西非布朗角掳掠 10 名摩尔人，被认为是黑奴贸易的开始。1502 年，第一批黑奴从非洲运到了美洲的圣多明各。对于这种肮脏勾当，葡萄牙和西班牙政府还公开出售贩奴许可证，允许并鼓励奴隶贩子向美洲输入黑人奴隶。由于利润丰厚，荷兰、英国、法国、美国等国也先后参与到这场惨无人道的奴隶贸易中。后来随着英国逐渐取得海上霸权，英国奴隶贩子也因此成为非洲奴隶贸易的主要力量。与葡萄牙、西班牙人所采取的私人贩卖非洲奴隶的方式不同，荷兰、英国、法国、美国等的黑奴贸易是由国家经营的奴隶专卖公司来进行的，并有正规军队加以保护。1618 年，英王詹姆斯一世把从非洲贩卖奴隶的特许权授予伦敦开发非洲贸易公司，该公司由 30 多个奴隶贩子组成。后来英国又成立了皇家非洲公司，贩奴活动逐渐走向高潮。法国也成立了法属西印度公司等特许垄断性公司，积极参与贩奴活动。1621 年，荷兰的私人商行在皇室的支持下合并成荷属西印度公司，用史家威廉·福斯特的话说就是：一个土地攫取者、海盗和奴隶贩子的联合组织。[1] 美国是后起的贩奴国家，在英国禁止贩奴之后，一跃成为世界上最大的奴隶贩子和贩奴国，直至南北战争结束，这一贩奴势头才逐渐减弱下来并最终销声匿迹。

其次，非洲沿海的一些部落首领也参与了黑奴贸易，他们负责将抓捕的黑人运到沿海的奴隶堡，交给欧洲奴隶贩子。

白人奴隶贩子主要活动在非洲沿海地区，他们对非洲内陆并不熟悉，而黑奴中有很多是来自非洲内陆，这说明他们并非

---

〔1〕［美］威廉·福斯特著，冯明方译. 美洲政治史纲［M］. 北京：生活·读书·新知三联书店，1956：94—95.

由白人奴隶贩子直接猎捕，而是另有原因——他们是被非洲土著的部落首领抓来卖为奴隶的。为了贩卖更多的黑人，奴隶贩子和殖民者改变了猎奴方式，往往通过勾结非洲的部落酋长，挑起部落战争，然后用枪支、火药、甜酒、纺织品等来换取战争中的俘虏。

利文斯顿所绘反映黑奴贸易作品（一）

上图是 19 世纪英国传教士利文斯顿的画作。1861 年 7 月 15 日，利文斯顿的探险队来到希雷河边，刚好遇到一队被捕获的奴隶。根据他的记载，这支奴隶队伍中男女老少都有，每个人的脖子上都套着相连的木枷，手上则戴着链子。有位母亲累得抱不动孩子，奴隶贩子上前一刀砍下了婴儿的头颅……不少非洲的部落酋长通过这种奴隶贸易获得了财富、攫取了权力。他们还通过奴隶贸易获取西方的枪支弹药，然后组建规模庞大、装备精良的军队，任意发动"猎奴战争"，以夺取更多的奴隶。非洲丛林中的争夺也因此而愈演愈烈、残酷无比。正是因为有大量的非洲土著酋长参与到奴隶贸易中，才使那些只是在非洲沿海据点活动的白人奴隶贩子可以源源不断地获取非洲内陆的奴隶。甚至当欧美国家后来对奴隶贸易予以禁止时，非洲的一些部落酋长居然还激烈反对。

再次，东非阿拉伯人在黑奴贸易中也充当了奴隶贩子，桑给巴尔岛的提波·提普当时经营东南部非洲的奴隶贸易。

利文斯顿所绘反映黑奴贸易作品（二）

上图是利文斯顿的另一幅画作，与前面的那幅相比有很大的不同：画中的奴隶贩子已经不是短衣宽檐帽，而是长衣圆帽，这些人就是说着斯瓦希里语的东非阿拉伯人。可见，参与贩卖非洲奴隶的除了白人和非洲土著外，还有阿拉伯人。远在三角贸易兴起之前，阿拉伯人就已开始从事贩卖黑奴的贸易，只是相对于后来的白人奴隶贩子而言，他们的奴隶贸易规模要小得多。但当非洲西海岸的奴隶贸易逐渐被取缔时，阿拉伯人依然在中非和东非进行着奴隶贸易，这一现象一直持续到第一次世界大战才结束。时至今日，在阿拉伯半岛的个别国家，奴隶买卖仍时有出现。这种长期进行、阴魂不散的奴隶贸易极大地恶化了阿拉伯人（也包括阿拉伯化黑人）与黑人的关系，更成为部分非洲国家内部动荡的根源，最典型的就是苏丹达尔富尔问题，它就是由阿拉伯人与黑人的激烈冲突造成的。

黑奴贸易作为资本原始积累的一个组成部分，促进了欧美资本主义的发展，同时也将非洲黑人文化传播至欧美，客观上推动了大众流行文化的发展。但是，黑奴贸易给非洲带来了灾难性后果，导致了非洲人口的巨大损失，改变了非洲原有的奴隶制度和社会秩序，严重破坏了非洲社会经济的发展，还造成了对黑人种族歧视理论的出现。迄今为止，虽然针对黑人的制度性歧视已被废除，但是黑人受歧视的现象依然难以消除，成为影响美洲各国社会稳定的一大因素。

长沙市长郡中学　周　宽

79

殖民活动的罪恶罄竹难书

近代欧洲殖民者的殖民活动给亚非拉殖民地带来了巨大灾难。

首先，殖民活动造成了殖民地人民的大量死亡。尤其是美洲和大洋洲，原住民损失了绝大多数人口，使当地族群被殖民者和外来移民所替代。西印度群岛是西班牙殖民者最先踏上的美洲土地，也最先"品尝"到殖民统治的苦果。以伊斯帕尼奥拉岛为例，西班牙人统治 20 多年后，岛上的印第安人从 700 万下降到了 29 万人。几十年后，西印度群岛的印第安人几乎灭绝。在墨西哥中部地区，1519 年，西班牙人初到之时约有 2 500 万人，到 1605 年，只剩下 100 万人。而在秘鲁中部沿海，到 1575 年，缴纳贡赋的人口只有征服前的 4%。传染病、疫病固然是造成人口骤降的主要原因，但杀戮、强制劳役、繁重的赋税也难辞其"罪"。无疑，西班牙的殖民统治是野蛮、残酷的。那么，文明程度较高的英国又如何？且看下表便可知晓。

英国殖民统治下的印度饿死人数统计表[1]

年代	1757—1800	1800—1850	1850—1900	1900—1947
饿死人数	600 万	140 万	2 000 万	2 650 万

其次，殖民活动掠夺了殖民地的大量财富。殖民者远离故土，长途跋涉来到异乡，可能还会赌上性命，何以如此？就是为了得到金钱，攫取财富。他们"发财"的门路很广，具体包括以下方式。

一是抢劫勒索。1533 年，印加帝国皇帝阿塔瓦尔帕为西班牙人所擒，被囚禁在一间 6.7 米长、5.2 米宽的屋子里。臣民为赎回他，支付了填满整间屋子的黄金，但最后凶残的殖民者依然背信弃义将其杀害。两百多年之后，英国人攻占孟加拉首府，侵略者从其国库中抢走了约 6 000 万英镑的财富，其中侵略军头子克莱夫一人就抢劫了 23 万英镑。

二是横征暴敛。殖民者在拉美殖民地征收各种苛捐杂税，还迫使印第安人开采金银矿，产生的财富则源源不断地流向宗主国。在拉美遭受殖民统治的 300 多年中，宗主国共掠夺了约 259 万公斤的黄金、1 亿公斤的白银。[2] 英国人的掠夺则显得更具"效率"。从 1765 年起的 6 年中，孟加拉地区的税收盈余约 404 万英镑，都以东印度公司利润的方式被殖民者纳入彀中。另据估计，1757 至

---

〔1〕［印度］R. P. 萨拉夫著，华中师范学院历史系翻译组译. 印度社会［M］. 北京：商务印书馆，1977：251.

〔2〕韩琦. 论拉丁美洲殖民制度的遗产［J］. 历史研究，2000（6）：128.

1815 年间，东印度公司从印度搜刮的财富约达 10 亿英镑。

三是商品与资本输出。工业革命后，殖民国家对于殖民地、半殖民地的剥削方式逐渐发生变化，野蛮的劫掠让位于"文明"的商业活动，而后者显然为殖民者带来了更持续、更可观的收益。以 1913 至 1914 年为例，英国从对印度的贸易中获得了 2 780 万英镑的利润；而从投资中获得的利润、利息加上佣金、保险和银行业收入不低于 4 700 万英镑。[1] 剧增的财富繁荣了宗主国的经济，而经历如此敲骨吸髓式的掠夺，殖民地、半殖民地国家原来的经济结构遭到破坏，被迫充当宗主国的资源"奶牛"和商品倾销地。

殖民活动的罪恶罄竹难书，但有人却看到了它的"进步"，这个人便是马克思。早在 1853 年，马克思就以英国对印度的殖民统治为例做出经典论述：

> 英国在印度要完成双重的使命：一个是破坏性的使命，即消灭旧的亚洲式的社会；另一个是建设性的使命，即在亚洲为西方式的社会奠定物质基础。[2]

这里，"破坏性的使命"是指英国通过商品倾销摧毁了印度自给自足的自然经济，打破了农业和手工业的结合，为资本主义的

---

[1] 闵光沛. 殖民地印度综论 [M]. 成都：四川民族出版社，1996：17.
[2] 中共中央马克思恩格斯列宁斯大林著作编译局. 马克思恩格斯全集（第 9 卷）[M]. 北京：人民出版社，1998：246.

发展准备了劳动力和市场。依靠价格和质量的优势，以及有利的关税政策，英国工业品如潮水般涌入印度。1814 年，英国向印度输入了 81.8 万码棉布，到 1835 年，剧增到 5 177.7 万码。印度引以为荣的棉纺织业被彻底摧毁，农业和手工业的紧密结合不复存在，社会的细胞——村社逐步崩溃，从而为资本主义的兴起开辟了潜在的道路。

"建设性的使命"则是指将资本主义工业文明带入了殖民地。还是在印度，英国人在那里实现了政治的统一，建立了欧式军队，创建了自由的报刊，确立了土地私有制，引入了西式教育，还废除了一些陈规陋习。工业革命的成果——轮船和铁路也传入印度，截至 1914 年，英国在那里修建了 3.6 万英里铁路。在英国的殖民统治下，印度融入了资本主义世界体系，开始走上工业化道路。

但是，必须看到，所谓"建设性使命"完全服从于宗主国的利益。比如修铁路，英国对铁路的重视远远超出对水利工程的重视，截止到 1901 年，英国对印度的水利工程投资额为 2 400 万英镑，还不及铁路的 1/9。究其原因在于铁路既有利于加强对印度的控制，又有利于商品输出。再如英国没有在印度发展机器制造业，这就使印度工业体系缺失了"心脏"，不得不长期依赖于英国。而作为殖民地存在的印度，其社会的发展不可能是独立自主的。因此，独立前的印度一直是个贫穷落后的国家。

所以，马克思的"双重使命说"是根据唯物史观的基本原理，从世界历史的角度对现代化进程中欧洲殖民活动客观作用的辩证分析。他明确指出，欧洲殖民者的殖民活动"完全是被极卑鄙的利益驱使的"，他们在殖民地犯下了"罪行"，甚至给当地人带来了"灾难"。但是由于欧洲国家已经走上了现代化道路，处于历史发展的"先进"行列，他们的殖民活动在客观上向殖民地传播了工业文明，因此"充当了历史的不自觉的工具"。

上海市闵行中学　范　江

80

从美墨边境线的形成看两国关系

墨西哥是中北美洲的一个联邦共和制国家，其国土面积和人口数量均居世界前列，北部同美国接壤，两国有着漫长的共同国境线。在 1824 至 1835 年间，独立后的墨西哥一度曾以美国制度为蓝本建立合众国。然而美墨两国在历史上存在诸多恩怨纠葛，影响着两国版图、国境线的变迁以及现实关系。故事还得从墨西哥建国讲起。

墨西哥位于中美洲，是美洲玛雅文明和阿兹特克文明的诞生地，其遗存依然能令人感受到古代印第安文明的神秘与恢宏。不幸的是，伴随着西班牙殖民者的到来，短短几十年内美洲印第安文明几近消亡，取而代之的是庞大的西班牙殖民帝国。1535 年，西班牙国王查理五世合并其所占领的全部北美洲领土，成立了"新西班牙副王辖区"。这片总面积近 500 万平方公里的区域，包括了今天美国西部大部分地区、墨西哥全境，以及危地马拉、洪都拉斯、萨尔瓦多、尼加拉瓜和哥斯达黎加在内的中美洲五国。

19 世纪初拿破仑战争期间，西班牙在美洲的殖民统治大大削弱。1821 年，墨西哥军人伊图尔维德迫使当时的"西班牙副王"

承认墨西哥独立，并于当年即位墨西哥皇帝。独立后的墨西哥，国内各派政治力量相互争斗，政变或叛乱时有发生，政局长期动荡不安。帝国、临时政府、合众国、共和国、第二合众国、第二帝国等，政权犹如走马灯似的更替，空有辽阔的疆域而缺乏像样的治理，经济凋敝，腐败丛生，墨西哥就是一个典型的"空心团子"。此外，虽然墨西哥幅员辽阔，但人口总数只有 600 多万，且分布极不均衡，几乎所有人都居住于现今的墨西哥共和国境内，而北方的加利福尼亚、得克萨斯、新墨西哥等地只有不足万余的欧洲移民活动其间。加之墨西哥政府无法从财政上支持对上述地区的垦殖，故对这片土地的实际控制力相当微弱，这就为初生的美国乘虚而入提供了机会。

终于，一场军事冲突改变了美墨两国的版图，那就是爆发于 1846 年的美墨战争。其实美国对墨西哥资源和领土的觊觎由来已久，在两国多次发生边境冲突后，1846 年 5 月，美国国会通过了向墨西哥宣战的议案。而此前 4 月，墨西哥已宣布处于"防御战争状态"。美墨战争打响后，美国势如破竹，先是说服新墨西哥州脱离墨西哥加入美国，后又接纳由美国移民在加利福尼亚建立的"熊旗共和国"（加利福尼亚共和国）。在战场上，美国更是连战皆捷，最终美军在离墨西哥首都墨西哥城不远的韦拉克鲁斯港登陆，直捣墨西哥城。墨军于首都近郊的查普特佩克城堡组织抵抗，城堡里 100 多名不到 16 岁的墨西哥军校学员也投入了战斗，最终"男孩英雄"全部阵亡。1847 年 9 月 14 日，墨西哥城沦陷，墨西哥向美国求和。

　　1848 年 2 月，墨西哥与美国签订了《瓜达卢佩·伊达尔戈条约》，被迫向美国割让了 236 万平方公里的土地。也就是说，墨西哥整整失去了 55% 的领土，这在世界历史上恐怕是前所未有的。当然，作为交换，美国不仅放弃了对墨西哥的一切赔款要求，还补偿了墨西哥政府 1 500 万美元。5 年之后，为了修建"两洋"铁路，时任美国总统富兰克林·皮尔斯派南卡罗来纳州议员詹姆斯·加兹登出使墨西哥，企图通过谈判购买墨西哥领土。起初遭到拒绝，但迫于无奈，墨西哥政府最终还是向美国出售了 2.3 万平方公里的土地，美国为这片人称"加兹登购地"的土地仅支付了 1 000 万美元。至此，美国与墨西哥边界完全定型。[1] 仅仅数年，美国从墨西哥那里捡了个大便宜，成了领土交易的大赢家。此后，美国蒸蒸日上，墨西哥江河日下，强弱易位，盛衰定局。[2]

　　美国通过美墨战争得到了大片领土，从而确定了美墨两国的边境线。更重要的是，这片领土上有着丰富的矿藏和石油资源，这些资源的及时开发和充分利用，使美国的工业，尤其是制造业迅猛发展，"两洋国家"的形成也为美国进一步染指太平洋地区打下了坚实的基础。当然，不得不提的是，美墨战争带给美国的也并非全是益处——因为从墨西哥抢来的领土在蓄奴问题上产生了极大争议，最终加剧了南北冲突，这在一定程度上为美国南北战

---

〔1〕阎京生. "姐妹共和国"之间的战争 墨西哥丢掉了多少国土 [J]. 国家人文历史，2016（08）：73.
〔2〕赵博渊. 美墨一战，国运分殊 [J]. 看世界，2019（19）：63—66.

争的爆发埋下了伏笔。

那么，失去大片北方领土的墨西哥又怎样了呢？此后半个世纪里，墨西哥的政局依然动荡不定，经济上则沦为美国的附庸。美国获得了墨西哥诸多矿藏的开发权甚至所有权，如美孚等石油公司把持了墨西哥湾沿岸的石油资源。由于美国在墨西哥获得了巨大经济利益，其无法坐视墨西哥政局的变动而不顾。也正因如此，1914 年、1917 年美国两度出兵墨西哥，武装干涉墨西哥革命，由此加剧了美墨之间的矛盾。

直至 20 世纪 10 年代后，建国近 100 年的墨西哥才逐渐走上了发展正轨，从 1930 年起一度经历了 40 年的快速发展时期。然而，"从 1970 年起墨西哥的经济增长缓慢，财政赤字和外债逐渐增多，失业率上升"[1]，这一状态又持续了 20 多年才得以复苏。如今的墨西哥已成为经济大国，现代工业门类齐全，农业也得到长足发展。但是墨西哥有句俗语："天堂很远，美国很近。"毋庸置疑，从历史到现实，美墨两国的恩恩怨怨从未消弭。而在今天的拉丁美洲，感慨"天堂很远，美国很近"的国家又何止是墨西哥，古巴、委内瑞拉等国家不都面临着类似境遇吗？这是地缘政治深刻影响地区政治格局的又一例证。

上海市大同中学　顾博凯

---

〔1〕阎京生．"姐妹共和国"之间的战争 墨西哥丢掉了多少国土？〔J〕．国家人文历史，2016（16）：70—75．

81

苏丹马赫迪起义

当代"苏丹",作为国家主体而言,是指"苏丹共和国",位于非洲东北部、红海沿岸、撒哈拉沙漠东端。古代"苏丹",作为历史地理概念,是指北起撒哈拉、南接刚果森林、东临阿比西尼亚高原、西濒大西洋的广阔草原地区,曾是努比亚人的世居地。努比亚文明曾经是尼罗河上游地区古代文明的代表,公元前8世纪中期,努比亚人在该地区建立的库施王国在麦罗埃时期臻于鼎盛。中古时期,努比亚先后为阿克苏姆王国、埃及和阿拉伯帝国所征服,从13世纪开始,阿拉伯文化和伊斯兰教在努比亚广为流行,阿拉伯语"苏丹"开始引入该地区。"苏丹"一词含义比较复杂,最初只是抽象名词,即"力量""治权"和"裁决权",后来引申为"权力""统治"。"苏丹"还指向尊称,早期是类似总督的职官,后被用来称呼统治者,但凡被苏丹统治的地方,无论是王朝还是国家均可被指为苏丹国。15世纪,阿拉伯人在原努比亚南部地区建立起历史上的第一个伊斯兰教国家——芬吉苏丹国(1484—1821年),16世纪,该国曾一度被并入奥斯曼帝国的势力范围。及至19世纪20年代,苏丹又沦为奥斯曼的藩属国——埃及的属地。19 世纪 70 年代，英国入侵埃及并深入苏丹，苏丹人民反抗英国殖民侵略的斗争由此展开。

"马赫迪"为阿拉伯语，原意是"被引上正道者"，后来引申为穆斯林期待的救世主，意即马赫迪既不会死而复活，也不会成为末日审判的对象，他在隐遁状态中转世，而转世的前兆是"世界充满暴虐和压迫"。一旦前兆出现，马赫迪将受神的感召，"为大地带来正义与平等"。宗教信仰的期待与被殖民压迫的现实相结合，成为特定历史条件下发动群众、团结群众投身正义斗争的旗帜，最终催生了苏丹马赫迪起义。马赫迪起义大致经历了两个阶段：1881—1885 年的起义由穆罕默德·艾哈迈德·马赫迪领导；1885—1898 年则由阿卜杜拉·伊本·穆罕默德继承了捍卫苏丹民族独立的事业。

出身贫苦的穆罕默德·艾哈迈德·马赫迪，自幼研习宗教，深受当时广泛兴起的伊斯兰复兴运动的影响，于 1871—1881 年的 10 年间进行广泛的宣传活动。他向苏丹各地发布信函以宣扬复兴伊斯兰教，提倡恢复伊斯兰教的纯朴和古兰经的权威，宣布自己就是众所期待的先知——马赫迪，实则举起了反对殖民者和贪官污吏的义旗，并担负起变革社会现实的历史使命。在马赫迪的感召下，轰轰烈烈的起义应运而生。1879 年 6 月，英国胁迫奥斯曼帝国的统治者废黜埃及国王伊斯梅尔帕夏，国王任命的苏丹总督查理·乔治·戈登[1]

---

[1] 1873 年，埃及国王伊斯梅尔帕夏任命英国人查理·乔治·戈登曾为苏丹总督。戈登曾于 1863—1864 年在中国指挥"常胜军"与清政府湘淮两军共同镇压太平天国运动。

被迫去职，埃及在苏丹的统治机构陷于瘫痪。马赫迪起义正是在这种形势下爆发的。

1881—1885 年阶段的起义成功解放了大片领土并建立了新政权。人们不禁要问，为何在西方列强疯狂扩张的年代，起义能取得如此辉煌的成果？

其一，起义者结成了较为广泛的统一战线。一是在对马赫迪无比虔诚的信徒中，既有贫苦的流浪汉，也有愤世嫉俗的部落酋长及各派教长，他们的宗教信仰反映在政治上就是要求按原始伊斯兰教重新改造社会。二是对殖民统治不满的民众多为尼罗河上的船工、农民、破产的中小商人，他们或不堪重税，或难以与殖民者竞争，经济损失使之产生仇外情绪。三是起义队伍中不乏南方游牧民，他们不愿被埃及人掳掠去当兵，受到马赫迪军事胜利的影响转而投身起义。由此可知，苏丹社会的各个阶层几乎都参加了起义，其投身起义的目的虽不尽相同，但最终都聚集于马赫迪的大旗下，实现了各方力量的集结。

其二，宗教发挥了强大作用。马赫迪起义时，苏丹正流行泛伊斯兰主义。马赫迪利用宗教思想武装群众，使之焕发出强大的精神力量。而原有的宗教组织则为起义军提供了有序的组织系统，这使马赫迪的宣传活动得以广泛而深入地开展。宗教强大的精神动力以及民众对马赫迪的拥护加强了各部落、各民族的团结，不仅打击了西方列强，而且提升了统一的民族意识，为独立的民族国家的形成奠定了基础。

其三，起义时机适当。马赫迪起义之时，英国的执政党是以格莱斯顿为首的自由党（1880—1885年），相较于此前的保守党，自由党在殖民问题上的态度相对温和，主张实行幕后操纵的策略，即以半殖民地形式扩大和维系英国的势力范围。格莱斯顿曾打算尽早撤出埃及和属地苏丹。因此，马赫迪起义之时，正是英国放松对苏丹控制之际，同时埃及正处于阿拉比运动而自顾不暇，无法分身介入苏丹局势。正如苏丹史学家迈基·希贝卡所言：

> 一个国家，在国内经济上有着种种纷杂的问题，在其军队的各级军官中又酝酿着兵变，随着外国占领而出现的更为复杂的种种问题，加上统治一个难以驾驭的庞大帝国的种种复杂的问题——像这样一个国家，当宗教在东方还是最强大的统一力量的时代，是无法指望把一个宗教运动镇压下去的。[1]

马赫迪起义前期，东北非地区风起云涌，与当时有利的外部时局密不可分。

其四，出色的军事指挥。起义者运用了多种战略战术——敌强我弱时，实行战略转移，建立根据地，养精蓄锐；强弱天平转换之时，则调整战略部署，从防御转向进攻。随着局势的变化，

---

[1]［苏丹］迈基·希贝卡著，上海新闻出版系统"五·七"干校翻译组译. 独立的苏丹（上册）[M]. 上海：上海人民出版社. 1973：57.

马赫迪指挥军队从游击运动战转变成攻坚阵地战，时而集中优势兵力、诱敌深入，时而围城打援，机动灵活的战略战术效果显著。此外，巧妙运用攻心宣传战，与军事斗争相结合，形成点、面结合的作战模式，也是马赫迪起义的一大亮点。反观苏丹政府军和英军，二者则在军事较量中处处被动，不断挨打。军事的节节胜利推动了起义运动持续高涨。英国政府派戈登重返苏丹首府喀土穆，以高官厚禄诱降马赫迪，并送去科尔多凡省统治者的委任状和华贵的长袍，但遭到马赫迪义正词严的拒绝。1885年1月，马赫迪率军攻下喀土穆，击毙戈登，英军被迫撤出苏丹。马赫迪建立了马赫迪王国。由此，起义取得了第一阶段的巨大胜利。

1885年6月，马赫迪去世前指定哈里发阿卜杜拉·伊本·穆罕默德为继承人，在国家连年战争、饥荒时疫频发的情况下，穆罕默德捍卫民族独立达13年之久。然而，19世纪90年代，西方列强对非洲的瓜分开始了大角逐。此时英国由保守党执政，他们攻击自由党瓦解帝国，主张要更积极地进行殖民扩张，以最大限度地维系帝国。这批殖民扩张的激进派，不但想长期占领埃及，还试图重新征服苏丹。卷土重来的英国，经济上对苏丹实行封锁，军事上使用新式武器，并利用埃及、埃塞俄比亚军队对苏丹施以强大的军事威慑。1898年，喀土穆陷落，苏丹马赫迪起义最终失败。

1881—1898年持续18年的马赫迪起义，是近代非洲史上规模最大、持续时间最长的反对殖民统治的武装起义，是非洲近代反帝斗争的重要篇章。它牵制了英国殖民者的大量兵力，沉重打击了英国的殖民统治，极大地鼓舞了北非和东非地区的反殖民斗争。此后近一个世纪，苏丹人民继承民族独立运动的光荣传统，前仆后继、不屈不挠地开展反对殖民统治的斗争，最终于 1956 年赢得民族独立，成立了苏丹共和国。

华东师范大学第二附属中学　吴斯琴

第十七篇

两次世界大战、十月革命与国际秩序的演变

82

盟友何以倒戈成敌人？

意大利和日本，这是两个后来同德国结成轴心集团并发动二战的国家，在一战中却是战胜国，是英、法、美等协约国集团的成员，是何原因让一战的盟友倒戈成二战的敌人？答曰：是不满一战后的凡尔赛—华盛顿体系。那么，意日两国对凡尔赛—华盛顿体系究竟有何不满呢？

意大利在国际舞台上常以"摇摆投机"为生存之道。19世纪中叶，统一后的意大利在欧洲大陆上有两大敌人：法国和奥匈帝国，这是由于法奥两国频频干涉意大利的内部事务所致。而普鲁士发动的王朝战争，无形中削弱了法奥对意大利的控制，这就为意大利统一提供了契机。也正是这一原因，意大利与德国始终保持良好关系，从而为两国的合作打下了基础。但是1879年德国与奥匈帝国结盟，如果意大利示好德国，即意味着示好德奥同盟，然而意奥两国在领土、巴尔干势力范围等问题上存在矛盾，这就使意大利处于两难的境地。1881年，法国占领了北非的突尼斯，这让意大利建立北非殖民帝国的美梦很大程度上破灭了，意法矛盾骤然激化，法国成为意大利的头号敌人，意奥矛盾退居次要地位，意大利于次年加入德奥同盟，成为三国同盟的一员。

入盟后的意大利得到了德国的经济扶持，短时间内提升了自己的国家地位。但是很快，促使意大利变化的因素出现了。19 世纪末，入侵埃塞俄比亚的惨败迫使意大利反思自己的对外政策，尤其是对法政策。进入 20 世纪后，意法关系逐渐改善，两国于 1902 年签署了《意法协议》，根据协议，意大利将在法国遭到其他国家攻击时严守中立。无独有偶，此时的三国同盟内部也出现问题——意奥矛盾再次激化。20 世纪初，奥匈帝国利用俄国在日俄战争中的失败，加紧对巴尔干半岛的渗透，这对于意大利来说无疑是一场灾难。于是在 1909 年，继《意法协议》后，意大利又与同样是协约国成员的俄国签署了针对奥匈帝国的秘密协定。至此，意大利与同盟的主要对手实现了"和解"，三国同盟名存实亡。当然德国对此并非一无所知，早在 1906 年，德皇威廉二世就预言意大利的"叛变"，他说：意大利仅仅是在我们还是英国的朋友的时候与我们待在一起。如果事情不是这样了，它就会脱离"三国同盟"。[1]

果然，1914 年一战爆发时，意大利并未加入战局而是保持中立。然而战争初期，同盟国先后在西线和东线取得重大进展，这让未卷入战争的意大利又开始考虑起参战问题。此时，协约国和同盟国都与意大利进行秘密接触，希望将其拉入己方阵营。意大

---

[1] 邹禄禄. 一战中意大利倒向协约国来龙去脉探析 [J]. 山东行政学院学报，2014 (11)：50.

利随即向同盟国表示，如果能得到与奥匈帝国存在争议的领土，自将履行同盟条约加入战局。对此，奥匈帝国态度模糊，虽然在德国调停下愿意转让部分领土，但远达不到意大利的要求。几乎同一时期，协约国也加紧收买意大利，对意大利提出的领土要求（阜姆和达尔马提亚等）几乎全盘接受。1915 年 4 月 26 日，协约国与意大利签署了《伦敦秘密条约》，意大利正式加入协约国一方作战。但是协约国预想的意大利军队打击奥匈帝国的腹部促使其解体的局面并未到来，意大利在战场上的糟糕表现自然影响了战后胜利果实的分配。

1919 年，巴黎和会在法国凡尔赛宫召开。作为战胜国与五大国之一，意大利首席代表奥兰多志得意满，对于本国在战争中的正确选择深信不疑。但事态的发展令奥兰多失望。因在战争中发挥的作用有限，英法对意大利的许诺大都未能兑现，亚得里亚海沿岸的部分领土交给了塞尔维亚，非洲的德国殖民地也没有委托转让给意大利，更为尴尬的是，奥兰多因不满而在和会期间愤然离席时竟无人挽留。巴黎和会大大刺激了意大利。祸不单行，参加一战使本就工业薄弱、劳动力短缺的意大利面临严重的经济危机和社会危机，在此背景下，墨索里尼进军罗马，登上了政治舞台，意大利在 1922 年建立起法西斯统治，并于 30 年代走上了与德国为伍的不归路。

日本参战的原因要简单得多。开战伊始，日本就援引《英日同盟》的规定对德宣战，占领了包括青岛在内的中国山东半岛地区。战争期间，一方面，日本利用列强无暇东顾之际频频向中国施压，最终迫使中国接受了《中日民四条约》[1]，以期实现独霸中国的企图。另一方面，日本的海军建设也在紧锣密鼓地进行，军费支出逐年提高。在巴黎和会上，日本虽因山东问题与中国发生巨大争议，但其既得利益总体上得到了保障。然而在1921—1922年的华盛顿会议上，美国以杜绝秘密条约为由，打着四国同盟的旗号，拆散了英日同盟，这就使日本在太平洋地区失去了最有利的外交支持。《五国海军协定》又极大地制约了日本海军的发展，更让日本难以接受的是，美国重申"门户开放"政策，用《九国公约》打破了日本独霸中国的企图，从而使中国重新回到了受列强共同支配的局面，进而确立起美国对华的优势地位。

上述三个条约，从政治到军事对日本实施全方位的压制。从美国的角度看，以"和平、裁军"为旗帜的华盛顿会议实现了自身对国际格局的部分规划，在暂时无法获取世界领导权的情况下，美国首先确立其在亚太地区的优势地位。然而，美国的一系列行为毫无疑问是对日本的一种打压，野心不断膨胀的日本自然不会善罢甘休，兵戎相见只是时间问题。

就在列强忙于瓜分世界之时，列宁对当时的国际形势做了深刻分析，他指出：

---

[1] 即《二十一条》修正案，签订于1915年5月25日，属于不平等条约。

靠凡尔赛和约来维系的整个国际体系、国际秩序是建立在火山上的。[1]

诚然，无论是凡尔赛体系，抑或华盛顿体系，都不可能真正解决当时国际格局的矛盾与问题，一场更为残酷、规模更大的战争已在酝酿中。

上海市大同中学　顾博凯

---

[1] 中共中央马克思恩格斯列宁斯大林著作编译局. 列宁全集（第 39 卷）[M]. 北京: 人民出版社, 1986: 352.

83

"一战"还告诉我们什么？

第一次世界大战深刻影响着 20 世纪世界各大国的走向，可以说它改变了人类历史。一般有关一战的叙述大致是从"帝国主义政治经济发展不平衡"切入，强调"一战后战胜国以强权政治原则建立了新秩序，却为新的国际冲突埋下了祸根"[1]。那么，一战是否还有其他值得记取的经验和教训？

比如，被严重误判的一战。

一战的根本原因固然在于帝国主义政治经济发展的不平衡，但是战争在 1914 年 8 月全面爆发还有一些具体因素，其中便包括各国决策者对战争规模和持续时间的误判。事实上，战前的欧洲虽然经历过两次巴尔干危机，但并未引发欧洲的全面战争；"萨拉热窝事件"此类针对奥匈王室的刺杀事件在当时的欧洲并未触动所有大国的根本利益，何况 1914 年 6 月 28 日之后，欧洲列强为此进行了密集的磋商，只要各方有所克制未必立即酿成一场大战。但世界大战最终还是打响了。为何参战国如此轻率地启

---

[1] 参见《中外历史纲要》的"第一次世界大战与战后国际格局"一课。

动了战争？回顾当时的各国决策过程，在欧洲政治家和军人看来，他们只是准备打一场类似普法战争或克里米亚战争的有限局部战争，战场上很快就能分出胜负，战争也会马上结束。德皇威廉二世甚至向将士们许诺："叶落之前你们就将凯旋！"然而出乎所有人的意料，这场战争持续了4年之久，造成了前所未有的灾难。

显然，参战国的政治家和军人的判断都错了。被他们视为经验依据的普法战争虽然只过去40年，但那时的作战经验不少已经过时，这主要是因为国家实力的增强、战争目标的扩大和战争能力的提升，包括战争动员的规模和使用的资源都已不可同日而语。对此，德国陆军将领埃里希·冯·鲁登道夫在战后有过论述。他认为，从前的战争是以军事手段追求"有限政治目标"的行动，而现今的战争则是一个个巨型民族共同体为了"维持生存"而进行的全面、绝对的斗争，这一斗争的模式叫作"总体战"[1]。总体战不光涉及各领域对军事的配合，还需要全民的参与，这就需要一个相对完整、高效的社会组织形式。第二次工业革命为"总体战"奠定了物质基础、提供了技术条件，并将整个社会按大工厂的生产线模式组织起来，每一个人都像安置在机器上的一颗颗螺丝，一旦战争爆发，整个社会就像一台机器立刻发动起来，所有人员都会立即到位，全部资源都会投入其中。如此，历史发展

---

〔1〕整理自〔德〕鲁登道夫著，魏止戈译. 总体战〔M〕. 武汉：华中科技大学出版社，2016：1—13.

至 20 世纪初，战争一旦爆发便无法轻易结束，因为这时的战争已经超越了单纯的军事层面，上升到民族共同体和全社会层面，决策者一旦按下了战争按钮，战争机器的运转就进入了不以个别国家意志而停止的世界大战模式，直至两大国家集团分出最后的胜负。

又如，从屈辱中走出的一代。

鸦片战争后，中国的读书人从鄙视外夷到学习外邦，及至发起洋务运动、戊戌维新，在经历了学习器物文明之后，国人更是将西方的制度、思想等奉为圭臬，亦步亦趋。新文化运动时甚至有人提出"全盘西化"的主张，虽然屡遭挫折，但国人向西方探求奥义的路途始终在延伸并不断拓展。但 1919 年残酷的事实摆在了国人面前：中国以战胜国的身份出席巴黎和会，却未能享受到胜利者的礼遇，西方列强为一己私利，竟然将中国当作羔羊任人宰割！

屈辱和痛苦、失望与愤懑似黑云压城。有识之士、有为青年在此时将目光转向了苏俄，转向了马克思主义。五四前后，恽代英、林育南等在湖北组织了互助社、利群书社和共存社等进步团体，传播马克思主义；周恩来、马骏等在天津组织青年学生的进步社团觉悟社；1919 年起，李大钊先后在北京大学、北京女子高等师范学校、朝阳大学等校开设有关马克思主义理论的课程，不遗余力地向在校学生宣传马克思主义学说，次年 3 月，他又在北京大学发起组织马克思主义研究会；五四以后，新出版物不断涌现，各行其是，既有倾力宣扬西方思想的，也有鼓吹重整中国传统文化的，掀起了新思潮的波澜。北京、上海等城市的学校得益于讯息及资源的互通，深受新思想和各种主义洗礼的青年学生或热衷撰写、出版文章，或在平民夜校教书，或到城乡接合处（即乡村所包围的市集，在江南就是市镇）传播新思想、新文化。由此，新思潮由城市波及至乡镇……终于，一批志存高远、志同道合的觉醒者在上海望志路、在嘉兴南湖走上了探索救国救民的道路。谁能否认，他们正是从巴黎和会带给中国的屈辱中走出的一代！

再如，华盛顿会议——不能带过的一笔。

一般对一战后国际格局的叙述较多关注巴黎和会，对于华盛顿会议往往做纲要化梳理，如《中外历史纲要》表述华盛顿会议结果时，只有短短一句"限制美国、英国、日本等国的海军军备；中国收回山东主权，但日本保留了诸多特权；列强同意将'门户开放''机会均等'作为侵略中国的共同原则"。其实，华盛顿会议对中日关系、美日关系和东亚国际格局产生了重大影响，在使中国避免沦为日本殖民地的同时，也造成了日美之间矛盾的暗流涌动。

面对日本在亚太地区的逼人之势，战后实力大增的美国开始寻求遏制日本的对策。华盛顿会议上的《四国条约》《五国海军协定》和《九国公约》，无一不指向日本，是对日本扩张的当头棒喝。日本人哀叹道："一直对日本保持不寻常的友好感情并毫不吝惜地给予支援的美国，这时却突然一反常态，充当了对日本施加压迫政策的急先锋。"[1] 无疑，20 年后爆发的日美太平洋战争，其根源就在这里。

上海市南洋模范中学　俞颖杰

---

〔1〕〔日〕服部卓四郎著，张玉祥等译. 大东亚战争全史（上卷）〔M〕. 北京：世界知识出版社，2016：5.

84

十月革命缘何成功?

　　十月革命成功地建立起世界上第一个无产阶级政党领导的国家,一方面,使社会主义从理论走向实践,冲破了资本主义的世界体系,开创了两种社会制度竞争的世界新格局;另一方面,也推动了20世纪的民族解放运动,对世界历史的发展产生了深远影响。诚如英国历史学家安东尼·吉登斯所言:"无论人们认为苏维埃体系出现了何种变形,它至少为发展更加有效的社会主义形式提供了具体的起点。"[1]　恩格斯曾经说过:

　　　　革命不能故意地、随心所欲地制造,革命在任何地方和任何时候都是完全不以单个政党和整个阶级的意志和领导为转移的各种情况的必然结果。[2]

　　十月革命缘何能够成功? 原因有四。

[1]［英］安东尼·吉登斯著,郭忠华译. 历史唯物主义的当代批判:权力、财产与国家［M］. 上海:上海译文出版社,2010:第二版序言2.
[2]中共中央马克思恩格斯列宁斯大林著作编译局. 马克思恩格斯选集（第一卷）［M］. 北京:人民出版社,2012:304.

其一，马克思主义革命理论的发展为十月革命指明了正确的方向。

马克思和恩格斯在其早期的相关理论中指出，社会主义革命将发生于资本主义发达国家，而革命的发展速度取决于这些国家的工业发展和生产力水平，以及由资本主义生产方式而激化的社会矛盾。这是 19 世纪中期生活于资本主义上升期的马克思和恩格斯，在认真研究当时世界资本主义发展状况的基础上，提出的无产阶级革命将在西方发达国家"多国同时胜利"的理论。而历史发展至 19 世纪末 20 世纪初，世界资本主义进入帝国主义阶段，垄断组织的形成和科学技术的发展使帝国主义各国发展的不平衡性空前加剧，列强之间的矛盾和冲突不断加深。为争夺殖民地和划分势力范围，帝国主义国家间的危机和局部战争频发，最终酿成人类历史上第一次世界大战。一战非但未能解决资本主义发展所带来的冲突，反而激化了各方矛盾，如帝国主义国家之间的矛盾、帝国主义国家内部无产阶级和资产阶级之间的矛盾、殖民地半殖民地国家和帝国主义国家之间的矛盾等，从而为无产阶级革命创造了有利时机和条件。同时，资本主义发展不平衡又决定了各国革命条件的成熟程度也极为不平衡，由此，各国不可能同时具备无产阶级革命的条件，社会主义革命不可能在发达国家"同时胜利"。列宁基于对国际形势与本国国情的分析，运用马克思主义的基本理论，于一战期间撰写了《帝国主义是资本主义的最高阶段》《社会主义革命和民族自决权》《国家与革命》等系列论著，发展了马克思主义的革命理论，创造性地提出了"一国首先胜利"的理论，认为社会主义革命可能率先发生在一个或者几个经济文化相对落后的资本主义国家，并且通过这些国家革命的胜利引发无产阶级世界的革命。革命时机最成熟的地区是矛盾最尖锐、帝国主义统治最薄弱、革命力量最强大的地区，资本主义世界体系将会首先在那里被冲垮。而当时的俄国，由于资本主义发展的不充分、社会矛盾的尖锐和革命形势的成熟，成为帝国主义战争中最容易被突破的薄弱地带。列宁的"一国首先胜利"论为十月革命指明了正确的理论方向，为革命取得成功奠定了理论基础。

其二，俄国社会的结构性矛盾和阶级力量对比为无产阶级领导的十月革命胜利提供了条件。

众所周知，俄国资本主义的起步相对先发的西欧国家较晚，1861 年改革虽然使俄国走上了资本主义道路，但其基于缓和阶级矛盾、挽救统治危机的目的所开展的"选择性变革"，保留了沙皇专制、农奴制度等大量封建残余。近代俄国的资本主义发展就是在背负着过于沉重的包袱缓慢前行的。俄国资本主义发展在政治与经济方面存在的结构性矛盾，必然导致资产阶级的不成熟性：一方面，俄国资产阶级谋求推翻沙皇统治，废除农奴制度，为资本主义的充分发展创造条件；另一方面，他们又必须依附于沙皇政权，以谋求在对外战争中的军火供应、铁路修筑时的官方订货，以及以军队镇压工人罢工、农民暴动等政府的扶植与庇护。相较于不成熟的资产阶级，俄国无产阶级的力量相对强大。究其原因，一是因为俄国资本主义发展的不平衡性，造成了俄国无产阶级具有广泛分布于大型城市和工业中心、相对集中于工矿铁路等企业的特点，便于迅速有效地实现联合。二是因为俄国沙皇专制统治的严酷以及工业化的迟滞，在造成异常深重的政治压迫与经济剥削的同时，也塑造了俄国无产阶级强烈的反抗精神与高昂的革命斗志。三是以军队士兵为纽带的形成中的工农联盟，也为十月革命的成功奠定了广泛的群众基础。

其三，二月革命后动荡不安的时局为十月革命提供了恰当的时机。

1917年2月至1917年10月之间的8个月内，俄国国内党派冲突不休，政治局势动荡不安。一战对俄国而言堪称"绝望的搏斗"，它夺走了数百万俄国士兵的生命，还导致俄国粮食奇缺、物价飞涨、工厂倒闭、田地荒芜。随着国家经济走向崩溃，沙皇专制也走到了尽头。一方面，资产阶级临时政府无法在战争与危机中寻找到出路；另一方面，帝国主义国家忙于世界大战无暇顾及俄国，历史给予俄国无产阶级革命千载难逢的时代契机，这就是"战争引发革命"的验证。

其四，列宁和布尔什维克党为十月革命提供了坚强的领导。

二月革命的胜利和沙皇专制制度的终结，是俄国历史的一个重要转折点。二月革命结束了罗曼诺夫王朝持续300多年的沙皇专制制度，为俄国社会的发展扫除了巨大障碍，但革命并未就此结束，俄国社会的结构性矛盾、最为突出的问题依然未能解决。面对动荡的局势、崩溃的经济、残酷的战争、匮乏的粮食，停止战争、恢复和平，供给面包、摆脱饥荒，获得土地、战胜贫穷，成为俄国人民最为迫切的呼声。但令人深感失望的是，临时政府在战争与和平的问题上选择继续战争，在面包与土地的问题上采取拖延政策，这显然与迫切要求结束战争的俄国人民，尤其是渴望得到土地的广大农民的诉求格格不入。前线在继续流血，后方的饥荒依然在延续，一场新的革命即将爆发。这一次，站在革命潮头、引领革命方向的是列宁和布尔什维克党。以列宁为首的布尔什维克党基于二月革命后俄国的社会现状，回应人民的诉求，喊出"和平、土地、面包、自由"的口号，赢得了人民的支持，提高了布尔什维克党的声望，以无产阶级革命推翻资产阶级临时政府、建立无产阶级政权最终成为俄国人民的坚定选择。政治力量与人心向背的转化为十月革命的深入推进创造了有利条件，列宁和布尔什维克党的正确领导，为十月革命的最终胜利提供了坚强的领导和组织条件。

上海市复兴高级中学　徐　宁

85

来自喀琅施塔得的震撼

谁能想到，喀琅施塔得爆发了"反革命叛乱"！

喀琅施塔得位于彼得格勒的出海口，是波罗的海舰队的主要基地。喀琅施塔得海军在二月革命和十月革命中都扮演了先锋角色。1917年11月7日，停泊在涅瓦河上的波罗的海舰队"阿芙乐尔"号巡洋舰炮击冬宫，发出了十月革命的进攻信号，这艘战舰就是来自喀琅施塔得基地。喀琅施塔得水兵是十月革命重要的支柱之一，他们中1/10是布尔什维克党党员。那么，这些曾被苏俄领导人称为十月革命的"荣光和骄傲"的水兵，为何在4年之后的1921年2月发动了一场反对布尔什维克的兵变呢？

这一切还得从十月革命后苏俄面临的国内形势说起。

十月革命后不久，布尔什维克党领导的苏维埃政权遭遇了协约国集团的武装干涉和国内白卫军的武装叛乱，退出帝国主义战争的苏维埃俄国又陷入了国内战争（1918—1920年），新生的苏维埃政权处于极度危险之中。国内战争使苏俄的经济情况糟糕透顶，粮食、燃料被敌人夺走，原料产地被敌人占据，生活必需品严重匮乏，以至城市人口每两天才领到1/8磅面包。在国内战争严峻的形势下，布尔什维克党为了集中有限的人力、物力、财力，巩固新生的苏维埃政权，实行战时共产主义政策。1918 年 9 月 2 日，苏维埃全俄中央执委会宣布：全体居民都要无条件履行保卫国家的义务，国内所有的资源都必须用于战争的需要。战时共产主义政策主要包括：实行工业国有化，由没收大企业到没收中小企业；从粮食垄断、禁止私人买卖粮食到余粮征集制；限制市场和私人贸易，实行商业国有化；推行平均主义分配制度；实行劳动义务制和劳动军事化。

可以说，这一政策作为战时应急性措施，显然背离了经济规律，且在具体执行过程中也存在很大的强制性。如为了保证完成余粮征集的任务，苏维埃政权派出大批携带武器的征粮队，用军事办法强制征收农民的粮食，甚至种粮和口粮。尽管如此，战时共产主义政策仍然具有政治上的合理性，正如列宁所指出，在"当时所处的战争条件下，这种政策基本上是正确的"，它起到了最大限度动员全国的人力、物力保证战争所需，并为前线提供后勤支持的作用，也为战争条件下强化专政机器、打击反对势力、稳定和巩固后方提供了有力的经济支撑。

然而，战时共产主义政策在集聚战争资源方面取得的成功，以及这一战时体制所体现的某些"共产主义"的做法却使当时的苏俄领导人一度认为，战时共产主义可以作为苏俄直接向社会主义过渡的一种手段。1920 年 3 月，在国内战争取得决定性胜利背景下召开的俄共（布）九大做出了强化余粮收集制的决定。遵循这一指导思想，1920 年 9 月，俄共（布）中央在给各省省委的信中强调："下达给乡的征集额，就是余粮额，居民要用连环保的方式予以完成。"[1] 此外，在工业国有化、经济关系实物化等方面，苏俄政府也把战时共产主义发展、运用到了一个新的高度。

把战时共产主义当作通往社会主义（共产主义）社会捷径的做法，给苏维埃政权带来了事与愿违的严重后果。1920 至 1921 年，苏俄陷入空前严重的政治经济危机。1921 年春，已承受 3 年余粮征集制的苏俄农民因为看不到生活改善的希望，不满情绪与日俱增且开始诉诸行动。坦波夫省的一名红军士兵在给中央的一封信中谈及对农村形势的直观感受：

> 农民的情绪已达到了这样的程度，即如果我们县不很快根绝这类现象，那就必然会发生暴动，这将不是富农的暴动，而是对正义的胜利丧失了任何希望的劳动居民的暴动。[2]

短短两年时间，苏俄爆发了 50 多起农民暴动。农民的极度不满情绪又通过信件等途径蔓延到军队。全俄肃反委员会特派员阿格拉诺夫在关于喀琅施塔得事件调查结果的报告中写道：

---

[1] 刘克明等. 苏联政治经济体制七十年 [M]. 北京：中国社会科学出版社，1990：119.
[2] [苏] 埃·鲍·根基娜著，梅明等译. 列宁的国务活动 [M]. 北京：中国人民大学出版社，1982：48—50.

　　对一些暴动参加者的审讯表明：海军和红军中的不满情绪几乎同农民一样激烈，难以控制的不满情绪主要由于从家乡农村传来的消息而郁积起来的，这些人一直同农村保持着密切的联系，家乡常常给他们捎来关于农村经济危机、地方政府滥用权力、余粮征集的不堪重负等等的坏消息。[1]

　　正是由于极度不满情绪的郁积，加上彼得格勒工人罢工并引发骚乱的刺激，1921 年 2 月，喀琅施塔得水兵发动了起义。这场起义虽然被苏俄领导人定性为"反革命叛乱"，苏俄政府也采取了严厉措施坚决地予以镇压，但喀琅施塔得水兵的激烈反抗却深深震撼了列宁。列宁当即承认：

　　　　到 1921 年春天已经很清楚了：我们用"强攻"办法即用最简单、迅速、直接的办法来实现社会主义的生产和分配原则的尝试已告失败。1921 年春天的政治形势向我们表明，在许多经济问题上，必须退到国家资本主义的阵地上去，从"强攻"转为"围攻"。[2]

　　1921 年 3 月 15 日，在布尔什维克党第十次代表大会上，列宁

---

〔1〕徐元宫. 苏俄时期农民暴动揭秘［J］. 同舟共进，2011（12）：48.
〔2〕中共中央马克思恩格斯列宁斯大林著作编译局. 列宁全集（第 42 卷）［M］. 北京：人民出版社，1987：225—226.

宣布停止执行战时共产主义政策，实施新经济政策，要求努力发展经济，改善人民生活，抚慰人民不满情绪，加强工农联盟，巩固苏维埃政权。由喀琅施塔得水兵起义直接引发实施的苏俄新经济政策，面对苏俄 3 年国内战争后亟须恢复经济、巩固政权的现实，适时选择了利用市场、商品和货币关系向社会主义过渡的经济体制，从而较快地稳定和恢复了国民经济，巩固了新生的苏维埃政权。

上海戏剧学院附属高级中学　魏丽娟

86

十月革命影响下的亚非拉民族民主运动*

　　20 世纪上半叶，亚非拉民族解放运动由民族运动与民主运动两方面内容所构成。[1] 这一时期，亚洲的中国、法属印度支那、印度都出现了争取民族独立与解放的斗争，而非洲的埃及、拉丁美洲的墨西哥则出现了争取民族独立与推进民主的改革，这些斗争构成了 20 世纪上半叶民族民主运动的高潮。随着十月革命及国际共产主义运动的发展，马克思主义作为一种反对殖民统治的政治理论被引入亚非拉地区，与亚非拉民族民主运动相结合，从而推动了民族民主运动的世界革命浪潮，并成为这一历史阶段亚非拉民族民主运动的显著特点。

　　第一次世界大战结束后，亚非拉民族主义浪潮并未随着战争

---

　*　在实施《中外历史纲要》"十月革命的胜利与苏联的社会主义实践""亚非拉民族民主运动的高涨"两课教学时，我们可以把"十月革命对亚非拉民族民主运动的影响"作为核心问题，贯通两课的内容主旨，深化对世界现代化进程基本线索的理解。

　[1]《中外历史纲要》"亚非拉民族民主运动的高涨"一课对 20 世纪上半叶亚非拉民族解放运动的区域性特征做出如下表述：亚洲"民族民主运动"，非洲"民族独立运动"，拉丁美洲"民族民主革命与改革"。由此说明，这一阶段亚非拉民族解放运动虽有本质相同的一面，但却有类型的差异，主要表现为领导力量不同（共产党或资产阶级、民族主义政党）和斗争形式不同（武装斗争或非暴力不合作）。

的结束而降温，相反却呈现出一种稳步上升的态势，这与俄国十月革命胜利产生的巨大影响密不可分。在此阶段，亚非拉一些国家的无产阶级政党不再只是资产阶级民族主义革命的参与者，而是逐渐成为引导民族主义运动的中坚力量。对此，1919 年成立的共产国际和列宁提出的殖民地半殖民地国家的世界革命战略发挥了重要的组织和指引作用。

十月革命的胜利推动了马克思主义在亚非拉地区的传播。列宁很早就指出：

> 俄罗斯苏维埃共和国，必然要一方面团结各国先进工人的苏维埃运动，另一方面团结殖民地和被压迫民族的一切民族解放运动。[1]

列宁认为，借助共产国际的世界革命架构可以给亚非拉国家的民族民主运动提供支持和帮助，进而将运动纳入共产国际领导的世界革命战略中。由此，在 1920 年召开的共产国际第二次代表大会上，列宁将处理民族和殖民地问题提上了议程。1921 年，共产国际的工会组织——红色工会国际成立，在第一次代表大会上就要求土耳其、印度、中国、埃及以及受世界资本主义剥削的其

---

[1] 中共中央马克思恩格斯列宁斯大林著作编译局. 列宁全集（第 39 卷）[M]. 北京：人民出版社，1986：161—162.

他东方国家的工人们参加红色工会的大家庭。[1] 可见，列宁期望马克思主义能为民族解放运动提供思想指导，以此促进殖民地人民民族意识和革命意识的进一步觉醒。因此，20 世纪上半叶，在马克思主义和十月革命影响下的亚非拉民族解放运动，改变了部分亚非拉国家的革命道路，对一战结束后的世界格局产生了深远影响，动摇了资本主义世界的殖民体系。

此外，20 世纪上半叶的亚非拉民族民主运动，除却肩负民族独立的历史使命，还蕴含着新兴民族国家追求现代化的现实诉求。在此背景下，亚非拉人民在进行民族解放斗争的同时，开始尝试探索非资本主义的现代化发展之路。十月革命后，苏联的社会主义实践及其工业化成就发挥了重要影响。比如，原先较为落后的外高加索地区和中亚地区，在加入苏维埃社会主义共和国联盟之后，在统一的国家计划和国民经济综合体制下，各方面都有了长足的发展，有的加盟共和国甚至获得跳跃式的提高和发展。[2] 这些都为世界其他落后国家和民族实现现代化提供了有益的模板与借鉴。"走俄国人的路"曾经被一些落后国家的革命者和革命政党看作是争取民族解放、追求非资本主义发展方向的有效途径。[3]

---

〔1〕［美］威廉·福斯特著，李华等译. 世界工会运动史纲 ［M］. 北京：生活·读书·新知三联书店，1961：369.

〔2〕叶书宗. 大历史视野下的十月革命与当代文明（一）［J］. 史林，2017（03）：201.

〔3〕余伟民. 关于俄国十月革命世界历史意义的再思考 ［J］. 探索与争鸣，2008（01）：58—61.

在拉丁美洲，1918 年，阿根廷成立了拉美第一个共产党。随后，墨西哥、乌拉圭、古巴、智利、秘鲁等拉美国家也相继成立了共产党，开始大力宣传十月革命与社会主义思潮。阿根廷社会党创始人之一何塞·因赫涅罗斯（后加入阿根廷共产党）曾于 1918 年发表文章讨论十月革命的历史意义，认为俄国革命是世界革命进程的第一阶段。[1] 在北非，埃及民主主义者的热情也被十月革命唤醒，他们试图推翻英国的殖民统治以谋求国家独立。一战结束后，以扎格鲁尔为首的埃及民族资产阶级团结宪政主张者和各爱国阶层，组成了"埃及代表团"（即"华夫脱"）与英国殖民当局谈判。1919 年初，埃及爆发民族运动，工人罢工、学生罢课、商人罢市。在民族运动愈演愈烈之时，埃及共产党应运而生，并宣称自己代表"埃及工人和农民"，党的目标是实现"埃及和苏丹的解放与联合"。在南亚，20 世纪 20 年代，印度国大党开始奉行费边派社会主义及半甘地主义半社会主义，试图从社会主义思潮中寻求解救印度的方案。1920 年以后，马德拉斯、孟买、加尔各答等城市相继建立了共产主义小组，马克思主义成为除甘地主义之外的另一条可供选择的道路。由共产党参与，甚至领导的亚非拉民族解放运动，此时已经成为瓦解世界殖民体系，改变战后世界格局的新兴力量。马克思主义政党领导下的亚非拉民族解放运动取胜后，大多选择走非资本主义发展道路。其中有些国家曾经

---

[1] 祝文驰等. 拉丁美洲的共产主义运动 [M]. 北京：当代世界出版社，2002：54.

学习苏联模式，或加入社会主义阵营，或走上各具本国特色的"第三世界"社会主义道路。

总之，十月革命开创了社会主义制度与资本主义制度并存的局面，开启了20世纪的世界革命运动。十月革命带来的革命能量与民族解放运动相结合，影响了20世纪上半叶亚非拉民族民主运动的进程与方向，也为20世纪下半叶第三世界新兴民族国家的现代化道路提供了重要的发展选择。

松江区教育学院　张史敏

87

中国声援非洲独立斗争溯往[*]

1911—1949 年的 38 年间，处于民主革命进程中的中国人民始终坚定站在非洲人民一边，积极声援非洲各国人民的反殖民反侵略斗争。

孙中山：埃及有独立的运动……被压迫民族要联合起来

埃及独立运动之初，中国报刊一方面对其表示热情声援，另一方面分析了此次运动的特点。首先是广大群众的参与。中国的《东方杂志》指出，"埃及在大战之前的反英运动，不过是一小部分政治家和受有新教育的青年的运动，但在大战中使普遍的群众都受到了困苦的经验"[1]，投入"如火如荼的民族运动"。其次，埃及争取独立的斗争将是长期的。埃及独立运动不会轻易获胜，关键是"英国不愿放弃在埃及的权力和地位"。而在 1922 年埃及

---

* 《中外历史纲要》"亚非拉民族民主运动的高涨"一课，在"非洲独立意识的觉醒"子目中主要介绍了埃及人民的抗英运动、摩洛哥人民抵御西班牙的斗争，以及埃塞俄比亚人民抗击意大利法西斯侵略的战争。值得一提的是，这些历史运动在当时的中国都引起了强烈的反响。

[1] 艾周昌. 民国时期的中非关系（1911—1949）[J]. 北大史学，1993: 95.

宣布独立后，中国报刊盛赞这是埃及人民多年奋斗的结果，同时也指出，埃及的独立只是一种"半独立状态"，并作出"埃及民族运动尚未成功，还待努力"的判断。

当埃及人民争取"真正的独立"方兴未艾之时，1927 年，独立运动的领导人扎格鲁尔去世，《东方杂志》深表哀悼，对其作出高度评价，"在大战后东方民族因自身的努力而获得成功的，第一是土耳其，第二是埃及"[1]，并把扎格鲁尔比作孙中山，称他们是"两位东方民族革命的领袖"。事实的确如此，随着东方各国民族独立运动的高涨，孙中山、扎格鲁尔夫人等中埃两国的政治家都指出，两国人民要团结起来共同展开反帝斗争。孙中山曾说，"埃及有独立的运动，波斯土耳其有独立的运动，阿富汗阿拉伯有独立的运动，印度人从此也生出独立的运动"，因此"被压迫民族要联合起来，去打破强盛民族的压迫"[2]。

胡愈之：克里姆实是摩洛哥民族中杰出的英雄

1921—1925 年，摩洛哥人民反对西班牙和法国的武装斗争受到了中国人民的高度关切。著名社会活动家胡愈之评论道，这是"由于摩洛哥民族自觉的结果，是由于反抗列强帝国主义，要求民族独立自由而起的一种民族战争"[3]。1921 年 9 月，克里姆领导

---

〔1〕艾周昌. 民国时期的中非关系（1911—1949）［J］. 北大史学，1993：96.
〔2〕艾周昌. 民国时期的中非关系（1911—1949）［J］. 北大史学，1993：96.
〔3〕艾周昌. 民国时期的中非关系（1911—1949）［J］. 北大史学，1993：100.

下的里夫共和国宣告成立并颁布施政纲领，胡愈之也给予了高度评价："阿白台尔克林（即克里姆）实是摩洛哥民族中杰出的英雄……他主张于扫除外患后，彻底革新内政，使摩洛哥成为崭新的共和国家。"[1] 里夫军民英勇反击西班牙军队，节节胜利，至 1924 年把西班牙军队赶到了沿海一隅之地。中国报刊对里夫军民把"西班牙军队杀得大败"感到欢欣鼓舞，称赞里夫民族是一个"英勇的民族"，"他们不知道什么是畏惧，他们只知道努力奋斗，打破一切压迫"。

相比之下，对于此时的中国仍然受军阀统治，中国报刊感叹道："里夫民族的蹶然兴起，尤使我们惭愧无地。"报刊也非常关注里夫共和国采取的外交策略，曾指出："里夫人在起初的时候，因为外交上和战略上的关系，所以宁可撇开法国，单独反对西班牙。"而当里夫军队转而解放法属摩洛哥时，中国报刊认为，不仅法、西两大帝国可能联合起来，英国也可能插手。果然不出所料，1925 年 7 月，法、西联合出兵，共同进攻里夫山区。1926 年，里夫起义失败，共和国被扼杀。中国报刊痛惜，认为"这是对于世界弱小民族的一个沉重打击"。

毛泽东：阿比西尼亚还有相当广大的游击战争存在

中国和埃塞俄比亚是最早遭受法西斯直接侵略的国家，也是

---

[1] 艾周昌. 民国时期的中非关系（1911—1949）[J]. 北大史学，1993：100.

最早开展反法西斯武装斗争的国家。1931 年，日本军国主义发动九一八事变，强占中国东北三省，并制造了伪满洲国，后又策动华北五省自治。日本法西斯在中国频频得手，无疑刺激了意大利法西斯，1935 年，意大利对埃塞俄比亚不宣而战。意埃战争爆发后，正在长征途中的中国工农红军发表了《致亚国国民信》，声明"拥护亚国的反意斗争"，指出帝国主义是我们两国共同的敌人，在反帝斗争中两国利益是一致的。同时，中国人民纷纷以实际行动，声援埃塞俄比亚人民的斗争。在上海，有人倡议建立"埃塞俄比亚之友社"，并进行募款；在广东，海员工会、机械工会和总商会等致电国际联盟中国代表团，"促其拥护国联对意制裁"。

香港的圣约翰红十字会更是于 12 月派救护队赴埃塞俄比亚，"该队有中国看护妇 150 人，看护生 350 人，并曾于十九路军捍卫上海时，踊跃为中国军队服务，成绩昭著"[1]。抗意战争初期，中国报刊也纷纷赞扬埃塞俄比亚人民为弱小民族树立了"一个最好的榜样"。《救国时报》认为，"为民族独立而战的亚比西尼西亚人民的声威，已成为目前全世界人民仰首瞻望的巨星"[2]。1938年，埃塞俄比亚的游击战规模日益扩大，作战士兵到处袭击意军，毛泽东对此作出高度评价，"阿比西尼亚还有相当广大的游击战争

---

〔1〕艾周昌. 民国时期的中非关系（1911—1949）〔J〕. 北大史学，1993：103.
〔2〕艾周昌. 民国时期的中非关系（1911—1949）〔J〕. 北大史学，1993：103.

存在，如能坚持下去，是可以在未来的世界变动中据以恢复其祖国的"[1]。1941 年，埃塞俄比亚人民取得抗意战争的最后胜利，中埃两国人民也在共同的反法西斯战争中，结下了深厚的友谊。

可见，中非友好渊源颇深！

上海市青浦高级中学　钱轶娜

---

〔1〕毛泽东. 毛泽东选集（第二卷）〔M〕. 北京：人民出版社，1991：453.

第十八篇

20世纪下半叶世界的新变化

88

大萧条与罗斯福新政

　　20 世纪 20 年代，当时的美国人普遍认为这是一个"兴旺的时代"，人们还憧憬着一个不断创造经济奇迹的时代将紧随而来。1928 年 8 月，共和党总统候选人赫伯特·胡佛宣称："我们今日的美国，比历史上任何时期，世界上任何国家，都更加接近摆脱贫困的目标。贫民救济院正在从我们眼前消失。"然而，就在胡佛就任总统的当年，即 1929 年的秋天，风头正劲的美国股市发生"大崩溃"。10 月 21 日、23 日，纽约证交所的股价两次出现大跌，10 月 29 日，即所谓的"黑色星期二"，所有救市的努力全部落空，股市出现了空前的抛售风潮，工业股票的指数下跌了 43%，很多人片刻间倾家荡产，血本无归。股市"大崩溃"导致了一系列连锁反应，美国进入了大萧条时期。据统计，在接下来的 3 年里，美国全国多达 9 000 余家银行不是破产就是关门歇业以逃避破产，挤兑风潮席卷全国，存款额损失超过 250 亿美元，国内货币供应总量减少 1/3 以上。货币供应量的下降意味着人们购买力的降低，厂家和商家开始减少生产、解雇工人。美国国民生产总值从 1929 年的 1 040 亿美元降到 1932 年的 764 亿美元，3 年内降低了 25%。1929

年，美国基本建设投入为 162 亿美元，1933 年，仅为 3 亿美元。1929 至 1933 年间，消费价格指数下降了 25%，批发价格指数下降了 32%。农产品价格暴跌，4 年内农业总收入从 120 亿美元下降到 50 亿美元，降低了 60%。大萧条中最显而易见和最令人恐惧的是失业的规模性和持久性。1930 年至 1941 年间，美国的失业率在 15%—25% 间波动，几乎所有的美国人都担心自己的经济安全。

美国是世界规模最大的经济体，第一次世界大战期间及战后，美国成为欧洲国家的债主。大萧条促使美国银行索偿他们借给欧洲国家的贷款，由此引发的欧洲金融恐慌又导致国际贸易紧缩，1932 年，国际贸易下降近 2/3，世界范围的工业生产下降了 1/3。1933 年，工业化国家 3 000 万人失业（失业人数是 4 年前的 5 倍），其中，德国 30 年代的失业率达到 35%，工业生产下降 50%。大萧条并非仅限于工业化国家，它迅速波及西方国家的殖民地和半殖民地。美国大萧条引发的世界经济危机，对国际秩序造成巨大冲击，一些国家的政局出现极端化：纳粹党及其领导人希特勒登上德国政坛、军国主义逐渐控制了日本政治……世界格局陷入了空前严重的动荡中。[1]

为了应对自由放任资本主义导致的经济危机，1933 年，就任美国总统的民主党人罗斯福推行"国家干预和调控"政策，史称"罗斯福新政"。从罗斯福的竞选政纲到新政的实施，可以看出其

---

[1] 上文数据整理自 ［美］艾伦·布林克利著，陈志杰等译. 美国史Ⅱ（第13版）［M］. 北京：北京大学出版社，2019：967—969、974—977.

理念深受凯恩斯主义的影响，认为大萧条并非生产不足的结果，而是因消费需求不足所致，因此解决危机的着力点应放在刺激需求上。鉴于大萧条导致企业破产和工人失业，民众消费能力低下、社会需求疲弱，所以国家干预经济的目标是整顿金融和经济秩序，恢复工业生产，稳定农产品价格，扩大社会的有效需求，并通过政府的福利政策调节社会分配，增强民众的购买力，促进消费，以解决市场萧条问题。

新政的当务之急是稳定金融体系。罗斯福政府从规范金融秩序入手，通过《紧急银行法》，成立联邦储蓄保险公司；淘汰经营不善和基础薄弱的银行，要求有偿付能力的银行尽快恢复营业。由此，很多银行起死回生，金融体系逐渐回归正常运作，为经济复苏提供了有力的金融保障。针对工业产品"相对过剩、无效需求"的问题，国会颁布《全国工业复兴法》，确定各类企业的生产规模、价格水平、市场分配等，并成立国家工业复兴局负责实施该法令。针对"农产品过剩与价格过低"的问题，政府采取"减耕减产、政府收购、农业信贷、发放补贴"等措施，以保障农民的利益。针对"失业或低收入导致消费水平低"的问题，政府实施以工代赈，组建民间自然资源保护队，成立公共事业振兴署，督促工程实施与支付工资。由此，增强民众的购买力，扩大消费需求。

除经济调控外，罗斯福新政也涉及社会领域的改革。国会颁布了《全国劳工关系法》，成立劳资代表对等的全国劳工关系局；

规定雇员有自行选派代表与雇主进行集体谈判的权利、有组织工会的权利，当局和雇主不能以任何方式禁止罢工或干涉工人组织的内部事务等。国会还通过了《社会保险法》，改变民间保险的传统，进行福利主义实验，建立养老金制度、失业保险制度，对残疾及无谋生能力者提供救济。政府还通过实行累进所得税制度，以调节收入的再分配。这些举措体现了罗斯福"关注被压在金字塔底层的人们"的理念。

罗斯福新政缓解了大萧条造成的严重破坏，避免了剧烈的社会动荡，稳定了美国的民主制度，增强了美国的综合国力。新政使美国逐渐走出大萧条的阴影，为其他资本主义国家克服经济危机提供了美国经验，从而在维护国际秩序以及与法西斯侵略势力的斗争中发挥了积极作用。

此外，一方面，"新政奠定了联邦福利系统的基础，拓展了新型经济领域中的国家规则，孕育了现代劳工运动，并使政府成为农业经济中的主力军。新政还大大拓展了首都华盛顿的职权，使其在监督全国公共事业工程和提供资金方面发挥作用"[1]。另一方面，"新政最引人注目的成果是影响了美国政府自身的结构、行为以及美国政治的特点。……罗斯福还使总统职位成为联邦政府权威的中心"[2]，以致新政被认为是对资本主义自由市场经济传

---

〔1〕〔美〕艾伦·布林克利著，陈志杰等译. 美国史Ⅱ（第13版）[M]. 北京：北京大学出版社，2019：1001.

〔2〕〔美〕艾伦·布林克利著，陈志杰等译. 美国史Ⅱ（第13版）[M]. 北京：北京大学出版社，2019：1033.

统与原则的挑战。由此，美国国内不乏对新政的非议和责难，1936
至1938年，总统与国会、总统与联邦最高法院之间频频爆发矛盾
与争执，批评者指控罗斯福背离宪法，企图建立一个专制国家。
部分新政法案遭到国会以及联邦法院的否决。尽管如此，罗斯福
却认为：

> 作为一个国家，我们拒绝了任何彻底的革命计划。为了
> 永远地纠正我们经济制度中的严重缺点，我们依靠的是旧民
> 主秩序的新应用。[1]

如何认识针对新政的分歧？从实质看，罗斯福新政的目的是
捍卫资本主义基本制度，通过局部调整传统资本主义生产关系和
自由放任的传统经济政策（"看不见的手"），配合运用国家干预经
济（"看得见的手"）的方式，使市场经济与国家宏观调控相结合，
以激发资本主义经济体制的活力，为资本主义生产力的进一步发展
开拓空间。从历史发展的进程来看，罗斯福新政"还开创了一种新
型的自由意识形态，指导着战后几十年间美国的改革运动"[2]。

上海市市北中学 罗 明

〔1〕齐世荣. 世界史·现代史编（上卷）［M］. 北京：高等教育出版社，1994：300.
〔2〕［美］艾伦·布林克利著，陈志杰等译. 美国史Ⅱ（第13版）［M］. 北京：北京
    大学出版社，2019：1001—1002.

89
两次世界大战后国际体系的嬗变 *

20 世纪以来，国际体系是如何构建的？又发生了怎样的变化？这是论及现代国际关系史时绕不开的问题。事实上，世界和平的前提是大国之间的"权力均衡"[1]。而均衡并非借一国或数国之力，抑或签订某些协议就能实现，它有赖于构建维持"均势"的体系。自近代民族国家形成以来，构建符合时代特征、有利于促进地区或国际格局稳定的国际体系便成为发展国际关系的首要任务，由此诞生了维系这一关系的保障机制。

建立在战胜国惩治战败国基础上的凡尔赛—华盛顿体系和

---

* 《中外历史纲要》"第二次世界大战与战后国际秩序的形成"一课，论及二战过程寥寥数语，但用了两个子目的篇幅分别呈现战前与战后的国际格局。"法西斯主义与亚欧战争策源地的形成"一目讲述意大利、德国和日本等国法西斯主义兴起，并通过建立法西斯集权体制最终形成亚欧战争策源地，导致人类社会再度陷入世界大战。"战后国际秩序"一目讲述经历第二次世界大战的洗礼，国际社会在反思战争与和平的关系中，重建了包括联合国在内的以雅尔塔体系为代表的国际秩序，其所遵循的原则和制定的规则促进了战后世界的和平与发展，但大国之间，尤其是美苏之间的矛盾与冲突依然存在，深刻影响着国际格局的走向。可见，本课的关键是战前与战后国际体系的嬗变。

[1] [美] 汉斯·摩根索著，徐昕等译. 国家间政治：寻求权力与和平的斗争 [M]. 北京：北京大学出版社，2004：183.

国际联盟，既是一战后国际秩序解构和重组的结果，也是利益博弈和强权政治的产物，既有适应世界整体化发展、维护国际秩序的积极作用，也存在民族利己主义和缺乏有效国际管控机制的消极影响。因而，该体系从诞生之日起便表现出各种利益矛盾的冲突与交织。美国不参与凡尔赛体系和国际联盟、苏联被西方排斥，这使国际体系借助国际联盟实现"均势"失去了有效的平衡力量。解决争端的机制乏力无效，重大国际政治事件仍然由几个欧洲大国绕过国际联盟、通过秘密会谈的方式来解决，以致隐患重重。此外，重组战后国际秩序时，由于忽视对国际经济秩序的构建，加之自由放任的市场竞争、世界经济组织与国际贸易规则的缺失威胁到脆弱的"和平"局面。这些因素相互作用，使世界逐渐陷入剧烈动荡的危局中，这是动摇20世纪二三十年代国际格局基础的深层次原因。在此背景下，法西斯主义在一些国家兴起。德、意、日相继建立法西斯体制，扩军备战，结成"柏林—罗马—东京轴心"政治军事同盟，挑战乃至突破凡尔赛—华盛顿体系的束缚，致使其维系的"权力均衡"局面逐渐坍塌，亚欧战争策源地形成。此时，凡尔赛—华盛顿体系的主导者和既得利益者，即英、法、美三国的态度如何？在构建集体安全体系的设想落空之后，英法两国转而采取纵容侵略、妥协求和的绥靖政策，助长了法西斯德国的侵略气焰，加速了战争的到来。而美国则奉行孤立主义，置身事外。社会主义的苏联又有何作为？苏联曾为建立欧洲集体安全体系与英法等西方国家谈判，但因相互猜忌和利益冲突无果而终，于是，苏联决定利用英法与德国的矛盾，避战自保，与德国签订了《苏德互不侵犯条约》。在 20 世纪 30 年代的国际外交舞台上，在法西斯德国、英法等西方国家与苏联的三方博弈中，法西斯德国利用英法与苏联的矛盾获得了发动侵略战争的条件。

第二次世界大战中，不同社会制度、意识形态的国家面对共同的敌人——法西斯，开始谋求合作，并通过建立世界反法西斯联盟扭转战局。随着战争进入战略反攻阶段，在反思一战后国际体系不足之处的基础上，美、英、苏等大国首脑开始围绕战争进程与战后国际秩序等问题举行了系列会晤，谋划和安排战后国际秩序。美国总统富兰克林·罗斯福在德黑兰会议上宣称，"坚定我们在各地为人类更美好的日子而战的信念"[1]。以雅尔塔会议为代表的一系列国际会议就重建和平与重构国际秩序所达成的一系列协议、公报和密约，共同构成了战后国际关系的基本体系——雅尔塔体系。

雅尔塔体系包含了人们对于二战的反思。如何促进世界的和平与发展？如何有效地制止侵略，防止战争悲剧再次上演？

---

〔1〕〔美〕富兰克林·德·罗斯福著，关在汉编译. 罗斯福选集 〔M〕. 北京：商务印书馆，1982：458.

这些都能从雅尔塔体系的构建过程以及体系本身找到答案。其一，设立国际法庭，对法西斯国家的战争罪行和主要战犯进行审判，并对法西斯国家进行体制改造，通过清算战争责任、惩罚战犯和体制改革，以铲除法西斯主义和军国主义复活的政治经济基础。其二，探索不同社会制度国家间共处与合作的方式和路径。资本主义的西方和社会主义的苏联在经历了大战浩劫之后都意识到世界和平的重要性，主张以大国协商的方式解决彼此的分歧与争端。同时，美苏两个具有支配性力量的大国划分了各自的势力范围，保持双方的力量均衡。其三，健全国际组织的职能，有效发挥国际组织对维护国际秩序和世界和平的作用。成立联合国，确立"和平、友好、合作、协调"的宗旨，即将和平与经济、社会、文化和福利等发展问题关联起来。联合国吸取了国际联盟因施行会员国"全体一致"原则而无法有效制止侵略的教训，制定和确立了维护世界和平与国际安全的机制（设立安全理事会及安理会常任理事国"大国一致"的集体安全机制），对大国自身的行为也具有一定的约束力，使和平解决争端和制裁侵略在一定程度上能落到实处，具有可操作性。联合国是当今世界最大、最重要、最普遍的由主权国家组成的政府间的国际组织，对于维护稳定的国际秩序和世界和平具有不可替代的作用。

雅尔塔体系之下，世界力量整体呈现出两极均衡状态，即便在冷战时期，这种"均势"依然发挥了稳定国际体系的作用。和平与发展逐渐成为世界的主流和时代的主题，各国之间的依存关系也愈发紧密，表明该机制是"由于相互依赖的事实而导致的对政策协调需求的产物"[1]。

华东师范大学第一附属中学　卫佳琪

[1]［美］罗伯特·基欧汉著，苏长和等译. 霸权之后——世界政治经济中的合作与纷争［M］. 上海：上海人民出版社，2001：7.

90
地缘政治与美苏冷战

　　进入 20 世纪，"地缘政治"一词在更广泛的意义上成了表达大国间政治、战略对抗与竞赛的术语。何为地缘政治？地缘政治又名"地理政治学"，其学理在于将地理要素视为影响甚至决定国家政治行为的基本因素，根据地理要素和政治格局的地域形势，分析与预测地区或世界范围的战略态势以及国家的政治行为。地缘政治理论有诸多学说，典型的如英国政治地理学家杰弗里·帕克主张的"从空间的或地理中心论的观点对国际局势的背景进行研究，整体的认识——即李特尔所谓的整体性——是地球政治学的最终目标和辩白"[1]，即从全球地理空间尺度观察政治格局及各国或国家集团间的复杂关系。

　　美苏两国在二战后迅速走向冷战，很大程度上是地缘政治、地缘博弈的结果。

　　战后的美国需要一个开放统一的欧洲：其东部提供食物，西部提供工业品，两者互为市场，互相依存。但是随着 1944 年苏联红

---

[1]［英］杰弗里·帕克著，李亦鸣等译. 二十世纪的西方地理政治思想［M］. 北京：解放军出版社，1992：2.

军席卷东欧，苏联要求美英承认其有权控制东欧的大部分地区。对苏联而言，东欧既可作为抵御西方的战略缓冲地带，也可在经济上帮助自身快速恢复经济。例如，位于巴尔干半岛东北部的罗马尼亚，曾与纳粹德国并肩作战，而且德军几乎全部的石油资源都来自罗马尼亚。因此，苏联格外关注战后罗马尼亚的政局走向。并与美国产生了激烈的冲突。

一战后复国的波兰，东面与苏联接壤，西面和德国相连，对于波兰而言，如何在俄国与德国之间寻求安全始终是困扰其社会和国家发展的最主要问题。而对苏联和美英而言，波兰则成为控制东欧的关键。在 1945 年 2 月召开的雅尔塔会议上，斯大林向美英领导人解释："波兰问题对于俄国人来说不仅仅是个荣誉问题，而且是个安全问题。……历史上，波兰从来就是敌人借以进攻俄国的走廊。……波兰问题对苏维埃国家来说是一个生死攸关的问题。"[1]最终苏联与美英经过一番角力，就波兰问题达成了协议：一是确定波兰东西部边界。根据雅尔塔会议和波茨坦会议的决定，东部以寇松线[2]为波苏边界；西部波德边界向西推移至奥德——尼斯

---

〔1〕［苏］萨纳柯耶夫等著，北京外国语学院俄语专业、德语专业 1971 届工农兵学员译. 德黑兰、雅尔塔、波茨坦会议文件集 [M]. 北京：生活·读书·新知三联书店，1978：181.

〔2〕寇松线是 1920 年 7 月苏波战争时由英国外交大臣寇松建议的停火线。它规定：白俄罗斯和乌克兰全境划入苏俄。但因苏俄在战争中失利，战后签订的《里加和约》将白俄罗斯西部和乌克兰西部划归波兰。1939 年，纳粹德国与苏联就各自占领的波兰领土签署的边界条约仍以寇松线为界，白俄罗斯西部和乌克兰西部划归苏联。1945 年 8 月，波苏两国签订边界条约，规定两国边界以寇松线为基础划定。苏联解体后，白俄罗斯和乌克兰继承了苏联的西部边界。

河，将什切青和施维诺威斯划入边界的波兰一侧。[1] 由此，波兰的版图整体西移 200 多公里，面积比战前缩小了约 7. 6 万平方公里，损失 20%的领土。二是组成波兰新政府。三国同意以波兰临时政府为基础进行改组，容纳国内外其他民主人士。由此，苏联和美英在波兰危机中的斗争才逐渐消弭。

1945 年年中，即罗马尼亚和波兰危机之时，美英和苏联于中东的博弈也在展开。土耳其，横跨欧亚两洲，位于连接欧亚的十字路口，北临黑海，南临地中海，东南与叙利亚、伊拉克接壤，西临爱琴海，与希腊相连，东部与当时苏联的格鲁吉亚、亚美尼亚等地为邻。土耳其地理位置和地缘政治层面的战略意义极为重要。从 1945 初开始，斯大林就多次进行外交试探，以苏联战时付出巨大牺牲、地理位置以及俄土之间的历史积怨为由，提出要和土耳其共管达达尼尔海峡（连接地中海和苏联黑海港口的咽喉要道）。美英两国则决心将苏联人排除在地中海之外，避免土耳其陷落进而导致"整个近东和中东"崩溃的多米诺骨牌效应。1946 年夏，杜鲁门明确告知苏联，土耳其将继续对海峡担负主要责任。同时，美国加强了在地中海航行的海军部队，包括提升该海军陆战队的实力，又将当时最强大的罗斯福号航空母舰开进该海域。

---

〔1〕整理自《国际条约集》（北京：世界知识出版社，1959 年）中的《苏英美三国克里米亚（雅尔塔）会议公报》《苏英美三国柏林（波茨坦）会议议定书》《波兰共和国和苏维埃社会主义共和国联盟关于波兰和苏联间疆界的条约》有关内容。

苏联在这一轮角逐中落了下风。同期，苏联在伊朗的计划也在美国的干预下无从实施。

二战结束后的大半年间，美英和苏联为争夺东欧与中东，一次次恶语相向、一趟趟动作往还、一番番地缘博弈。1946 年 3 月 5 日，丘吉尔在美国密苏里州的富尔顿发表了影响世界的"铁幕演说"，宣称"从波罗的海的斯德丁（什切青）到亚得里亚海边的里雅斯特，一幅横贯欧洲大陆的铁幕已经降落下来"[1]。呼吁"讲英语的民族"应该"建立兄弟联盟"以重振"自由世界"。斯大林则对此表示，丘吉尔的言论与希特勒的"激进言论"类似，"是在号召发动一场对苏联的战争"[2]。

冷战不期而至。

上海市市北中学　罗　明

---

〔1〕张宏毅. 当代世界史资料选辑（第一分册）〔M〕. 北京：北京师范学院出版社，1990：68.

〔2〕〔美〕沃尔特·拉费伯尔著，牛可译. 美国、俄国和冷战（1945—2006）〔M〕. 北京：世界图书出版公司，2011：36.

91
冷战时期的国际格局演变

"国际格局"是一个高度抽象的国际关系理论术语，然而，它的形成和演变又是一个客观的历史过程。具体而言，国际格局是指在一定时期内，在国际关系中起到举足轻重作用的主要行为体，如国家或国家集团所形成的一种相互联系、相互制约、相互作用的相对稳定的结构状态和局面。[1]

1946年3月5日，英国前首相丘吉尔在美国密苏里州的富尔顿发表"铁幕演说"，正式拉开了冷战的序幕。1947年3月12日，美国"杜鲁门主义"出台，标志着冷战的开始。而苏联则于1947年9月创立欧洲共产党和工人党情报局，以应对以美国为首的西方世界的挑战。美苏两国的冲突演变为两大集团的对立，世界在政治上分裂为敌对的两大阵营。经济方面，美国主导"马歇尔计划"，苏联出台"莫洛托夫计划"，后以此为基础又成立了经济互助委员会，这标志着战后欧洲在经济上也被划为两部分，出现了相对抗的两大经济体系：社会主义世界市场、西方资本主义世界市

---

〔1〕徐蓝. 20世纪国际格局的演变：一种宏观论述［J］. 历史教学，2013（20）：3.

场。军事方面，美国加快西方在军事上的联合，于 1949 年 8 月正式成立了北大西洋公约组织。1955 年 5 月，苏联做出反应，成立了包括东德等东欧国家在内的华沙条约组织，东西方冷战在欧洲的军事战略分界线最终划定。这一全方位的冷战对峙态势直至 1991 年 7 月 1 日华约解散、1991 年 12 月 25 日苏联解体才告终结，长达 44 年。美苏之间的冲突与对抗始终是战后国际格局的主流。同时，由于各种行为体（国家或集团）的利益分化、力量重组和矛盾冲突，在冷战格局中也逐渐孕育并形成了被称作"多极化"的发展趋势，多极力量的增长有力地牵制、制约、冲击着美苏两极格局。

如果以时间为坐标，冷战时期国际格局的演变大致可分为四个阶段。

第一阶段：二战结束至 20 世纪 50 年代末。

这是以美国为首的资本主义国家集团和以苏联为首的社会主义国家集团两大阵营的形成和对峙时期。这一时期，两大阵营的结构基本稳定，但随着资本主义各国经济的恢复增长和社会主义国家的经济发展，美苏与各自盟国的关系开始松动和变化。战后，在美国"马歇尔计划"的扶植下，西欧和日本的经济迅速得到恢复，例如，1952 年，西欧的生产已达到战前的两倍多；1956—1960 年，日本经济进入高速增长阶段。但资本主义阵营内部的摩擦也随之露出端倪，如从 50 年代中期起，英美两国的特殊关系出现裂痕；50 年代末，法国在戴高乐复出后着手制定独立自主的外交政策，试图摆脱美国的控制。而社会主义阵营从50年代中期起，其内部关于意识形态和国家利益的争论也显现出来。同时，这一阶段还是美苏之外的主要行为体的力量蓄积期和国际关系变化的萌发期。第二次世界大战后，在民族独立浪潮中诞生的新兴国家处于美苏两大阵营之间的"中间地带"，被称为"第三世界"。这些国家于1955年召开的没有西方殖民国家参加的万隆会议，是第三世界崛起的开端，它与资本主义阵营内部的变化、社会主义阵营内部的争论，共同为之后国际关系的深刻变化埋下了伏笔。

第二阶段：20世纪60年代。

第二次柏林危机与古巴导弹危机将美苏争霸推向高潮，由于美国占据力量优势，两次重大危机均以苏联的退让妥协而告终。同时，资本主义阵营内部发生结构性调整。随着西欧经济的恢复与发展，一些国家的政治独立性愈发强烈。法国秉持发展独立核力量与独立外交政策，缓和了与苏联的关系，在西方大国中率先与中国建交。1966年，戴高乐宣布法国退出北约。60年代后期，"联邦德国也同美国拉开了距离，提出'新东方政策'……打破了同苏联、东欧的僵持关系，使欧洲格局出现了新的局面"[1]。尤其是1967在合并欧洲煤钢共同体、欧洲经济共同体、欧洲原子能共同体的基础上，欧共体正式成立，促进了欧洲经济一体化的进程。1968年，日本成为世界第三经济大国，日美贸易摩擦开始加

---

[1] 顾关福. 战后国际关系 [M]. 北京：时事出版社，2008：25—26.

剧，已是经济大国的日本开始谋求成为政治大国。此时英国的外交有转向欧洲的趋势，1961 年申请加入欧洲共同市场。60 年代，因苏联奉行大国沙文主义，导致中苏关系破裂，社会主义阵营分裂，中国转而开拓更广阔的外交空间。这一阶段，美苏之外国际力量的发展，最引人注目是 1961 年不结盟运动的发起。不结盟运动是第三世界崛起的里程碑和正式形成的标志，是发展中国家应对两极格局的主动战略。由此，第三世界逐渐成为重要的国际政治力量，对两极格局形成一定的制约。

第三阶段：20 世纪 70 年代。

美国因陷入越南战争泥潭，以及面临 70 年代经济危机的困境，不得已实行战略收缩，而苏联则向美国发起全面挑战，其势力扩张到西亚、非洲和拉丁美洲。与此同时，西欧内部的力量重组仍在持续。1972 年，联邦德国和民主德国签署了《两德条约》，承认两德之间是权利平等的友邻关系。1973 年，英国成功加入欧洲共同市场，欧共体扩大进程正式启动，其在南北合作和建立国际新秩序方面做出的有益探索，表明西欧正逐步成为国际格局中一股有竞争力的整体力量。而此时成为世界第三经济大国的日本，逐步将过去"对美一边倒"的"被动外交"转变为追求国家战略目标的"自主外交"[1]。此间，中国取得令人瞩目的外交成就，1971 年，中国恢复在联合国的合法权利，1972 年，中美关系正常

---

[1] 徐蓝. 20 世纪国际格局的演变：一种宏观论述 [J]. 历史教学，2013（20）：12.

化和中日建交，由此带动了中国与世界各国的建交高潮。70年代末，中国的改革开放进一步开启了独立自主全方位外交的新局面。同时，东欧的改革、第三世界在联合国和世界经济体系中积极作用的发挥等，共同形成了推动国际格局向多极化发展的潮流。

第四阶段：20世纪80年代至90年代初。

这是国际格局发生根本性变革的时期。"美国的'里根主义'强化了争霸战略，苏联则从对外扩张转向全面收缩，主动放弃与美国对抗。"[1] 东欧剧变、德国统一、经互会和华约的解散意味着两极格局的瓦解，苏联解体标志着冷战的结束。80年代，西欧政治一体化也出现新进展，欧共体10国首脑签署《关于欧洲联盟的声明》，并讨论了《欧洲联盟条约草案》。1991年，欧共体政治一体化进程取得历史性突破，"欧共体"更名为"欧盟"。随着东欧剧变、苏联解体，欧盟经过数次东扩，至90年代中期已由最初的6国扩展为15国。但欧盟的迅速发展使美欧矛盾不断突显，这是因为"由于东欧剧变、苏联解体以及华约解散，美欧共同防范的敌人消失……双方关系由'战略联盟'转为'战略争夺'，致使争夺欧洲主导权的斗争日趋激烈"。欧盟的目标是建成与美国"平起平坐的欧洲大陆的超级大国"，但合作仍是美欧双方的共同诉求，故此，双方维持着"既合作又竞争、既协调又摩擦的基本格

〔1〕余伟民. 高中历史第六分册·教学参考资料：实验本 [M]. 上海：华东师范大学出版社，2009：93.

局"[1]。进入 80 年代以后，日美贸易摩擦扩大到尖端技术和金融领域。随着国际形势的巨大变化，日本在政治上提出进一步"争取做一个有活力的发挥国际影响的国家"，即"国际国家"[2] 策略。此时的中国，展开了全方位的改革开放，开拓了中国特色社会主义的发展道路，随着经济实力的增强，其国际影响力也日益扩大，成为后冷战时期多极化国际格局中的重要力量。

冷战以来，随着各种力量的变化、重组以及主要矛盾的转化，国际格局已发生重大变化。如今，世界正经历百年未有之大变局，世界形势变得更为复杂，存在更多的不稳定性、不确定性因素。但世界的基本发展规律和内在本质并未发生实质性改变，因为世界多极化作为正在形成中的国际格局的主要特征，其发展趋势是不可逆转的。

上海民办华曜嘉定初级中学　陈巧银

[1] 顾关福. 战后国际关系 [M]. 北京：时事出版社，2008：260—262.
[2] 顾关福. 战后国际关系 [M]. 北京：时事出版社，2008：317.

92

人类第一个"福利国家"

2010 年，英国开展了一项面向 100 多位学者的调查，让他们评选心目中二战以来的英国最佳首相。结果调查显示，学者心目中的最佳首相不是带领英国人民赢得二战胜利的大名鼎鼎的丘吉尔，也不是人称"铁娘子"的撒切尔夫人，居然是"长得像列宁"的工党领导人艾德礼（1945—1951 年执政）。而艾德礼之所以能在二战接近尾声时击败声望甚高的丘吉尔，带领工党于 1945 年 7 月以压倒性多数赢得大选，一个重要的原因在于他制定了题为《正视未来》的纲领，该纲领体现了英国 1942 年发表的《贝弗里奇报告》[1] 的精神，该报告明确指出战后政府应负担社会义务，以全民就业为目标，建设通往"福利国家"的基础。《正视未来》以《贝弗里奇报告》为基础，提出了更为广泛的实施社会福利政策和国有化的主张，吸引了广大选民，使工党赢得了议会多数席位。可见，民众的要求影响到二战结束时英国的选情和政党政治。

---

〔1〕《贝弗里奇报告》主张的社会福利可以概括为"3U"思想：一是普享性原则（Universality），即所有公民不论其职业为何，都应被覆盖以预防社会风险；二是统一性原则（Unity），即建立大一统的福利行政管理机构；三是均一性原则（Uniformity），即每一个受益人根据其需要，而不是收入状况，获得资助。

　　的确，在二战后的欧洲，英国较早致力于建立"福利国家"。[1] 率先进入工业社会、为人类打造现代化范式的英国缘何作出政策调整？众所周知，"福利国家"是资本主义生产力发展到一定高度时产生的一种经济安全和社会保障制度，社会保障立法是福利制度的基础。按理说，二战结束时英国的经济状况并不乐观，财政几乎处于破产的边缘，为何艾德礼政府还要支出大量财政建立被称为"从摇篮到坟墓"均获保障的"福利国家"呢？

　　首先是为了有效缓和社会矛盾。

　　历史上，18—19世纪的工业革命在给英国带来巨大财富的同时，也造成了贫富差距的同步扩大。为缓和社会矛盾，当时的英国政府就制定了一些关于劳动、报酬、教育、卫生、社会救济等方面的法律、法规。可以这么认为，这是英国政府为解决社会问题而进行的初步探索。及至20世纪中期，经过两次世界大战的打击，英国面临的社会问题更为严峻复杂：一是为国民经济提供原料、动力和劳务的部门极度衰弱，不能为其他工业部门提供必要的产品和服务。比如，电力方面，电站分布不合理，技术紊乱，设备陈旧；运输方面，铁路机车的平均年龄超过32年，有约1 000万根枕木和32.8万吨钢轨亟须替补，运河系统业已瘫痪，致使英国的平均货运费用比美国高4倍，比法国高70%。为此，只有对部

---

〔1〕除英国外，还有挪威、瑞典、芬兰、丹麦、冰岛北欧五国。

分提供社会公共产品的企业实行国有化，才能加强国家投资以解决上述难题。二是民众要求继续推行二战期间的战时定量分配方法。[1] 二战结束后，欧洲工人的生活状况急剧恶化。1947 年 4 月，法国雷诺汽车厂工人掀起罢工浪潮，随即波及全欧，英国也受到影响。工人运动的发展迫使资本主义国家和政府必须有所行动，以缓和社会矛盾，维护资本主义经济的持续发展，正如美国前总统肯尼迪所说："如果一个自由社会无法帮助穷苦大众，那么它也无法保全小部分富人。"[2] 新执政的英国工党政府不敢怠慢，以《贝弗里奇报告》为基础，建立了覆盖全体国民的高福利制度，先后颁布一系列社会保险法案，并于 1948 年宣布建成"福利国家"。

其次是受凯恩斯主义的影响。

20 世纪 30 年代以后，以"有效需求"为政策重点的凯恩斯主义经济思想对西方资本主义经济运行和社会福利政策产生了深远影响。凯恩斯主义认为，在经济发展动力不足的情况下，通过高福利的发放或建立高福利制度可以刺激社会需求，从而唤醒经济发展的动力，阻止经济的进一步衰退，并起到稳定社会的作用。而针对"福利会养懒汉"的忧虑，凯恩斯认为人们是不会自愿性失业的，失业是由社会有效需求不足而造成的，因为有效需求不

---

〔1〕二战期间，英国政府为增强国家的战斗力，合理安排经济生活，以全民"公平分享"为原则，对全体民众实施生活必需品的定量分配，增加财富总额中的劳动工资部分和工人分享部分，基本实现了每位儿童都有牛奶喝，婴儿死亡率降到历史最低点，各阶层之间的生活水平趋近。

〔2〕[美] 肯尼迪著，闻琛译. 约翰·肯尼迪经典演讲词赏析（英汉对照）[M]. 武汉：长江文艺出版社，2011：5.

足，就无法达到充分就业的水准，致使生产受阻。美国罗斯福新政通过国家干预经济和社会保障措施的方式成功走出经济危机，也印证了凯恩斯主义的合理性。由此，二战后的西欧各国普遍采纳凯恩斯主义，采取了国家干预经济的模式，尤其是国家承担一定社会责任的措施，而建设"福利国家"便是其中的重要举措。

再次是资本主义改良运动的影响。

1929—1933 年的经济危机沉重打击了资本主义世界，宣告了自由放任的经济政策的破产，一时间对资本主义制度怀疑和悲观的情绪弥漫整个资本主义世界。而与此同时，苏联的"五年计划"却促使其经济快速发展，取得了令世界瞩目的成绩。1930—1935 年间，美、英、法等国具有相当影响力的社会经济界人士，纷纷前往苏联取经。欧洲各国的社会党也在探索改造社会的可行方案，宣称代表工人阶级利益的英国工党也不例外。艾德礼在担任工党领袖后不久，先后撰写《走向社会主义的意志和道路》《工党的展望》，阐述了英国社会主义的特点和近期目标。当然，艾德礼的工党社会主义并非马克思主义，而只是费边社会主义，其实质是资本主义的改良运动。费边社会主义不赞成马克思阶级斗争及激烈革命的观点，主张以民主、渐进、温和的手段通过选举投票来解决问题，同时主张废止土地私有制，实现工业国有化以及各种社会福利。

"福利国家"在 20 世纪下半叶几乎成为西欧社会的基本制度。英国于 1948 年率先宣布建成"福利国家"后，欧洲其他资本主义国家纷纷效仿，尤其是北欧国家，其福利制度更为完备，后来甚至成了西方"福利国家"的"橱窗"。有学者认为，英国自20世纪70年代以降因财政困难而削减福利，其福利制度已不是贝弗里奇模式了，而继承英国模式衣钵的北欧国家，直到1989—1990年东欧剧变后还在扩大其福利制度，俨然成为贝弗里奇模式的典范。

复旦大学附属中学　刘先维

93

二战后美国的社会运动

　　说起二战后美国的社会运动，人们首先想到的自然是黑人民权运动。美国黑人学者杜波依斯 1903 年就曾指出，20 世纪的问题是"肤色界线"[1] 的问题。战后历史证明了杜波依斯预言的准确。二战对种族歧视制度的撼动和非洲民族国家的兴起，让美国的种族隔离成为一个令人尴尬的国际笑话，也让美国的黑人民权运动有了更为广阔的世界历史背景。

　　"资本主义国家的新变化"一课，提到了蒙哥马利市美国民权运动的老战士罗莎·帕克斯。1955 年 12 月 1 日，她被捕入狱，理由是拒绝遵守该市的法律，不肯在公共汽车上为一名白人让座。她的遭遇引发了长达一年的抵制公车运动，也拉开了美国历史上最伟大的群众运动的序幕。其后，黑人民权运动全面展开，反对种族隔离、对黑人选举权的剥夺、公共设施对黑人的排斥等都是运动斗争的目标。黑人以《独立宣言》《解放黑人奴隶宣言》和《美利坚合众国宪法第十四条修正案》为武器，要求国家兑现那些对黑人并未实现

---

〔1〕〔美〕沙里塞·伯登-施特利撰，王文彬等译. 现代美国种族资本主义之理论洞见 [J]. 国外理论动态，2020（6）: 64.

的承诺。在 1963 年向华盛顿进军途中，一条横幅赫然写着"在 1963 年追求 1863 年许诺的自由"；而马丁·路德·金在《我有一个梦想》的著名演讲中更是大声呐喊"100 年后黑人仍然未获得自由"。

黑人民权运动领袖马丁·路德·金及其著名演讲《我有一个梦想》，是镌刻在人类文明史上的一个时代的文化符号。今天，金的生日已成美国的全国性假日，发生在蒙哥马利市、小石城、伯明翰和赛尔玛等地的斗争也成为不朽的历史记忆。百余年的斗争大大改善了美国黑人的地位。2008 年，非洲裔人贝拉克·奥巴马当选为美国第 44 任总统，是美国黑人跨越种族"界限"、实现平权的典型案例。2019 年是美国民权运动的"纪年"年：马丁·路德·金诞辰 90 周年，林肯诞辰 210 周年，美国有色人种协会成立 110 周年。但这并不意味着美国黑人民权运动已经完美落幕。事实上，当今美国黑人的政治状况、就业情况和经济地位仍然与白人存在差距，美国社会的种族矛盾和种族冲突仍不时爆发，美国种族问题的隐痛并未消失。

美国的女权主义运动，可以追溯到 170 多年前的《苦情宣言》。1848 年，美国第一届女权大会在纽约召开，女权主义的领袖伊丽莎白·斯坦顿模仿《独立宣言》写成的《妇女的权利和感情宣言》（也译《苦情宣言》或《观点宣言》）在会上引发强烈共鸣，这也标志着美国女权运动的开始。历经 70 多年的斗争，1920 年，给予妇女选举权的《美利坚合众国宪法第十九条修正案》终于获得通过，从此"各州不得因性别而拒绝给予或剥夺妇女的选举权"。在这一漫长的运动中，女权主义者的口号很简单：女人也是人。1964年，学生非暴力协调委员会的女性成员向该组织提交了一篇表明女性观点的报告。在报告中，她们把性别歧视和种族歧视相提并论。她们预言：

> 也许一些妇女将开始认识到日常生活中的歧视；也许在将来某个时候这个运动中所有妇女都警觉起来，迫使运动中其余的人停止歧视行为，开始一个改变价值观和思想的缓慢过程，使我们都能逐渐认识到这既不是一个白人的世界也不是一个男性的世界。[1]

1968年，一群年轻女性发起了更为激进的女权运动。她们闯入该年"美国小姐"选美大厅，把高跟鞋、女式紧身裤、《花花公子》杂志等象征"压迫"的东西扔在人们面前，并在大厅中拉出"妇女解放""为了妇女的自由"等横幅。1970年8月26日，"妇女为平等而罢工"的活动席卷全美，成为美国历史上争取妇女权利而开展的规模最大的一次罢工。随着女权运动的迅猛发展，"跨越性别的权利"得到了越来越多的认可。两年后，尘封了近半个世纪的《平等权利修正案》终于在国会参众两院通过。就这样，在选举、受教育、抚养子女、就业等各方面，女性跨越了性别界

---

[1] 李娟. 20 世纪 60—80 年代美国女权运动 [D]. 内蒙古大学硕士学位论文，2013：7.

限，获得了与男性相同的权利。而女权主义作为一种政治思想，也成为 20 世纪最有影响的思潮之一。

新左派运动是战后又一场规模宏大的社会运动，它同样受到黑人民权运动的诱发。正如《美国自由的故事》一书所说："对于新左派来说，自由的意义始于黑人的斗争。"[1] 新左派的成员大多来自中产阶级家庭，受过高等教育。他们对自己的生活环境感到厌倦、失望和焦虑。他们苦恼于庞大的机器世界和自动化程序带来的压抑，恐惧于各种新式武器、世界范围内的核竞争。与马克思主义政党、劳工组织等老左派不同，他们不再关注阶级斗争等具体的社会问题，而是从文化和价值观上对美国的体制表示了强烈的不满。新左派运动最初以和平请愿为主，但随着越南战争的爆发，怀疑、失望和隐藏的不满与反战运动相结合，一下子被放大。新左派年轻人在运动中与警察发生冲突，把和平的游行示威发展成直接的暴力活动。激进的示威者烧毁征兵卡、砸毁店铺、扰乱交通，冲击警察的警戒线，游行示威甚至发展成谋杀和炸毁建筑物等暴力行动。

总之，二战后美国社会运动的高涨是美国底层民众族群意识、阶层意识、权利意识觉醒的体现，也是美国社会长期存在的各种社会矛盾的集中爆发。

上海市松江一中　苗　颖

---

[1][美]埃里克·方纳著，王希译. 美国自由的故事 [M]. 北京：商务印书馆，2002：402.

94

改革开放决策的国际大背景

中国的改革开放既是探索中国特色社会主义发展道路的伟大历史转折，也是基于世界格局、国际形势的变化而做出的战略决策。

二战结束后，第三次科学技术革命悄然兴起，尤其是到了六七十年代，一批高新技术的应用引起产业结构的重大调整，进而推动了经济的高速发展，整个世界正在发生翻天覆地的变化。而此时的中国，与西方国家先进科技的差距十分明显。70 年代末，邓小平会见美国客人时就说：

> 六十年代末期到七十年代这十一二年，我们同世界的差距拉得太大了。这十多年，正是世界蓬勃发展的时期，世界经济和科技的进步，不是按年来计算，甚至于不是按月来计算，而是按天来计算。[1]

---

〔1〕邓小平. 邓小平文选（第二卷）〔M〕. 北京：人民出版社，1994：232.

　　与此同时，西方国家在第三次科学技术革命的推动下，产业结构发生了变化，急需寻找海外市场，又适逢中西关系缓和，西方国家很愿意与中国打交道。而周边一些亚洲国家则利用西方发达国家调整产业结构之际，引进资金技术，加速本国经济的发展，也给中国提供了一定的借鉴。基于此，1978 年，中国掀起了一股声势浩大的出国访问考察热潮。其中，时仟国务院副总理的谷牧率领的代表团是新中国成立以来第一次向欧洲发达国家派出的国家级政府经济代表团。各考察团归国后，中共中央政治局详细听取了汇报并表示：在引进外资方面胆子要大，步子也要大。可以说，出访考察活动，成为中国改革开放战略决策出台的强大的外部推动力，使党和国家进一步打开了眼界，增进了对西方发达国家的了解，同时也更加坚定了通过改革开放开拓中国社会主义现代化建设新道路的决心。[1]

　　中国的改革开放战略决策还与中共中央对当时国际格局发展变化的分析判断密不可分。20 世纪 70 年代，世界局势出现新变化，随着东西方关系逐步缓和，战争危险也逐步减弱。基于对形势的认识，邓小平提出"和平与发展是当代世界两大主题"的科学论断，成为中国制定对外政策的基本依据，从而使中国能够聚精会神地以经济建设为中心，充分利用良好的国际环境，坚定不移实行改革开放。

---

〔1〕孙海涛等. 中国改革开放战略决策的历史考察［J］. 人民论坛，2013（11）：191.

20 世纪 70 年代，伴随着大国关系的重组，中美关系、中苏关系的变化也为中国制定改革开放战略提供了契机。

从中美关系看：美国是战后最发达的资本主义国家，而中国则是世界上最大的发展中国家，中美关系的走向势必影响中国对外开放的发展。新中国成立后，以美国为首的西方国家出于意识形态、国家利益等需要，对中国长期实行政治敌视、经济封锁和外交孤立的政策，以至中国长期被局限于主要同苏联等社会主义国家发展经贸关系。70 年代初，中美两国基于各自的战略调整与利益需要，关系开始破冰。1972 年，尼克松总统访华，被誉为"改变世界历史的七天"，其间《中华人民共和国和美利坚合众国联合公报》（《上海公报》）的发表，结束了两国数十年的对抗，从此中美关系开始走向正常化，这是中国对外开放迈出的关键性一步。1972 年后，中美关系虽有改善，但由于受到美国国内政治势力、两党政治以及中国国内政治状况等因素的干扰，中美建交之路充满荆棘。加之尼克松政府和其后的福特政府在与中国改善关系的同时也致力于美苏关系的缓和，致使福特政府的对华政策总体上服从于美国的全球战略和对苏政策的需要，由此形成了中、美、苏大三角关系中，中美关系服从于美苏关系的态势。基于这一形势，如何打开局面，营造有利于中国改革开放的国际环境，是中国共产党考虑的重点。1977 年 1 月，吉米·卡特当选美国新一任总统，在中美两国的共同努力下，1978 年 12 月 15 日，两国签署了《中华人民共和国和美利坚合众国关于建立外交关系的联合公报》（即《中美建交公报》）。《中美建交公报》签署后 3 天，十一届三中全会召开，提出了改革开放的战略决策。1979 年 1 月 1 日，《中美建交公报》正式生效，中美正式建交。这两件相关联的大事是中央经过深思熟虑后的果断抉择。

从中苏关系看：二战后，由于苏联的影响，东欧和亚洲的一批国家走上社会主义道路，新中国成立后也加入了社会主义阵营。然而，50 年代末至 60 年代，由于双方在国家利益上的冲突、意识形态上的分歧，包括苏联大国主义的影响，导致中苏关系破裂，乃至发生边境武装冲突。至 70 年代，两国的公开性论战相对减少，关系有所缓和。中苏两国的贸易额度也有所回升。"1971 年贸易额比 1970 年增加两倍，约为 1.5 亿美元，1972 年又比上年增加约 66%，达 2.5 亿美元。"[1] 1977 年 11 月 7 日，中国政府在致苏联政府庆祝十月革命胜利 60 周年的贺电中表示：中苏之间的原则分歧不应妨碍两国在和平共处五项原则基础上保持和发展正常的国家关系。[2] 1978 年前后，中国还组织考察团对苏联进行访问和考察，进一步深化了对苏联模式社会主义体制的认识。此后，随着苏联进入戈尔巴乔夫改革时期，中苏关系也实现了正常化。在与苏联关系正常化的过程中，苏联在体制改革中出现的问题和教训给中

---

〔1〕 孟宪章. 中苏经济贸易史［M］. 哈尔滨：黑龙江人民出版社，1992：390—391.
〔2〕 周慧杰. 从中苏同盟到中俄战略伙伴关系［J］. 当代世界与社会主义，2005（3）：133.

国的改革开放提供了借鉴。因此，中苏关系的变化也是中国改革
开放的重要国际背景。

华东师范大学第二附属中学　杨　冰

95

殖民体系何以瓦解?

1945年, 接替丘吉尔上台的英国首相艾德礼, 在任内做过的一件重要的事就是使英国放弃了殖民主义政策, 同意原殖民地印度、缅甸获得独立地位。为此, 他曾不无骄傲地宣称:"只此唯一的一个帝国, 这个帝国在没有外来压力下或没有对统治的负担感到厌倦的情况下, 统治民族自愿地放弃了对臣服民族的统治, 把自由给予了它们……这个唯一的例子就是大英帝国。"[1]

艾德礼, 这位曾三度登上《时代周刊》封面的英国工党政治家, 他的这番"豪言壮语"其实透露了大英帝国没落的无奈。世界上的事情除了愿意做的、愿意说的外, 毕竟还有迫于无奈做的和说的, 谓之"无可奈何花落去", 艾德礼和他的大英帝国就属于这种情况。第二次世界大战后, 世界大势非常明朗, 那就是已然没有了殖民体系继续生存的空间。

首先, 宗主国国力衰落及其在世界体系中的地位下降。二战后的殖民国家, 且不论德意日等战败国, 即便英法等战胜国也是

---

[1] 齐世荣等. 20世纪的历史巨变 (上) [M]. 北京: 学习出版社, 2015: 45.

满目疮痍，一片萧条。以英国为例，战争使其国民财富损耗约
1/4，出口贸易减少 2/3，商船总吨位数减少 28%。为了维持战争，
英国变卖了海外投资总额约 1/4，还向美国大举借贷。难怪丘吉尔
哀叹，英国"是作为世界上最大的债务者走出这场战争的"。英国
丧失了一流强国地位，沦为美国的"跟班"。冷战爆发后，面临苏
联集团的压力，维护本土安全成为英国的第一要务，殖民地问题
只得退居其次。当战后印度民族独立运动兴起新一波高潮时，英
国脆弱的经济和有限的军力根本不可能长期支撑对殖民地独立运
动的武力镇压，于是不得不忍痛放弃了印度这颗大英帝国"皇冠
上的宝石"。50—60 年代，英国还被迫陆续放弃了其他一些殖
民地。

其次，战后资本主义发展到新阶段，欧美发达国家对亚非拉
国家的经济控制超越了殖民主义的旧形式。二战后，资本主义发
生了深刻变革。西方国家创立了国际货币基金组织、世界银行和
国际开发协会等国际组织，缔结了《关税与贸易总协定》，以推动
世界经济发展，实现自由贸易。第三次科学技术革命带来了高新
技术的突破，促进了生产力的快速发展。制度与科技的共同作用
使经济全球化浪潮逐渐兴起，商品、资本和生产技术以前所未有
的速度在全球范围内流动，世界市场得以拓展。西方国家凭借发
达的科技和不合理的国际经济秩序，无须在政治上和领土上直接
控制亚非拉国家依然可以获得市场交易的超额利润，由主权国家
构成的"开放""自由"的世界市场反而对他们更有利。在这种国

际经济秩序中，亚非拉国家在资本主义体系中的实际地位并未根本改观，因此人们将这种新的控制模式称为"新殖民主义"。美国的《新闻周刊》曾生动描述了"新殖民者"的形象："他们手拿的是计算器而不是枪支；他们穿的是上班的服装而不是战斗服装；他们宣传的是自由市场经济的福音而不是传教的福音。"[1]

再次，殖民地人民坚持不懈地抗争。二战期间，宗主国为了应对法西斯的挑战广泛动员殖民地力量。英国的自治领和殖民地提供了约500万人的作战部队，其中半数来自印度。当他们回到家乡时，不仅带回了战争技能，还带回了知识、组织性和外部联系。战争期间，为了拉拢殖民地，宗主国还吸收当地上层人物参与殖民政府，这就为殖民地积累了国家治理经验和一批领袖人才。总之，经过二战的洗礼，殖民地人民发展了民族意识、聚集了力量。战后，民族解放运动随即迎来了高潮。殖民地争取独立的方式既有和平抗议，也有武装斗争。例如，印度在国大党的领导下采用了非暴力不合作的方式，官员离职，学生退学，抵制英货，工人阶级也参与到民族独立的运动中，广泛掀起罢工运动，1946年第一季度发动了426次罢工，参加人数达58万，全民族的和平抗争给了英国难以承受的压力，被迫在1947年承认印度独立。

最后，两大阵营对峙的冷战格局所带来的影响。冷战爆发后，两大阵营都尽可能壮大自己、削弱对方，相互竞争的局面为殖民

---

[1] 王增智. 掠夺是资本主义殖民的本质 [J]. 历史评论，2020 (3)：101.

地的独立提供了机会和资源。以苏联为首的社会主义阵营认为民族解放斗争是世界革命的组成部分，也是打击资本主义阵营、扩大社会主义力量的有效手段。在他们的援助下，亚洲、非洲和拉丁美洲都有一些国家通过武装斗争获得民族独立。如非洲的安哥拉原为葡萄牙殖民地，20世纪60年代，在苏联的支持下，安哥拉人民解放运动发起游击战争。1975年，安哥拉独立后，苏联和古巴又援助安哥拉人民解放运动，击败了以美国为后台的其他两派武装，夺得全国政权。苏联阵营的政策给美国带来了道义压力和利益损失，美国人意识到"如果美国被看成是殖民统治的公开的辩护者，那将不利于美国的利益（也的确不利于英国与法国的利益）"[1]，于是推行"非殖民化"政策，鼓励宗主国主动创造条件推动殖民地独立，以确保其亲近西方。同时，老牌帝国殖民体系的瓦解也给美国掌控世界市场、主导国际经济秩序提供了条件。

上海市闵行中学　范　江

---

〔1〕张顺洪. 论英国的非殖民化〔J〕. 世界历史，1996（6）：4.

96

非洲的问题究竟在哪里[*]

非洲是一块神奇的大陆，人类文明在此孕育。但说起非洲，人类为何总爱用"贫穷"之类的字眼加以描述？为何独立之初非洲人的极度欢乐会转瞬即逝？非洲的问题究竟在哪里？可以说，在经济落后，民族隔阂；也在民主缺席，教育失位；更在于被当成"冷战"博弈的一颗棋子。

非洲政治与社会的困顿，其根源在于经济。独立后，非洲的经济来源主要依靠几种经济作物的出口，而不是推动国家内部消费和内部市场的发展，这种局面的形成是数百年来殖民统治的结果，其影响根深蒂固。殖民时代，欧洲列强在经济上将非洲毗邻国家相互隔绝开来，经济贸易中心城市之间很少有公路连接。殖民者在非洲内陆的基础设施建设只是为了便于自己对农产品和原材料的劫掠，这对于非洲本土市场的发展极为不利。不仅如此，在国际市场上，非洲国家还受制于不合理的国际贸易体系，因无

---

* 《中外历史纲要》"世界殖民体系的瓦解与新兴国家的发展"一课有如下表述："非洲是发展最不平衡的地区，到21世纪初，近一半的非洲人口仍生活在贫困线以下。"该课还配以"20世纪80年代，饥饿的非洲儿童"插图。

力控制市场价格而损失巨大。更为糟糕的是，独立后的非洲国家大部分是农业国，有些以原料和初级工业产品出口为经济支柱，经济的单一性导致非洲国家长期陷于发展的困境中，其结果是非洲在世界经济体系中被边缘化。

一些非洲国家独立后，因历史和现实的原因，又引发了地区战争和部族冲突。1959 年，尼日利亚首任总理巴勒瓦曾在一次关于独立议案的辩论中说道："我相信，一旦我们有了自己的公民身份，有了自己的国旗，有了自己的国歌，我们就会发现，民族团结的火焰将熊熊燃烧。"[1] 但是，这种美好的愿望还是败给了残酷的现实。想当初，欧洲列强在瓜分非洲时全然不顾当地原有的经济联系和族群分布，只是根据自己占有的地盘和利益诉求在非洲地图上任意勾画出各个殖民地的边界和势力范围，任意割裂非洲历史上按部族聚居和经济活动而自然形成的地区人口分布，人为制造出非洲国家的疆界。由此，伴随着非洲国家独立而来的，是部落的、种族的、宗教的和语言的分裂或杂居，这种现象普遍存在于非洲国家内部和国与国之间，殖民者留下的疆界被称为"民族国家的诅咒"，破坏了非洲民族和国家形成的正常发展过程，同时也给今天的非洲国家留下了造成边界争端和部族纠纷的诸多历史问题，甚至引发了地区冲突和局部战争。

独立后，非洲各国的政治变革虽然此起彼伏，但多数国家并未

---

[1] [英] 马丁·梅雷迪思著，亚明译. 非洲国：五十年独立史 [M]. 北京：世界知识出版社，2011：147.

建立起有效的民主制度和现代社会的治理机制。一些国家的改革长期停留于表面，不少政权甚至以"民众""革命""民主"的名义实行独裁统治，而一旦军队感到政府管理不善、腐败无能，就会发动军事政变，以至军事政变在非洲成为常态。非洲的54个国家中，只有为数不多的几个国家，没有遭遇军方干涉或武力推翻。频繁的军事政变和国家治理的不善严重影响了非洲国家的经济发展和社会进步。

独立后，非洲人口的快速增长使其不堪重负，教育、医疗、卫生等社会保障体系严重滞后。非洲多国政府曾大量投资教育，希冀以此促进国家发展。但是70年代的经济困境导致教育资金缺口明显增大，而教育资源的不平衡、教学人员疲于养家糊口、教育对象上的性别偏见等问题也严重制约教育的发展。对于千百万非洲人来说，接受较高程度的教育仍然是一种特权而非普遍权利。由于经济落后，非洲很多国家基本的医疗保健也难以普及，女性在这方面的劣势尤为突出。艾滋病在非洲肆虐已久，其传染的广泛性至今依然未得到有效遏制。据2019年美国卫生与公众服务部的统计数据，整个撒哈拉以南非洲地区共有5 200万孤儿，他们大多是艾滋病毒的携带者。2021年联合国儿童基金会的一项报告中指出，2020年南非新增艾滋病毒感染儿童的病例占全世界的89%。[1]

非洲的苦难还在于深陷美苏冷战的博弈中，成为多场"代理

---

〔1〕 整理自 InfectionOnline. 2021年全球每五分钟就有一名艾滋病儿童死亡〔EB/OL〕.（2021 - 12 - 07）〔2021 - 12 - 23〕. https：//mp. weixin. qq. com/s/SHiDmigosUTvpb_ -mLRlhg.

人战争"的战场。非洲政府和政治力量一般都寻求利用某种意识形态立场来换取外国支持及援助，但往往因此而成为大国博弈的牺牲品。冷战时期的非洲各国曾因与美苏关系的亲疏而分成不同阵营：一些国家与殖民地时期的宗主国依然保持密切的政治军事关系，从而在冷战中加入西方阵营；另一些国家则因于民族独立斗争中得到苏联较大的支持而在独立后奉行亲苏政策，成为苏联在非洲扩张的据点；还有些国家，如安哥拉，由于独立运动中形成了不同的政治派系，并分别得到美国和苏联的支持，因而在独立后陷入长期的内战。总之，参与冷战、依附大国使非洲国家的政治格局进一步复杂化，也因此阻碍了经济社会的发展。

上海市新中高级中学　谭爱华

第十九篇

当代世界发展的特点与主要趋势

97

二战后经济全球化缘何迅猛发展？

经济全球化是指经济活动超越国界的限制，由商品、资本、技术和服务在世界范围内的快速流动或转移所造成的国家经济体之间的相互联系、相互依赖程度日益加强的经济格局。经济全球化是当代世界经济发展的基本趋势之一。[1]

作为一个历史过程，经济全球化的起步可以追溯到 18—19 世纪。然而，20 世纪 70 年代以后，尤其是冷战结束以来，经济全球化才真正迎来了迅猛发展阶段。二战后经济全球化缘何迅猛发展？我们可以从以下四个角度探寻其原因。[2]

其一，世界体系的发展。世界体系的发展深刻影响着经济全球化。二战后的世界，形成了美苏冷战的国际政治格局。在东西方冷战的大背景下，市场经济与计划经济两大体制的对立、资本主义世界市场与社会主义世界市场的并行与对立，在一定程度上割裂了世界经济的统一性和整体性，因此，有观点认为"第二次

---

〔1〕高德步等. 世界经济史 ［M］. 北京：中国人民大学出版社，2016：598.

〔2〕"四个角度"的说法整理自王斯德主编，余伟民等著. 世界通史（第三版）：第三编·现代文明的发展与选择——20 世纪的世界史 ［M］. 上海：华东师范大学出版社，2020：前言 3—4.

世界大战后初期的全球化只是半球化"。20 世纪 70 年代以来，世界多极化发展趋势愈发明显，进入 20 世纪末期，冷战的结束、国际政治格局的演变，使得和平与发展成为时代的主流，这为经济全球化的推进创造了有利的国际环境。经济全球化趋势迅猛发展，进入高潮阶段。

其二，科技革命的因素。第三次科学技术革命以原子能、电子计算机、空间技术和生物工程的发明和应用为主要标志，涉及信息技术、新能源技术、新材料技术、生物技术、空间技术和海洋技术等诸多领域，它们日益成为经济活动的核心内容和手段，进而推动了社会的信息化。信息化时代具有如下特征：一是计算机和网络的普及引发了汹涌澎湃的信息化浪潮。在互联网普及的同时，云计算、大数据、移动通信、机器学习等纷纷取得突破，这些成果又促进了互联网功能更趋强大。世界各地的人们都能借助互联网传递并分享信息，以至于人类在历史进程中积累的知识、即时的新闻资讯、社会百态，乃至个人生活均可转化为数据，数据成为最重要的资源，信息总量由此呈几何倍数增长。二是在信息化时代，一切皆可联系。在法律许可的范畴内，每个人都能通过网络与世界分享信息、传递信息与实时获取信息，并与全球范围内的其他人建立横向联系，权力部门和社会精英对信息的绝对垄断就此被打破。科技发展带给世界无限的可能，持续发展的第三次科学技术革命、社会信息化与经济全球化之间相辅相成、互动发展。

　　其三，世界市场的全球性。跨国公司的出现与经济全球化的发展关系紧密。跨国公司以追求利润为导向，其资金和技术流向能使之获利的地区，并以其雄厚的经济实力和名牌效应影响世界各国的生产和人们的生活。跨国公司需要发展中国家的资源、廉价劳动力和广阔市场，发展中国家则需要跨国公司雄厚的资金、先进技术和管理经验。两者相互补充，各取所需。跨国公司扩大了国际投资规模，提高了各国经济的依存度并带动了发展中国家的经济增长，成为促进经济全球化的重要动力，是经济全球化的主要表现和主要载体。当然，以西方为主导的跨国公司，其全球扩张遵循自由经济原则，发展中国家如果应对不当，就会成为西方国家的资源、劳动力和市场的供应地，不合理的国际分工会导致民族经济受到巨大冲击，加大世界范围内的贫富差异。加之以美元为中心的西方货币体系，更会助长国际经济秩序的不平衡。为此，区域经济集团化应运而生。区域经济集团化初期，一些地理相近的国家或地区间通过加强经济合作，谋求成本的最小化和利益的最大化，形成了一体化程度较高的区域经济合作组织或国家集团。当今区域经济集团化已打破狭义的地域相邻概念，其范围和规模不断扩大，跨区域经济合作日益频繁，出现了跨洲、跨洋的区域合作组织，区域经济一体化的程度在加深，水准也在提高。可见，区域经济集团化是在经济全球化的压力下产生的，同时又是经济全球化的重要途径和组成部分。

　　其四，市场经济的运作与管理机制。为适应客观的现实需要，市场经济成为世界各国、各经济体普遍采用的生产模式。市场经济体制在世界范围内的扩展与深化，促使各国和各地区的经济联系日益密切，市场经济的全球化已成为全球化进程中最基本的驱动因素。然而，世界市场由发达资本主义国家、发展中国家和社会主义国家等各种不同经济类型国家的市场体系组成，这就需要规范市场经济原则，建立和完善国际贸易管理与仲裁机制。由此，全球性经济组织——世界贸易组织应运而生，承担着推动国际贸易自由化及全球经济治理的使命。二战后成立的国际货币基金组织与世界银行也在客观上起着规范国际经济秩序、协调各成员国之间的分歧与矛盾、促进经济全球化发展的积极作用。二战后殖民体系的崩溃、新兴国家与经济体的纷纷建立，尤其是 20 世纪 90 年代中国建设社会主义市场经济的经济体制改革，也推动了世界经济的发展与管理机制的完善。

当今世界经济已成为紧密联系的整体，并对各国经济、政治、军事、社会、文化，甚至包括思维方式等都造成巨大冲击。这是一场深刻的革命，任何国家都无法回避，走回头路的想法、做法万万要不得。唯一的办法就是去适应它并积极参与其中，进而在全球化大潮中抓住机遇、争取有利条件、发展自己，成为经济全球化的推动力量。

上海市育民中学　杨霞蓉

98

英国脱欧的现实与历史缘由

　　世界多极化和经济全球化既不可逆转又历经波折，一些国家出现了"逆全球化"现象，基于此，"世界多极化与经济全球化"一课提到了英国脱欧、美国贸易保护主义等重大事件。以英国脱欧为例。2016 年 6 月，英国举行脱欧公投，最终脱欧派以 52% 的得票率获胜，英国决定退出欧盟；至 2020 年 1 月，历时 3 年多的英国脱欧进程终于落下帷幕，英国正式脱欧。作为当今世界具有影响力的大国之一，英国脱欧是影响欧洲历史进程乃至世界历史发展的重要事件。

　　英国脱欧有着复杂的现实因素。

　　就现实而言，历经二战后的几十年发展，欧盟多次扩员，已成为世界最重要的经济体与政治联盟之一，但其发展并未从根本上消除成员国之间的利益冲突，近年来的欧债危机和移民问题更是加深了成员国之间的矛盾。欧债危机使欧盟内部，如希腊等弱小的经济体急需获得大国的经济援助，但是以英国为代表的西欧发达国家的部分民众不再愿意继续牺牲本国利益去承担更多的欧盟援助经费。同时，随着欧盟的东扩，移民问题也加重了普通英国人对欧盟的不满情绪，他们认为移民涌入势必占用更多的社会资源，挤占英国国民的工作岗位。越来越多的英国人认识到，欧盟成员国的地位已经日益沦为英国沉重的经济和社会负担，这成为英国脱欧的社会基础与现实原因。

英国脱欧有着深刻的历史因素。

首先，从英国与欧洲大陆的关系看，英国历史上便有"脱欧"的传统，始终保持着对欧洲大陆若即若离的疏离感。不列颠岛地处欧洲西北角，作为罗马帝国统治的边境地带，在古代西方世界长期被视为文明世界的边缘。地缘上的相对隔绝，造就了英国不同于传统意义上欧洲大陆的独特的政治、经济、文化与国民心理。回溯英国历史不难发现，英国真正走向欧洲大陆、打破过去相对自我封闭状态的重大历史事件是 1066 年的诺曼征服。但是这次对欧洲历史进程的融入，主导者却是来自海峡对岸欧洲大陆的法国贵族，是这些征服者迫使英国被动融入欧洲整体的历史进程。之后，英国的封建统治者为了维护其在法国的政治、经济利益，频繁参与欧洲大陆上的政治纷争。百年战争期间，英国对欧洲大陆，尤其是法国事务的干涉达到了新高峰，但是战争的失败最终又几乎使英国丧失了在欧洲大陆的所有领地。玫瑰战争后，随着都铎王朝的建立，英国逐渐确立了对欧政策的基本原则，即奉行均势战略，只要不涉及自身核心利益就不轻易卷入欧洲事务。[1] 英国

---

[1] 刘成. 英国"脱欧"的历史缘由与前景展望 [J]. 当代世界，2019（9）：23.

人提到欧洲大陆，往往不称"欧洲大陆"，而是用"欧洲"一词，以此有意识地将英国与欧洲区分开来，这似乎也从一个侧面反映了英国人"脱欧"之传统的根深蒂固。

其次，由"脱欧"的历史传统而导致的"光荣孤立"，是英国对欧政策的一条历史主线。英国是世界上最早完成资本主义政治革命与工业革命的国家，凭借强大的工业实力及庞大的海外殖民地，英国强势崛起，取得了相对于欧洲大陆国家的优势地位。在近代英国与欧洲大陆的交往中，依仗着超强的综合国力，尤其是海军实力，英国多次主动干预欧洲大陆事务，以实现其大陆均势的目的。拿破仑纵横欧洲之时，英国组织反法联盟；德国在一战前迅速崛起，英国则坚定地联法抑德；一战后，作为德国主要战争对手的英国又反对法国肢解德国的提议。英国始终有意识地避免自身过度陷入欧洲大陆纷争的泥潭，始终维持其"光荣孤立"的对欧政策。尽管今天英国的综合国力已显著降低，但"光荣孤立"的外交基因依旧深刻影响着英国对欧洲大陆的外交事务，一般英国政治家的对欧态度，都不可能完全背离英国对欧"光荣孤立"的原则。英国从来都不希望有一个紧密团结的欧洲联盟，更不认为自己完全属于法德主导的老欧洲。也正是这种"光荣孤立"的对欧政策，让英国总是在对欧问题上权衡利弊，充满戒心，总是盘算着在欧洲大陆以最少的代价获得最多的回报。"光荣孤立"的对欧政策在文化和心理上影响了一代又一代的英国人，这种历史文化传统的积淀也成为今天英国脱欧的原因之一。

再次，二战后英美特殊关系的发展，也让英国逐渐向美国靠拢，而疏远法德主导的欧洲大陆。伴随着二战后世界政治、经济中心从英国向美国的转移，英国选择了与美国组建战略同盟，结成特殊关系。而借助美国的力量，英国又延续了"光荣孤立"于欧洲大陆的传统政策。直到20世纪70年代，随着美国在冷战中力量的下降，以及欧洲一体化的成功推进，英国才开始考虑加入欧共体。1972年1月，英国政府在加入欧共体的协议上签字，承认加入欧共体符合英国的利益。但当时法国总统戴高乐就扔下一句狠话：英国加入欧共体是想作为美国的"特洛伊木马"进入到内部而瘫痪其组织。[1] 高傲且"孤立"的英国绅士当然不能甘心接受法德的领导，从铁娘子撒切尔夫人到布莱尔，再到今天的约翰逊，几乎历届英国政府都强调与美国协调一致，而与法德所强调的"欧洲人的欧洲"这一政治理念保持着相当的距离。英国坚持使用英镑而拒绝欧元，也是其始终坚持独立地位、反对将主权让渡欧盟的重要表现。

华东师范大学附属东昌中学　陈紫琪

---

[1] 唐中华. 英国脱欧：溯源与展望 [J]. 世界文化，2020（05）：5.

99

中国关于当今世界时代主题的认识

　　任何时代都有其特定的时代主题，它是人们对客观规律的能动认识，"时代问题的认识属于高层次的战略判断，是据以正确制定内外政策的基础，也是观察和处理国际问题的出发点、立足点"[1]。在复杂多变的国际形势中，科学判断、正确认识、深刻把握时代主题，是每个国家都需重视的关键性理论课题。纵观 20 世纪的世界历史，有两个鲜明的时代主题。上半叶，一方面，由于垄断资本主义政治经济发展不平衡性的加剧，以及经济危机的冲击，爆发了两次世界大战；另一方面，战争是革命的催化剂，亚非拉民族民主革命运动一浪高过一浪。这一时期被称为"战争与革命"的时代。下半叶，第二次世界大战结束后，资本主义世界进入相对稳定期，第三次科技革命兴起、经济全球化发展、第三世界力量壮大等因素从根本上改变了国际力量的对比，形成了有利于维护和平与发展的时代趋势。[2] 这一时期的时代主题逐渐转向和平与发展。

---

〔1〕何方. 论和平与发展时代 [M]. 北京：世界知识出版社，2000：1.
〔2〕何方. 从"战争与革命"到"和平与发展"——对时代主题的再认识 [J]. 国际展望，2000（07）：4—5.

中国对于和平与发展这一时代主题的准确判断和科学认识，得益于第二代领导集体核心邓小平的宏观把握与远见卓识。在分析世界格局演变与各种矛盾的基础上，邓小平提出：当前世界最主要的、具有战略性的大问题是和平与发展问题。所谓"和平"是指不发生大规模的世界大战，世界总体和平；"发展"则指向以发展中国家经济社会发展为核心的世界发展的首要问题。然而，这是一个渐进的认知过程。

1977 年 12 月 28 日，在中央军委全体会议上分析国际形势时，邓小平指出，"我们有可能争取多一点时间不打仗""可以争取延缓战争的爆发"。究其原因，一是我们有相应的战略和外交路线可以搞好国际反霸斗争，二是美苏的全球战略部署都未准备好。[1] 1980 年伊始，邓小平认为从国际形势看，80 年代是重要的年代也是危险的年代。虽然当时中国的国家战略制定仍以"战争与革命"为基调，但邓小平也多次提到：世界大战在一定的时间内打不起来。邓小平对国际形势的预判，不仅是中国利用战略机遇期改革开放的前提，也是他对和平与发展两大问题进行阐发的前提。

1984 年 10 月，邓小平会见时任缅甸总统吴山友时说道："国际上有两大问题非常突出，一个是和平问题，一个是南北问题。还有其他许多问题，但都不像这两个问题关系全局，带有全球性、战略性的意义。"[2] 1985 年 3 月，邓小平在会见日本访华团时提出："和

〔1〕邓小平. 邓小平文选（第二卷）［M］. 北京：人民出版社，1994：77.
〔2〕邓小平. 邓小平文选（第二卷）［M］. 北京：人民出版社，1994：96.

平问题是东西问题，发展问题是南北问题，概括起来，就是东西南北四个字，南北问题是核心问题。"[1] 这里的"东西问题"指向"和平问题"，是东西方之间，即社会主义国家和发展中国家（东方）与资本主义国家（西方）之间是否会发生战争的问题。"南北问题"指向"发展问题"，是发达国家（北方）和发展中国家（南方）之间的发展差距和贫富分化问题。其中，由于发达国家与发展中国家之间的差异和对立，随着经济全球化的加速发展还在继续扩大，它制约着世界经济的有序平稳发展，导致国际政治秩序的不稳定，进而损害世界和平与安全。因而，"南北问题是核心问题"。

80 年代中后期，邓小平多次提议要开展南北对话，加强与发达国家的南北合作。因为"如果不帮助发展中国家，西方面临的市场问题、经济问题，也难以解决。……世界市场的扩大，如果只在发达国家中兜圈子，那是很有限的"[2]。1988 年 12 月，邓小平会见时任印度总理拉吉夫·甘地时指出：

> 应当把发展问题提到全人类发展的高度来认识，要从这个高度观察问题和解决问题。只有这样，才会明了发展问题既是发展中国家的责任，也是发达国家的责任。[3]

---

〔1〕邓小平. 邓小平文选（第二卷）［M］. 北京：人民出版社，1994：105.
〔2〕邓小平. 邓小平文选（第二卷）［M］. 北京：人民出版社，1994：79.
〔3〕中共中央文献研究室. 邓小平年谱（1975—1997）（上下）［M］. 北京：中央文献出版社，2004：1260.

此外，邓小平还科学分析了发展与和平之间的辩证关系，他表示，"如果下一个世纪 50 年里，第三世界包括中国有一个可喜的发展，整个欧洲有一个可喜的发展，我看那个时候可以消除战争的危险"[1]。邓小平还指出："世界总的趋势是和平力量在发展……从全局看，在本世纪和下一个世纪相当一段时间里仗打不起来。我们不要丧失这个时机，而是要利用这二十年、三十年、四十年的和平时间好好发展自己。"[2] 可见，邓小平指明了世界时代主题与中国发展的内在联系，以及世界主要矛盾对中国发展的战略影响。邓小平提出的"两大主题"观，为中国共产党制定建设中国特色社会主义战略方针提供了理论基础与科学依据，无论在理论还是实践上都具有划时代的意义。[3]

邓小平关于和平与发展的时代主题论断，在中共十三大报告中被概括为"当代世界的主题"，十四大报告中明确为"世界两大主题""时代主题"，十五大、十六大报告中继续概括为"时代主题"与"时代潮流"。进入 21 世纪，世界多极化、经济全球化、社会信息化、文化多样化不断深化，国与国之间的关系日益紧密。发展中国家快速崛起，国际力量对比更趋均衡，但世界并不安宁，和平与发展遭遇了各种风险和挑战。在此背景下，十七大报告提出"和平与发展仍然是时代主题"，并提出"求和平、谋发展、促

〔1〕邓小平. 邓小平文选（第三卷）［M］. 北京：人民出版社，1993：233.

〔2〕中共中央文献研究室. 邓小平思想年谱（一九七五—一九九七）［M］. 北京：中央文献出版社，1998：386.

〔3〕侯水平. 邓小平理论史［M］. 成都：四川人民出版社，2004：365.

合作已经成为不可阻挡的时代潮流"。十八大报告进一步提出"中国将继续高举和平、发展、合作、共赢的旗帜"。十九大报告再次重申："世界正处于大发展大变革大调整时期，和平与发展仍然是时代主题。"报告还提出了一系列促进世界和平与发展的新思想、新理念、新方略，为世界贡献中国智慧、中国方案和中国力量。

　　20 世纪下半叶以来，中国对和平与发展时代主题的认识是对马克思主义时代主题学说的发展，成为邓小平理论与中国特色社会主义理论体系的重要组成部分，也是中国一如既往地走和平发展道路、奉行互利共赢的开放战略的基石。

上海民办华曜嘉定初级中学　陈巧银

100

<h1 style="text-align:center">丝绸之路回望</h1>

早在 2013 年，国家主席习近平就适时提出建设"新*丝绸之路经济带*"的伟大战略构想。两年后，国家发展和改革委员会、外交部、商务部联合发布《推动共建丝绸之路经济带和 21 世纪海上丝绸之路的愿景与行动》，中国"一带一路"的远景规划与合作倡议正式公之于世。

丝绸之路重新回到了人们的视野中。

众所周知，河西走廊是丝绸之路的要道。于是有人问道：河西走廊有"玉门"而不见"丝门"，这是为何？其实道理很简单，早在文献记述丝绸之路之前约 2 000 年，东西方文化交流的线路就已开通，只是动因不为出口丝绸，而为进口和田玉。丝绸之路之名是后来才有的，而且还是洋人起的，这个洋人叫费迪南德·冯·李希霍芬，一位德国地理、地质学家。

19 世纪 60 年代伊始，普鲁士政府就派出一支规模不小的外交使团前往中国、日本和泰国，试图与之建立外交关系并缔结商约，同时完成一些掩盖在外交、经济幌子下的特殊使命，其中的一项便是设法在中国寻找适合建立商港同时能满足某些军事需要的基

地，时年 27 岁的地理学者李希霍芬就是受命承担这项秘密任务的
人员之一。1860 年 3 月，该使团经长途航行驶抵上海。彼时，因
太平天国运动正盛，使团在上海的活动大受其限。同年 9 月，李希
霍芬等人因故先行回国。在归途中，他们趁机对中国台湾以及东
南亚的菲律宾等地进行了勘察。这次东方考察之行虽未完成既定
使命，却使李希霍芬眼界大开，激发其再度来华进行深入考察的
强烈愿望。

　　8 年之后，李希霍芬再次踏上中国这块神秘的土地。这次来
华，其一切活动均受不平等条约的特权保护。第二次鸦片战争后，
清政府被迫与英、法、美、俄四国签订《天津条约》，赋予洋人多
项特权，其中一项便是外国人可以在中国内地自由经商、游历和
传教。随后，又与英、法、俄三国签订《北京条约》，承认《天津
条约》完全有效，进一步强化了洋人的特权。而根据片面最惠国
待遇，德国（1871 年 1 月 18 日德意志帝国宣告成立）这时也获得
了相应的特权。虽有特权保护，但按规定，李希霍芬的中国之行
仍需获得清政府颁发的护照。而当时的中国正如火如荼地开展洋
务运动（1861 年总理衙门的设立，宣告洋务运动的开始），同时也
开启了中国外交现代化的艰难历程。

　　为向李鸿章示好，在办理在华护照时李希霍芬果断接受朋友
的建议，将自己的姓名译为"李希霍芬"，以降低各种路途风险。
这也算是对利玛窦来华传教以来形成的"入乡随俗"策略的遵行。
由此，得到不平等条约庇护和清政府颁发护照双重保护的李希霍

芬于 1868 年至 1872 年间对中国进行了 7 次地质考察，足迹遍布 13 个行省，对中国的山脉、气候、人口、经济、交通、矿产等进行了深入的调查。[1] 中国近代地质学的创始人翁文灏曾称其为"最先明了中国地文之伟大科学家"。

当然，李希霍芬不仅是一位科学家，事实上，他也承担着德意志帝国赋予的特殊使命：为帝国秘密勘察商港和海军锚地。如 1869 年 3 月至 5 月，李希霍芬对山东省作了细致考察。山东的煤炭资源令他大为吃惊，尤其是潍县（今山东省潍坊市），不仅煤矿资源丰富，而且离胶州湾金家口港又近，从胶州到潍县的道路平坦，交通便利。李希霍芬由此向德国政府提议：夺取胶州湾及其周边铁路修筑权，可使华北的棉花、铁和煤等更为方便地为德国所用，这样做不但可以将山东纳入势力范围，而且可拥有广大的中国腹地。他还向上海的欧美商会建议，修建连接内地与海港的铁路，称"如果连接河南、山西和港口的铁路建起的话，它们的大多数珍贵物产——主要是矿产——将得以出口[2]"。

1872 年，李希霍芬奉命回国。而后，他在柏林等大学从事地理教学工作。自 1877 年始，他着手撰写《中国——亲身旅行的成果和以之为根据的研究》，将自己在中国的 4 年考察成果汇编到书中，并在该书的第一卷中首次使用了"丝绸之路"这一概念，这

---

[1] [德] E. 蒂森选编，李岩等译. 李希霍芬中国旅行日记（上）[M]. 北京：商务印书馆，2016：译者前言.

[2] 郭双林等. 李希霍芬与《李希霍芬男爵书信集》[J]. 史学月刊，2009（11）：59.

是当时的欧洲乃至世界地质学的重大学术成果。在书中，李希霍芬对"丝绸之路"概念进行了如下界定：从公元前 114 年到公元 127 年间，联结中国与河中（中亚阿姆河和锡尔河之间）以及中国与印度，以丝绸为媒介的西域交通路线。这个概念或提法很快得到了东西方众多学者的认同和沿用。1910 年，另一个德国人赫尔曼进一步完善了"丝绸之路"的内涵：应将这个名称的含义延伸到通往遥远西方的叙利亚的道路上，意思是丝绸之路应该从长安到叙利亚。

当然，也有中国专家认为德国人的"丝绸之路"概念仍然存在局限性：首先，突出了丝绸贸易，彰显了商品贸易，却忽略了文化、艺术、宗教等的交流；其次，关注了中国与叙利亚之间的交通，却忽略了中国境内以及经印度、中亚、西亚向西与北非和欧洲的连接；再次，未能很好地突出古代中国在商路的开辟、扩展及繁盛过程中的主导作用。

上海市徐汇中学　朱幸福